# 检察机关
# 侦查权运行和
# 优化研究

陈小炜／著

RESEARCH ON THE OPERATION AND OPTIMIZATION
OF
THE INVESTIGATIVE POWERS
OF
PROCURATORIAL ORGANS

法律出版社
LAW PRESS·CHINA
北京

**图书在版编目（CIP）数据**

检察机关侦查权运行和优化研究 / 陈小炜著. -- 北京：法律出版社，2025. -- ISBN 978-7-5244-0306-7

Ⅰ. D926.304

中国国家版本馆 CIP 数据核字第 2025PS7864 号

**检察机关侦查权运行和优化研究**
**JIANCHA JIGUAN ZHENCHAQUAN YUNXING HE YOUHUA YANJIU**

陈小炜 著

策划编辑 张 珺
责任编辑 张 珺
装帧设计 汪奇峰

**出版发行** 法律出版社
**编辑统筹** 法商出版分社
**责任校对** 晁明慧
**责任印制** 胡晓雅
**经　　销** 新华书店

**开本** 710 毫米×1000 毫米 1/16
**印张** 20.75 **字数** 258 千
**版本** 2025 年 7 月第 1 版
**印次** 2025 年 7 月第 1 次印刷
**印刷** 河北虎彩印刷有限公司

地址：北京市丰台区莲花池西里 7 号(100073)
网址：www.lawpress.com.cn
投稿邮箱：info@lawpress.com.cn
举报盗版邮箱：jbwq@lawpress.com.cn

销售电话：010-83938349
客服电话：010-83938350
咨询电话：010-63939796



**书号**：ISBN 978-7-5244-0306-7　　**定价**：78.00 元

凡购买本社图书，如有印装错误，我社负责退换。电话：010-83938349

# 序　一

我与陈小炜同志虽然都在江苏检察机关工作多年，但由于不在同一条线工作，交集并不多，只是耳闻南通市检察院有一名年轻的刑法博士，十分优秀。2024年，我俩先后调到普通犯罪检察条线工作，通过多次的办案研讨和工作交流，发现传言不虚，小炜同志不仅法律功底深厚、检察业务精通，而且思维活跃、善于思考，在繁忙的工作之余，还刻苦钻研、笔耕不辍，是江苏省检察机关普通犯罪检察条线不可多得的年轻才俊。

我国检察权是法律监督权，[①]具体包括侦查权、公诉权、批准或者决定逮捕权、诉讼监督权、公益诉讼权能等。[②] 可见，检察机关侦查权属于检察机关一项重要权能。近年来，围绕检察机关侦查权能，学界和实务界持续展开热议。小炜同志以“检察机关侦查权运行和优化研究”为论题，在对检察机关侦查权基础问题进行探讨和理清后，对其包含的几项子权能分而述之，思路清

---

① 我国检察权的性质一直存在较大争议，比如，有观点认为是行政权，有观点认为是司法权，有观点认为兼具司法权和行政权属性，亦有观点认为中国的检察权是独立于立法、司法、行政权的第四项权力——法律监督权。

② 从司法权能的配置及运行看，我国检察权能一直处于变动不居的改革之中，或者说，急剧变动是我国检察权的显著特征，参见王戬：《不同权力结构模式下的检察权研究》，法律出版社2011年版，第56～60页。

晰、路径恰当。

对于检察机关侦查权的范围,理论界和实务界存在较大的争议。小炜同志认为,检察机关侦查权包括保留的检察机关侦查权、[①]检察机关机动侦查权和补充侦查权,同时还认为,一是这种划分比较粗略,在补充侦查中退回补充调查、退回补充侦查并不能算严格意义上的检察机关侦查权,充其量是检察机关机动侦查权的延伸和补充;二是引导侦查、侦查监督、检察机关内设机构改革、法律监督公信力等问题,直接影响检察机关侦查权的行使。这些观点,我都是赞同的。我认为小炜同志对该范畴的理解是较为周密、细致的,也是比较准确和成熟的,为本书的后续行文奠定了较为坚实的基础。本书中,小炜同志对检察机关侦查权的"前世今生"进行了梳理,对因时因势而变进行了分析,并对其性质在比较的基础上得出属于法律监督权的结论,契合《宪法》规定和定位,也符合我国检察权运行和发展规律及其内在要求。小炜同志还对检察机关侦查权运行和优化配置的指导思想和原则作了一定的总结、归纳和提炼,无疑是一个有益的尝试。[②]

监察体制改革后,检察机关大部分自侦权被转隶至监察委,但还保留了少量的自侦权。至于为什么还要保留这部分自侦权,主要是考虑到检察机关法律监督机关的属性,也需要一定的刚性手段和后盾予以支撑,何况剩余的自侦权与法律实施、诉讼监督密不可分。在厘清上述背景和机理的前提下,小炜同志对检察机关侦查权如何在实践中规范运用和行使,以及制度上如何持续改革和完善提出了自己的看法和建议,很

---

① 保留的检察机关侦查权又称为检察机关自行侦查权、检察机关直接立案侦查权,但是,广义上保留的检察机关侦查权还包括检察机关机动侦查权和补充侦查权。

② 陈小炜同志提出,检察机关侦查权最关键的就是坚持法治原则。我认为该点极为重要,诚如贝卡里亚曾论述的,无辜者因为被屈打成招成为罪犯,这种情况不胜枚举,没有哪一个国家、哪一个时代不存在这样的例子,参见[意]切萨雷·贝卡里亚:《论犯罪与刑罚》,黄风译,北京大学出版社2008年版,第39~42页。

有见地。

关于补充侦查，既是一个老问题，也是一个新问题。退回补充侦查一直有被异化、泛化、虚化适用的现象，常常被用来“借时间”，有耽误诉讼进程和侵犯人权之虞，而且退回补充侦查也存在退查事项不明确或者缺乏操作性，以及退而不查、怠于补查等问题。自行补充侦查在过去疏于运用，现今在职务犯罪等案件中得到一定程度的适用。需要追问的是，自行补充侦查分别与退回补充侦查、退回补充调查什么关系？监察体制改革背景下退回补充调查和自行补充侦查有什么特点、实际运行是否存在“瓶颈”？小炜同志除了对上述问题进行了认真细致的剖析外，还对如何化解上述问题提出了个人的一些意见和建议，特别是对监检衔接过程中的相关问题做了较为深入的探讨，具有较强的创新性和可操作性。

关于检察机关机动侦查权，长期以来存在“备而不用”“废而不用”的状态，但是，2023 年以来出现一些“转机”。在最高人民检察院的统一指导下，各省检察机关均开展了机动侦查工作，仅 2023 年，全国检察机关机动侦查案件立案总数就达到 100 余件，并且涉及多个罪名。[①] 检察机关机动侦查权具有潜在的威慑和倒逼作用，进一步“激活”机动侦查权，积极充分和正确合理运用好机动侦查权，兹事体大。小炜同志在本书中提出的树立科学理念、健全完善机制和制度，以及改进立法，适当扩大适用范围、简化启动程序、完善监督制约规定等建议，具有合理性和指导性。

概言之，笔者认为，本书具有重要的理论和现实意义，对检察机关侦查权若干问题的论述较为充分和深刻，具有一定的创新性和可操作性。但是，有些观点可能仍然有待商榷和斟酌，比如将退回补充侦查也归为

---

① 参见单鸽：《检察侦查，在稳步推进中开拓创新——检察机关推进司法工作人员相关职务犯罪侦查工作》，载《检察日报》2024 年 2 月 20 日，第 1 版。

检察机关侦查权、将遗漏同案犯一律归入退回补充侦查或者退回补充调查而排斥自行补充侦查适用范畴；机动侦查权条文中的“可以”绝对化建议改为“应当”、倡导借鉴大陆法系国家指挥或者领导警察机关侦查；在最高人民检察院作出“一取消三不再”的部署、强调检察侦查要依法稳慎，务必搞准的情形下，是否还要发挥考核“指挥棒”和“风向标”导向作用等不一而足。当然，小炜同志在本书中或多或少提及的这些问题，确实存在较大争议，值得进一步研究。故此，我在祝贺小炜同志出版本书的同时，也希望今后他能一如既往地关注检察机关侦查权能发展的新动向、呈现的新特点、出现的新问题，持之以恒坚持将检察工作有关新知识、新理论、新法律和新解释的学深、悟透，矢志不渝注重疑难、复杂实务问题研究并用研究成果指导司法实践向纵深推进！

是为序！

周绪平*

2025 年 2 月 26 日

于江苏省南京市宁海路 73 号

---

* 周绪平，江苏省人民检察院检察委员会委员、第一检察部主任。

## 序　二

陈小炜是我2013年公开招录的博士研究生，他基础扎实、勤学善思，于2017年顺利通过答辩和毕业。他的博士论文不仅在2015年被中国法学会立项资助，而且在他毕业后，经过一定的体例结构调整和内容修改完善，特别是主题由寻衅滋事罪转为“口袋罪”、内容从五章增加至八章、字数也由约21万字变为近26万字，还获得省委宣传部社会科学基金资助，在业内权威的法律出版社出版发行。这几年，陈小炜工作成果和调研成果双丰收，先后被所在单位南通市人民检察院提拔为某重要业务部门副主任、主任，并晋升为四级高级员额检察官，被评为全国首批重罪检察人才、全国检察理论研究人才、江苏省“333工程”人才、全省检察业务专家、全省优秀办案检察官、南通市“两争一前列”先进个人和全市“十大平安卫士”等；先后在核心期刊发表论文20余篇，撰写的4篇论文连续四年获评最高人民检察院重罪检察实务论坛征文一等奖，主持或者参加十余项省级或者国家级课题研究，获得江苏省优秀青年法学家提名奖和全省法学优秀成果奖。前段时间，他向我汇报，近年他利用业余时间撰写的《检察机关侦查权运行和优化研究》一书通过了法律出版社三轮审查，获得出版许可。我十分为他高兴，繁忙的工作之余不忘学习、笔耕不辍,将理论研究和检察工作有机结合、深度融合。在此背景下,我欣然同意为他作序。我用了一周左右时间,认真看了陈小炜的著作,谈如下几点感受:

第一,选题好、结构优。检察机关侦查权无论从检察学还是刑事诉讼法学,无论是从基础理论研究还是实务研究均是热点、重点也是难点问题。特别是 2018 年检察机关很大一部分自侦权剥离转至监察委,相关争论一度白炽化,一段时间占据了法学研究的榜首。检察机关侦查权路在何方、如何正确行使、如何发展完善,包括很多基础理论问题值得我们去深刻反思、孜孜探索。本书支持和主张检察机关侦查权的"中义说"具有合理性,即认为其包含自行侦查权、补充侦查权和机动侦查权等三项权能,并对此进行了分门别类地论述,其中对补充侦查所包含的退回补充侦查、退回补充调查、自行补充侦查等三个方面分别做了专章重点论述,同时还对与检察机关侦查权具有一定关联的引导侦查、侦查监督、检察公信力等内容专节论述。概言之,我认为,本书的选题具有较高的理论意义和实践价值,思路清晰、结构合理,条分缕析、娓娓道来。

第二,兼具理论性和实务性。检察机关大部分自侦权转隶是反腐败形势的需要,也更加契合检察机关法律监督的宪法定位。检察机关侦查权的属性是侦查权、行政权,还是司法权、法律监督权抑或者兼而有之?本书对此进行了较为深入的论述,并延伸至对诸如自行补充侦查权、退回补充调查权、机动侦查权等具体权能性质的阐述与辨析。退回补充侦查包括退回补充调查与自行补充侦查之间的界限如何?本书在对其优缺利弊进行了比较权衡的基础上,对各自的适用情形做了列举和界分,对司法实践无疑具有较强的启发意义和参考价值。本书提出,检察机关应当积极充分、正确合理适用自行补充侦查权的理念和原则,我也较为赞同。尤其是提倡用审判的证据标准指引侦查和起诉包括补充侦查,这是一种新的思路,对于落实"以审判为中心"、坚持证据裁判原则、确保诉得出判得下、防范冤假错案颇有助益。

第三,内容丰富,富有创新性。本书内容是宏观和微观相结合、一般和特殊相关照的,检察机关各种侦查权能的阐述和讨论既自成体系,又相互呼应。既有古今,也有中外。既有基本理论的深度挖掘和梳理总结提炼,也有田野调查、实证研究和问题症结的查摆,还有破解之道的探求,特别是司法和立法的完善举措分析。应该说,本书几乎囊括了检察机关侦查权所有的争议焦点及问题,充分借鉴和吸收了前人的研究成果,又与时俱进地结合了作者本人的思考和探索,也有不少创新之处,如本书认为,检察机关侦查权目前适宜囊括退回补充侦查和退回补充调查乃至引导侦查等,将来应该剔除;又如本书认为,应当将退回补充侦查融入引导侦查大格局,静态引导和动态引导配合使用,打造退回补充侦查说理机制的立体化系统工程;再如提出了立法上适当扩大检察机关机动侦查权适用的几类特殊案件、建议启动机动侦查权程序由审批制变更为备案制、赋予机动侦查权完整的侦查手段和措施,并配合一定的监督制约规则;此外,本书还认为应当确定侦诉一体和侦诉审一致性的目标,将检察机关介入引导写入法律,明确逮捕引导的要求和方法,强化和提升起诉引导的可行性、主动性和科学性。

我认为,本书有不少可圈可点之处,但同时,也有一些需要改进和完善的地方:一是域外研究方面,尚停留在较浅的层次,没有把一些具有代表性国家的做法移植到中国会发生水土不服的深层次原因论述透彻,一些值得我们学习借鉴的经验介绍和探讨也不够全面。二是退回补充调查作为一个新事物,尽管本书有较为深入的论述,也注意到了其在立法上与退回补充侦查的不同,在和自行补充侦查之间选择序位存在的差异,并分析了背后的机理原因,但是,退回补充调查的其他特点,特别是适用情形以及与监察机构的关系处理等问题还有待进一步挖掘和思索。三是一些思路、设想、建议、举措虽能形成逻辑上的自洽,但是操作性如何,还有待实践的检验,如调用公安机关侦查力量和数据库资源;自行补充侦查权能否按照“既定方针”被加大力度运用,自行补充侦查能力能否按照“既定路线”得到显著提高。四是对于有些问题，既有与其他问题密切关联的原因，也有当初分别独立成文发表的原因，现在将这些问题汇聚于一本书中论述，难免有重复论述的成分和痕迹。然而，瑕不掩瑜，仍然不可否认，这是一本质量上乘的个人专著。我希望，陈小炜在本书出版后，继续关注和追问检察机关侦查权能等刑事检察理论前沿问题，并以此为新起点、新契机、新开始，在司法实践和理论研究的新征程中再攀新高峰！

是为序。

李晓明*

2025年1月16日于苏州大学北校区

* 李晓明，苏州大学国家监察研究院院长、教授、博士生导师。

# 中文摘要

第一章绪言。围绕检察机关侦查权的运行和科学优化配置有关问题深入开展研究，能够夯实相关理论基础，能够促进检察机关正确和充分发挥相关职能，能够使检察机关法律监督工作更加有力进行、作用得到更好凸显，也能够推动公平正义实现、法律统一实施、司法权威树立。国内相关研究可谓汗牛充栋，但亦需要结合监察体制改革与时俱进开展系统化、体系化研究。国外警检关系以及侦查权的分工、配置及运行等相关制度和研究，值得我国镜鉴。本书以探寻检察机关侦查权的正确运行和科学完善路径为旨趣，总分结合，先一般后个别，先宏观后微观，条分缕析，逐一击破。解释论上，准确理解检察侦查权相关条文的核心要义、背后原理，本体论上，依法、精准运用各类检察侦查权，规范论上，完善、改进检察侦查权相关立法、制度和机制。

第二章检察机关侦查权的基本逻辑。对于检察机关侦查权的界定根据内容范围大小不同，有多种观点，本书赞同和支持"中义说"，即认为包括保留的检察机关侦查权、自行补充侦查权、退回补充侦查权、退回补充调查权、机动侦查权，并认为引导侦查权、侦查监督与协作配合等与检察机关侦查权存在重大关联。检察机关侦查权对检察机关的顺畅运行以及权威和公信力树立、司法权力的科学配置、案件的正确有效处理、公平正义的维护具有重要意义和价值。对检察机关侦查权改革既是我国反腐败形势的客观需要,也与检察机关的自身宪法定位和职权、能力等密切相关。国外赋予检察机关调用警察机关人员力量、数据库资源、甚至直接对某些特殊案件进行立案侦查的经验做法,值得我国学习借鉴。而树立正确科学指导思想和理念,是科学配置和准确运用检察机关侦查权的统领和总纲。

第三章检察机关直接立案侦查权,即检察机关保留的侦查权。检察机关直接立案侦查权几经变迁,特别是在我国反贪和反渎等自侦部门转隶后,检察机关直接立案侦查权几乎丧失殆尽。转隶的原因主要是反腐败形势的需要,需要对反腐力量进行整合和统一。与此同时,直接立案侦查权仍然有所保留,所以亦被称为保留的检察机关侦查权,契合我国检察机关的定位,能够增强检察机关监督刚性和张力,也能够对监察委职能形成较好的补强。全国检察机关多地已经重新成立专门的侦查部门、采取多种手段加大立案侦查力度,取得了一定成效,但是仍然存在侦查对象特殊、线索渠道窄、侦查难度大等现实和问题。司法中规范运用和行使,从理念培树、体系构建、机制健全、能力建设和正确适用等多个方面发力,制度上持续改革和完善,对部分内容进行微调和优化,同时加强配套改革辅以必要的监督和制约。

第四章至第七章是检察机关补充侦查权及其所包含的退回补充侦查、退回补充调查、自行补充侦查等内容。补充侦查属于检察机关权,其他单位无权僭越决定,且兼具正价值和负价值。为解决补充侦查的异化、泛化、虚化适用,应秉持科学理念,并采取有效措施。立法上区分退回补充侦查和自行补充侦查的适用范围,制度上统一证明标准、执行审判证据规则,机制上严把案件受理关、规范运用补充侦查提纲、介入和引导补充侦查,特别是打造监检衔接视域下职务犯罪案件补查系统化工程。

退回补充侦查引导和说理机制是退回补充侦查有关立法和制度操作层面的具体化,其中引导侧重形式,强调多措并举,说理着眼于内容的深广度和持续性。退回补充侦查引导和说理机制具有宏大意义和重要价值,但是司法实务中遭遇引导方式单一、说理不深不透等问题。在正确的理念指导下,将退回补充侦查引导融入引导侦查大格局,静态引导和动态引导配合使用,打造退回补充侦查说理机制的体系化工程,并建立健全退回补充侦查引导和说理保障机制。

监察委管辖的职务犯罪案件退回补充调查和自行补充侦查在实际运行中暴露出两者选择序位不清、自行补充侦查代替退回补充调查、退回补充调查时采取何种强制措施存在困惑、律师难以介入退回补充调查等问题。问题产生的原因既包括制度规定的残缺、也包括价值厘清的阙如、还包括检察机关对监察委制约手段的不足。以化解监察委管辖的职务犯罪案件补查取证监检之间分工、配合、衔接和制约等难题为旨趣,科学厘定退回补充调查和自行补充侦查的情形,遗漏同案犯时只能退回补充调查,退回补充调查时适宜沿用检察机关原强制措施,监察委补充调查阶段应准许律师介入,探索构建自行补充侦查机制,明确自行补充侦查的目的、原则和方式。

监察体制改革的语境下,补充侦查的内涵和外延亟待重新界定和厘清,现今语境下有广义和狭义之分,监察机关移送职务犯罪案件补充核实可以纳入广义补充侦查范畴。自行补充侦查是新时代向检察机关提出的重要命题,该命题需要紧密结合证据裁判规则、程序正义、高效反腐和保障人权等,方能较好回应和正确解答。树立自行补充侦查的科学理念,厘清自行补充侦查的适用范围和条件,采适当的自行补充侦查手段和方式,并处理好相关的监检衔接。

第八章关于检察机关机动侦查权。我国检察机关机动侦查权适用范围经历了从无穷大到无限小、再到被进一步限缩三个历史阶段,三个不同阶段透视和折射出机动侦查权从行政权到司法权、再到法律监督权的属性演变和变迁。在现今语境下,机动侦查权蕴含倒逼威慑、监督纠错、查漏补充和保障公诉权等价值功能。检察机关行使机动侦查权的应然与实然状态相背离,全国范围内该类案件屈指可数,存在应当适用没有适用、需要适用无法适用、未能有效行使的普遍现象。倡导和主张对机动侦查权进行司法强化适用和立法适度扩张,能够得到法律监督、检警关系、信赖利益、权力扩张等基本理论的关照和说明。司法实践中,应当在坚持必要性审查原则的前提下,积极充分、正确合理适用检察机关机动侦查权,并加强相关软件和硬件设施包括信息化、数字化建设。制度完善方面,在明确性原则和比例性原则的指导下,厘定模糊语词、适当扩大检察机关机动侦查权适用案件范围、启动程序由审批制变更为备案制、赋予机动侦查权完整的侦查手段和措施、配合以一定的监督和制约。

第九章是与检察机关侦查权相关的其他问题。检察机关引导侦查具有主动性、引导性、监督性和动态性,契合效率、秩序、公正、人权等法价值的内在需要。现实运行中存在提前介入引导制度不够健全完善、侦查机关消极应对逮捕引导、检察机关起诉引导能力不足和制约乏力等问题。贯彻落实以审判为中心和证据裁判规则的理念,确定侦诉一体和侦诉审一致性的目标,将检察机关提前介入引导写入法律,明定逮捕引导的要求和方法,强化和提升起诉引导的可行性、主动性和科学性,设立奖惩分明的引导侦查考核制度。

基于历史、理念和体制等因素,长期以来我国检警关系存在监督不足、配合有余的现状,侦查监督与协作配合机制能够有效缩小检察机关监督盲区,增进检警协作力度,实现监督、协作的全程性和实质性。但由于侦查监督与协作配合机制在职能定位、人员配置、配套制度等方面存在的诸多问题尚未解决,各地检察机关举措不新、推进缓慢,严重违背该项机制的设立初衷,运行成效受到阻滞。应聚焦实践中检警关系存在的痛点、堵点和难点问题,通过统一理念和创新创优机制,不断寻求配合和监督的最佳平衡点,做到监督与配合并重、并举、并行,推动侦查监督与协作配合机制的实质化、立体化长效、足效运行。

# 目　录

| 第一章 |

# 绪　言

对检察机关侦查权运行和优化问题的研究动机和意义、国内和国外研究现状、研究思路和方法、重点难点创新点等进行探讨和厘清，有助于对论题有一个宏观的认识把握和整体设计，从而“举一纲而万目张”，在此基础上进行有的放矢、深入浅出的探索和论述。

## 一、本书选题的动机和意义

在国家监察体制改革中，检察机关反贪污贿赂、反渎职等职能转隶至监察委员会（以下简称监察委），反腐败职能得到统一整合，反腐败更加权威高效。与此同时，检察机关很大一部分侦查权丧失，对检察机关的职能行使和作用发挥产生重大影响。在习近平法治思想的指引下，2023 年，最高人民检察院提出检察机关侦查工作要加大力度、务必搞准、稳步推进。[①] 法律是一门实践的学问，同时需要注重理论研究。[②] 在此背景下，

---

① 参见单鸽：《检察侦查，在稳步推进中开拓创新——检察机关推进司法工作人员相关职务犯罪侦查工作》，载《检察日报》2024 年 2 月 20 日，第 1 版。

② 参见王利明：《法为民而治》，北京大学出版社 2018 年版，第 390～399 页。

以检察机关侦查权为视角,对检察机关尚存的侦查权深入开展研究和探讨,具有宏大意义和较高价值。

一是有助于夯实检察机关侦查权相关理论基础。“基础不牢,地动山摇”,对检察机关侦查权的内涵、特征、内在机理、必要性和重要性、历史溯源、域外情况等内容全面考察,有助于筑牢检察机关侦查权论题深入研讨的根基。

二是有助于检察机关正确、规范、有效行使侦查权。确定检察机关侦查权行使的原则和指导思想,作为统领和总纲,确保检察机关侦查权运用的正确方向。查摆检察机关侦查权能运行过程中存在的问题和“瓶颈”,挖掘深层次原因,在此基础上把脉开方、对症下药。

三是有助于检察机关侦查权能的长足发展和科学完善。针对保留的直接立案侦查权、补充侦查权和机动侦查权三个方面制度的残缺、不足及功能性障碍,完善立法、健全制度、构建机制,逐一击破,从根本上解决检察机关侦查权配置和运行所遭遇的缺陷和难题。

四是有助于厘清检察机关侦查权其他相关范畴问题。检察机关其他权能、引导侦查、法律监督公信力、侦查监督和协作配合、内设机构改革等,这些问题和范畴与检察机关侦查权存在着千丝万缕“割不断”的联系。对其深入开展研讨,对检察机关侦查权的准确运用和科学发展也大有裨益。

总之,论题检察机关侦查权运行和优化相关问题研究能够促进检察机关正确和充分发挥相关职能,能够使检察机关法律监督工作更加有力进行、作用得到更好凸显,也能够推动公平正义实现、法律统一实施、司法权威树立。

## 二、国内外研究现状述评

### (一)国内研究情况综述

以“检察机关侦查权”为篇名,通过知网数据库共检索到 332 篇论文。[①] 相关论文发表时间跨度较大,主要从 1989 年至今,所涉及的研究主题也相对比较广泛,自行补充侦查权、职务犯罪侦查权、技术侦查权等均有涉及(具体见图 1-1 和图 1-2)。

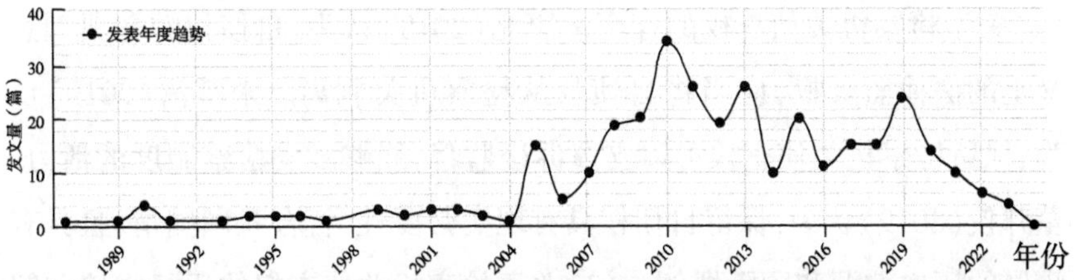


**图 1-1 以“检察机关侦查权”为篇名所发表的论文总体年度趋势**

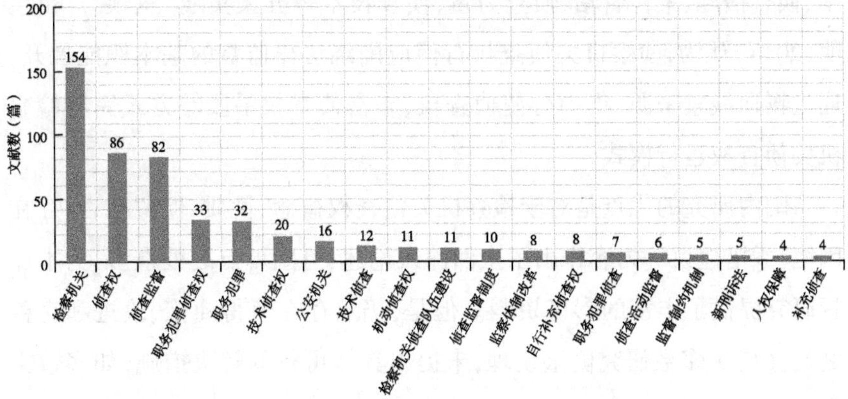


**图 1-2 以“检察机关侦查权”为篇名所发表论文的主要主题分布**

通过对这些论文的阅读、梳理和总结分析,国内检察机关侦查权的

① 检索时间:2024 年 2 月 28 日。

研究主要集中在以下几个方面。(1)关于检察机关侦查权的属性。陈永生(2003)认为,其本质在于"执行",即尽可能多地收集证据,将犯罪分子交付审判,从而实现社会稳定的目的,而司法权的本质在于"判断",是对事实认定及法律适用进行审查,故从根本上而言检察机关侦查权是行政权。杨宗辉(2005)认为,侦查程序离不开刑事实体法的适用,不能因为它具有与行政机关类似的运行手段就认为其具有行政性,作为诉讼程序最前沿的侦查活动,初始资源最少,因而必然会与审判权存在不同的运行方式和组织形式,不能因此而否认检察机关侦查权的司法权属性。(2)关于检察机关侦查权的存废。唐亮(2018)认为,自侦权并非典型意义上的法律监督权,应当将自侦权从检察机关剥离。朱孝清(2019)认为,保留检察机关侦查权可以支撑诉讼监督,能够激发检察制度的活力。董邦俊(2019)认为,保留自侦权具有现实必要性,符合我国国情,且具有深厚的历史渊源和国际惯例。(3)关于检察机关侦查权的运行困境和解决路径。吴建雄(2020)认为,检察机关自侦权的运行主要存在线索收集、侦查措施、案件管辖、侦查力量、侦查技术等五大实践"瓶颈"。苗生明(2018)认为,检察机关侦查权行使应围绕法律监督的基本职能展开,通过畅通线索来源、集中行使侦查权、丰富侦查权手段等方式完善检察机关侦查权运行模式。

国内研究的优点是对于检察机关侦查权概念、性质、保留与否、存在困境、举措建议等内容作出了全面深入论述,可圈可点之处众多,为本课题研究提供了丰富的参考资料。但是,仍然存在值得商榷、改进和完善之处:(1)大多数研究侧重说理,未提出具体可行的解决措施,如多数文章提出检察机关保留部分侦查权具有必要性和重要性,却很少提及检察机关在行使侦查权过程中所产生问题的根本解决路径;(2)虽然也有研究对原有问题提出解决方案,但是在实践层面存在滞后性,又衍生出了新的问题,需要与时俱进跟进关注和研究解决;(3)对于检察机关侦查权的性质、机动侦查权的改进、自行补充侦查和退回补充侦查包括退回补充调查的关系等问题尚未达成共识,仍值得深入研究,特别是检察机关大部分自侦权转隶后,还没有专门研究检察机关侦查权的专著,相关内容散见于各类论文和著作中。

(二)域外研究情况综述

通过在权威法律数据库 Heinonline 对检察机关侦查权相关文献进行检索,域外相关研究主要为以下几方面。(1)围绕检察机关侦查权的作用展开。日本学者川出敏裕发现,日本检察官在对涉及腐败等案件享有侦查权后,推动了反腐败进程。波黑学者乔基特认为,检察侦查是最被各方接受的刑事诉讼模式,提高了侦查效率。(2)围绕检察机关侦查权独立性的问题展开。塞尔维亚学者波乔维奇提到,检察机关侦查权独立是法治的基本要素。美国学者巴伊梅认为,可设立诸如三人委员会以保障检察官侦查的独立性。(3)围绕运行规范性的问题展开。美国律所合伙人波普提醒,注意不要陷入"宠物理论",应以完全公正的眼光看待事实。美国学者比巴斯认为,领导者可以发展办公室文化和职业信仰,并非仅聚焦于指控犯罪的数据。(4)围绕如何适应新形势的问题展开。美国学者克里格认为,借助检察分析这一技术,可以规范检察机关侦查权的运行。尼泊尔法官迪瓦卡认为,别国检察机关侦查权有关做法经过转化可以运用到本国实践中,对外国相关法律实践的接受是本国检察制度的决定因素之一。

域外研究的优点是对检察机关侦查权的发展规律、如何独立行使、内外部监督制约等问题进行了深入的研究,诸多内容对我国而言可资借鉴。至于不足之处,主要有:(1)对检察机关侦查权的监督和制约两种机制不加以界分,对其运行逻辑缺少研究;(2)对现已形成的检察机关侦查权体系论述较多,但对其背后的法律文化背景缺乏追问,比较法研究较少;(3)对于检察机关侦查权运行过程中产生问题的成因,鲜有实证分析。

## 三、研究思路与方法

任何研究都离不开科学研究方法支撑,检察机关侦查权研究概莫能外。诚如黑格尔曾言,学科的方法,不是形式的外表,而是内容的灵魂。我们拟结合法哲学从刑事诉讼法之上研究检察机关侦查权能;结合法规范、刑事诉讼法史从刑事诉讼法之中研究检察机关侦查权能;结合社会学、经济学、政治学、传播学乃至自然学从刑事诉讼法之外研究检察机关侦查权能。作为在司法实务部门工作的法学博士,同时充分发挥理论和实务双重优势,以所处城市以及周边省市检察机关刑事侦查权能相关情况作为样本,充分利用资源,积极与司法机关等单位联系和沟通,获得第一手的资料和素材,为本书研究提供坚实可靠的实证根基,并结合其他研究方法对检察机关侦查权的常效、长效、有效运用和发展进行深入和透彻的研究。

### (一)基本研究思路

1. 研究方式:先一般后特殊,先本体后规范,先总体后个别,重新检视检察机关侦查权能之实然和应然,定性研究和定量研究结合,资料收集和社会调查相配合,保障相关研究的深入性、系统性、开拓性、创新性、有效性和实用性。

2. 研究视角:主要分为政治家、立法者、司法者以及公民的视角等四类,政治家着重考虑如何控制犯罪即保证社会稳定。立法者需要保证有关检察机关侦查权能相关法律明确科学,并符合事物发展规律。司法者重点关注检察机关侦查权能是否依法和正确行使,防止不作为或者乱作为。而公民的角度,则是如何避免触犯刑事法律,沦为犯罪嫌疑人时如何保障自身的人权、得到适贴的对待和处置。

3. 研究路径：本书遵循传统的文本分析、价值分析、[①]实证分析、历史分析及比较分析（学习借鉴域外先进经验做法，为有效行使和改造我国检察机关侦查权能提供切实和有力的方案）的路径，并将以上几种途径得出的结论进行整合，从而形成检察机关侦查权能的立体化、系统化研究框架和体系。

4. 研究思路的科学性：从刑事诉讼法规定、司法解释以及刑事政策为切入点，对检察机关侦查权能整体以及分支展开研究，与中国国情契合；立足中国现实状况的调研，契合分析问题的科学态度；以改善立法以及提升检察机关侦查办案水平为目标，符合解决问题的科学范式；多学科的理论支撑及比较法意义上的制度经验镜鉴，与所倡导的包容会通精神不谋而合。

（二）具体研究方法

1. 文本分析法。对检察机关侦查权相关法律文献正确地予以解读，着力研究条文所包含的深远意义，梳理学者们对其提出了哪些可行的理论与方案，进而比较、鉴别如何立足于不同的逻辑而达致不同的研究结论。从分析的对象来说，包括立法文本、研究文本、案例或者事例文本等。

2. 实证研究法。[②] 进行问卷摸查、当面访谈、个案分析、抽样调查、查阅案卷等，作为了解当下我国检察机关侦查权能现实状况的钥匙和源头活水，并以此为基础对有关制度立法和司法实践的诸多问题予以阐释和说明。对收集的数百个案事例进行分析和梳理，体现不同角度和侧面的对比。

---

① 刑事案件侦查是国家公权力和犯罪嫌疑人权利之间对抗最为激烈的场域，价值的冲突和平衡问题较为凸显。

② 实证研究法来源于培根的经验哲学研究以及牛顿、伽利略的自然科学研究，在我国刑事诉讼法学研究中引入和推广实证研究法是我国刑事诉讼法学研究方法的重大突破和革命。

3. 功能分析法。综合运用法理、学理、哲理，通过理论和实证分析证成检察机关侦查权能正负价值的二律背反，揭示最终能够确保检察机关侦查权能在自身功能的有效实现中让民众感知法律公平正义、崇尚法律特有权威所需具备的司法技艺和能力。

4. 学科交叉法。运用哲学中的联系、发展以及对立统一观点和原理、政治学中权力制约理论、[①]传播学中的人际传播理论、伦理学中的道德理论、经济学中的成本和收益理论、生物学中的适者生存和优胜劣汰理论对检察机关侦查权能进行全面系统分析，从而得出一个生动、可靠、立体的意见和结论，经得起人民、时间、实践、历史检验。

5. 比较研究法。没有比较，就没有鉴别、评价、启发，也就没有知识。某种意义上而言，一切都来源于比较。[②] 纵向上，比较我国检察机关侦查权能在不同历史时期的不同特点，以及各自的是与非、利和弊。横向上，对两大法系主要国家检察机关侦查权能相关规定、运行模式和取得成效等方面全面深入考察，“他山之石，可以攻玉”，结合我国具体国情对域外经验做法进行有的放矢的学习借鉴。

## 四、研究重点、难点和创新点

检察机关侦查权能相关问题存在诸多重点和难点，而且，笔者也进行了一些创新性的尝试和努力。但是，重点、难点及创新点常常交织在一起，无法作出绝对化的划分，检察机关侦查权能的运行和优化配置相关问题研究同样如此，下面本书作一个大概的提炼和归纳。

### （一）研究重点

一是检察机关侦查权能的内涵和外延具有基础性地位，检察机关侦

---

① 法律和政治、政策、权力的关系，是法律实践及理论研究不可回避的一个普遍性问题，参见舒国滢主编：《法理学导论》，北京大学出版社 2012 年版，第 298 ~ 301 页。

② 根据比较对象和使用技术不同，比较研究法可以分为规范比较法、功能比较法、文化比较法等，参见黄文艺：《比较法：原理与应用》，高等教育出版社 2006 年版，第 30 ~ 36 页。

查权能的特征、属性、标准等对于精准判断一项权力是否属于检察权、侦查权、司法权、法律监督权至关重要，自然均属丁研究的重点范畴。

二是对于如何看待检察机关侦查权在整个司法体系中的地位，拟对有关学说的利与弊、是与非、功与过进行客观评析，对检察机关侦查权能何去何从，即如何打造和改进具有把关定向的统领作用。分别从刑事诉讼法律规范之上、之内和之外，多层次、多维度、多视角考察和审视检察机关侦查权能。

三是传统检察机关侦查权和新型检察机关侦查权之间的异同属于中观层面问题，介于检察机关侦查权总论和各具体检察机关侦查权之间，全面、透彻研究和论证该问题对检察机关侦查权运行和优化配置总体思路的确定将大有裨益，对具体检察机关侦查权的实践和制度完善也将具有极大的启发意义。

（二）研究难点

第一，综合运用政治学、经济学、社会学、传播学乃至生物学等其他学科相关理论和知识，同时做到规范内追问与规范外反思有机结合，是本书的特色亮点，也是难点所在，本书将攻坚克难、迎难而上。

第二，如何运用刑事法学基本理论对检察机关侦查权的性质、范围（是否包括退回补充侦查和引导侦查等内容）、自行补充侦查权如何充分合理利用、退回补充调查和退回补充侦查的关系等问题研究透彻，迫在眉睫，也是一大考验。

第三，本课题从公正司法和科学立法两个维度提出针对性措施，力争做到兼具理论性、可行性、可操作性，这是本书研究的重点，更是需要破解的难题。比如，检察机关机动侦查权一方面需要依靠立法和制度的完善，另一方面目前如何通过建立工作机制规范和撬动该权力的使用亟待深入思考和解决。

（三）主要创新点

在指导思想上，紧密结合党的十八大、十九大、二十大和党的二十届一中、二中、三中全会提出的社会治理体系以及中央有关精神，尤其是国家治理体系和治理能力现代化任务和目标。检察机关侦查权能的设定和产生源于社会管理思维，而社会治理强调多方参与和互动。不能单纯地将对社会的治理从行政部门转移到刑事法律上，通过对法律工具主义的批判，克服刑事法律万能思想。我国先后对《刑事诉讼法》和《人民检察院刑事诉讼规则》进行修改，出台了《监察法》，公布系列举措，重要内容之一是对检察机关侦查权能进行结构性调整，如何正确适用和进一步优化配置检察机关侦查权自然成为重要理论和实务问题，相关研究理所当然必须紧扣指导思想和相关原则。

在基本概念上，对检察机关侦查权能相关范畴重新理清和界定。目前学界对检察机关侦查权能的界定存在模糊性和泛化、虚化、异化，本书在梳理各种观点的基础上，对检察机关侦查权的内涵和外延进行分析和界定，包括其标准、分类、意义、相关范畴等问题的讨论，为完善检察机关侦查权研究奠定坚实基础。展言之，本课题针对学界和实务界关于检察机关侦查权的各种界定，概括为"最狭义说"（认为仅指直接立案侦查权）、"狭义说"（认为包括直接立案侦查权和自行补充侦查权以及机动侦查权）、"中义说"（认为包括直接立案侦查权和补充侦查权和机动侦查权）、"广义说"（认为还包括引导侦查权）、"最广义说"（认为还包括侦查监督等其他相关权能）等五种观点，在现阶段支持和主张"中义说"，同时指出，补充侦查权中的退回补充侦查权或者退回补充调查权实际上是检察机关侦查权的延伸和引申。

在问题的选择上，紧紧围绕检察机关侦查权能的产生根源、运行症结、有效对策。在清理一些相关基本概念与范畴的基础上，深入进行检察机关侦查权能基本原理的探讨，尤其注重解释效能和实际功效的研究，在较大程度上增强了检察机关具体侦查权能的规范性与科学性。针对各种权能方式"量体裁衣"，有的放矢，标本兼治，从理念、司法、政策、制度、立法等方面多措并举，破解"瓶颈"，并实化为系统研究。

在学术观点上，注重比较、提炼、实化和创新。在犯罪圈既定、犯罪标准法定和固定的前提下，检察机关侦查权能与其他机关侦查权能存在博弈和此消彼长的关系。检察机关侦查权能古今中外具有存在必然性和特殊的功能，社会生活千变万化、纷繁复杂，应遵循客观规律、扬长避短，既肯定检察机关侦查权能的包容性和开放性，又坚守依法规范和程序正义的底线和谦抑性的标准及限度。司法公正的前提是审判公正，而审判公正的前提是侦查公正和公诉公正。具体检察机关侦查权能的打造应当顺势而为，在惩罚犯罪与保障人权间寻求结合点，在维护社会秩序与保护公民自由间找到平衡点。严守证据裁判规则，以审判的标准指引侦查和审查起诉。补充侦查同时具有正负价值，既不能一味盯着其负价值，也不能过分放大其正价值，对补充侦查包含的自行补充侦查、退回补充侦查和退回补充调查的性质以及各自适用情形予以厘清，依法、适度、正确适用补充侦查，从排序的角度讲，首先优先适用直接调取补充证据，其次是自行补充侦查，最后的选择才是退回补充侦查。以进一步激活检察机关机动侦查权为目标和旨趣，实体上适当扩大适用范围，程序上进行一定的化繁为简。

在对补充侦查相关范畴背后原理和内在机理进行探讨和论述的基础上，认为一般应当适用自行补充侦查的情形包括：案件仅缺乏个别简单证据，收集较为容易便利的；取证较为紧迫，存在证据灭失风险的；需要实地察看现场，满足亲历性要求的；证人证言与犯罪嫌疑人供述之间不能相互印证、存在矛盾的；检察机关和公安等侦查机关对证据标准把握等问题存在较大争议，无法达成一致意见的；公安等侦查机关怠于补充侦查，一次退回补充侦查无果，无二次退回补充侦查必要的；可能采取非法方法收集证据，退回公安等侦查机关补充侦查可能影响公正的；人民检察院认为其他需要自行补充侦查的情形。认为一般应当适用退回补充侦查的情形包括：主要犯罪事实不清、主要证据不足，缺乏认定罪与非罪、此罪与彼罪的关键证据的；与定罪量刑有关的重要情节有待查明的；收集证据难度较大，检察机关不具备相应的侦查能力和条件的；其他应当退回补充侦查的情形。

我国检察机关机动侦查权适用范围经历了从无穷大到无限小、再到被进一步限缩三个历史阶段，三个不同阶段透视和折射出机动侦查权从行政权到司法权、再到法律监督权的属性演变和变迁。在现今语境下，机动侦查权蕴含着倒逼威慑、监督纠错、查漏补充和保障公诉权等价值功能。对其进行适度扩张的倡导和主张能够得到法律监督、检警关系、信赖利益、权力扩张等基本理论的关照和说明。制度完善方面，在明确性原则和比例性原则的指导下，厘定模糊语词、适当扩大检察机关机动侦查权适用案件范围、启动程序由审批制变更为备案制、赋予机动侦查权完整的侦查手段和措施、配合以一定的监督制约。司法实践中，应当在坚持必要性审查原则的前提下，积极合理适用机动侦查权，并加强相关信息化、数字化建设。

在研究方法和分析工具上，有所特色，凸现亮点。注重实际调查，建立数学模型，变静态为动态，综合运用多种学科知识，全面考察检察机关侦查权能的利弊得失。从工具性法治和体制性法治的角度，提出一系列能够切实改进和改造检察机关侦查权能的有效对策，打造检察机关侦查权能一体化系统工程，以实现其科学配置、准确运用所追求的有效、长效和足效目标。

在文献资料收集上，也有较大的突破。脱离丰富的参考资料和一定的知识储备，理论研究将无异于无源之水、无本之木。本书一是不固守和满足于现有的图书馆资料，向社会及调研寻求一手资料；二是不囿于国内资料及专业内资料，最大化向域外及专业外寻求相关资料，力争使得对检察机关侦查权能的研究水平达到本专业或者本行业领域的新高度乃至最前沿。尽最大努力取得四份清单，即法律规定清单、原文著作清单、外国译著清单以及典型案事件清单。

| 第二章 |

# 检察机关侦查权的基本逻辑

检察机关享有一定侦查权，既是世界各国检察制度的共性特征，也符合人民检察制度的发展规律。[①] 纵观我国检察制度的历史脉络，从形成到确立，再到发展，既充分借鉴了域外检察制度，也融合了中国特色社会主义的制度优势。中华人民共和国成立初期，我国检察制度承袭了苏联的检察制度模式，采用了一般监督原则，并在其后不断调适，1982 年，在《宪法》中确立了我国检察机关为法律监督机关的地位。[②] 在监察体制改革和 2018 年《刑事诉讼法》修正背景下，检察机关侦查权能结构发生重大变化，学界和实务界围绕其概念、内涵、外延、组成、性质、存废、正确指导思想、规范运行要求、未来发展走向等诸多方面的讨论一度达到白热化状态。[③]

---

① 参见秦前红：《法律监督视野下检察侦查制度优化》，载《国家检察官学院学报》2024 年第 1 期。

② 1982 年第五届全国人民代表大会第五次会议通过的《宪法》第 129 条规定，中华人民共和国人民检察院是国家的法律监督机关，此后，尽管《宪法》历经多次修改，但是关于检察机关性质和定位的规定一直未曾改变。

③ 参见张智辉：《检察侦查权的回顾、反思与重构》，载《国家检察官学院学报》2018 年第 3 期；万春：《关于检察权运行研究中的几个问题》，载《中国检察官》2018 年第 15 期；高一飞：《司法职务犯罪侦查权也应当转隶监委》，载《河南财经政法大学学报》2020 年第 1 期。

笔者将对检察机关侦查权历史演变、职能定位、运行机理进行具体分析，以期更清晰地认识我国检察机关侦查制度的渊源与变迁。特别需要指出，检察机关侦查权的研究范围不应局限于直接立案侦查权，还包括补充侦查权和机动侦查权，三者之间有内在关联，尤其是与我国检察机关法律监督属性均存在一定程度的契合。

## 第一节　检察机关侦查权的概念和性质

从侦查学角度看，我国的侦查主体具有多元性特征，并非由单一主体行使侦查权。侦查主体的侦查对象、职权范围、运行方式等各不相同，决定了具体侦查权性质存在一定的差异。检察机关侦查权在具有一般侦查权共性特征的同时，有着与生俱来的鲜明检察特性。这种区别于其他侦查主体的个性特征，对检察机关侦查权的实践及完善具有举足轻重的影响。因此，在探究检察机关侦查权运行和优化配置的基本逻辑时，首先有必要对其概念和性质作出探讨和论述。

### 一、检察机关侦查权的概念

侦查，是刑事诉讼过程中实现刑事诉讼目的的重要方式，是打击刑事犯罪的重要手段。根据我国《刑事诉讼法》第 108 条的规定，侦查权是指有权机关依照法律收集证据、查明案情和采取相关强制性措施的权力。基于该法律定义，检察机关侦查权是检察机关作为权力主体行使侦查权的一种具体表现形式。不乏观点认为，启动刑事案件立案程序是侦查权的必要条件之一，从而将检察机关侦查权能狭义地理解为检察机关对直接受理的刑事案件开展调查和收集证据的权力和职能，在监察体制改革之前，侦查对象是所有职务犯罪，在监察体制改革之后，案件范围仅包括刑事诉讼法规定的司法人员利用职务便利实施的十四种罪名。笔者认为,这种观点是狭隘的,并认为该观点是"最狭义说"。

关于检察机关侦查权能的界定,除了"最狭义说",还有"狭义说""中义说""广义说""最广义说"等观点。"狭义说"认为检察机关侦查权还包括自行补充侦查权和机动侦查权;"中义说"认为检察机关侦查权包括检察机关保留的侦查权、退回补充侦查权和机动侦查权;"广义说"认为还包括引导侦查权;"最广义说"认为还包括诸如侦查监督等其他相关权能。笔者认为,检察机关侦查权能是指根据法律规定,检察机关享有的对有关犯罪案件开展调查和收集证据的权力和职能,基于补充侦查权和机动侦查权也都是《刑事诉讼法》赋予检察机关的重要权能,故主张和支持"中义说"。对公安机关移送审查的案件,人民检察院经审查,认为需要补充侦查的,可以退回公安机关补充侦查,也可以自行侦查;对监察机关移送审查的案件,人民检察院经审查,认为需要补充核实的,应当退回监察机关补充调查,必要时可以自行补充侦查。[①] 以上核心内容即为检察机关补充侦查权。对于公安机关管辖的国家机关工作人员利用职权实施的重大犯罪案件,需要由人民检察院直接受理的时候,经省级以上人民检察院决定,可以由人民检察院立案侦查,[②]此即理论上所称的检察机关机动侦查权。

## 二、检察机关侦查权的性质

检察机关侦查权的性质是指检察机关所行使的侦查权在国家权力结构中的划分和属性,其是检察机关在国家机关中职权定位的反映,同时也决定着检察机关所享有的侦查权服务国家管理活动的作用价值。我国学术界对于检察机关侦查权能的性质问题有着较为激烈的讨论,目前主要有"行政权说""'准司法权'说""法律监督权说"等三种观点,笔

---

① 根据在于我国《刑事诉讼法》第 170 条第 1 款、第 175 条第 2 款。

② 根据在于我国《刑事诉讼法》第 19 条第 2 款。

者认为前两种观点都失之偏颇，而“法律监督权说”较为全面准确，契合我国国情和宪法定位。

### （一）行政权说

部分学者认为检察机关侦查权能属于行政权，该观点主要是从侦查权的属性出发，将检察机关侦查权完全划归为侦查权一类，认为侦查权即检察侦查权的本质属性。通过考察世界各国的立法可见，将检察机关侦查权视为行政权的一种主要集中在以英国和美国为代表的英美法系国家。在英国，中央国家机关中设置总检察署，地方对应设置检察署，检察官可以对特定的案件类型行使侦查权。区别于英国的审判机关，英国的检察机关属于行政机关，检察官并非司法官。在美国，检察机关与司法行政机关在机构设置上是合而为一的，因此检察机关侦查权只能属于国家行政权。究其根源，英美法系国家所奉行的三权分立政治制度，将国家权力分为立法权、司法权和行政权，其中司法权仅体现于法院的审判活动中，排除了检察机关诉讼活动的司法性，是故，检察机关所行使的权力便只能归入行政权的范畴。除此之外，从检察官的任免程序上来看，检察官的产生并非由议会决定，而是由国王或者总统任命，可见，英美法系国家的检察机关是为了服务于行政首脑，因而其各项权力的行使就与生俱来地具有了行政权属性。

在我国，持“行政权说”的学者主要基于以下几点理由：一是检察机关行使侦查权的目的在于查清国家工作人员的职务犯罪，此处的检察机关侦查仅指检察机关直接立案侦查，在此阶段检察机关主要是为了查清犯罪事实和控制犯罪，而非保障人权。这种追求事实真相的目的性和公安机关侦查权相似，具有比较典型的行政性特征。二是基于检察机关侦查权的行使方式灵活多样，法律对于检察机关侦查权行使的程序作了限权性规定，以防止侦查行为成为妨害公民权利的因素。这种限权性规定，某种意义上也表明了其行政性特征。三是我国的检察机关强调“检察一体化”的权力运作方式，检察权并非由某一名检察官独立行使，而是由所有的检察官作为一个整体进行活动。[①] 例如，检察官在其上级领导的指挥监督下履行职务，对于检察长指挥检察官处理的事务，检察长可以交由其他检察官处理。再如，上级检察院与下级检察院之间的关系是领导与被领导的关系，这种关系带有明显的行政特征。四是检察机关侦查权的主体与对象之间是管理与被管理的关系，侦查的内在规律决定了与犯罪嫌疑人对比而言侦查部门具有优势地位，这种权力主体与对象之间的不平等关系也决定了检察机关侦查权的行政性。笔者认为，该观点具有一定的片面性，尤其是在强调检察机关侦查权作用的同时忽视了其所具有的重要监督价值和属性。

（二）“准司法权”说

“准司法权”说认为，检察机关侦查权具有行政权和司法权的双重属性，既不能认为是行政权，也不认为是司法权，而是介于二者之间。以法国、日本为代表的大陆法系国家，普遍采取“准司法权”学说。例如，在法国，设立检察制度的初衷是保护国王的利益，由检察官代表国王对犯罪进行侦查、起诉，到了现代社会，法国检察机关也并非独立存在，而是派驻于各级审判机关之内，统一由司法部领导，归属于司法部管制，检察官经司法部部长提名后由总统任命，由此可见，法国的检察机关侦查权从一开始就具有了行政属性。但在检察权运行过程中，司法部对具体的刑事案件仅有指导权，不得强迫检察官执行命令，也不能因检察官拒绝执行命令而免除其职务，检察官行使权力有一定的独立性。[②] 同时，检察官与法官有一定的相似之处，都经受同样的专业训练，又同样享有某些司法特权和保障，检察官被视为“站着的法官”，审判官被视为“坐着的法官”，并且两者的权力受同一法律《法官章程》所调整，这让检察官在地位

① 参见谢鹏程：《论检察权的性质》，载《法学》2000 年第 2 期。

② 参见钟得志：《检察侦查权研究》，中国政法大学 2007 年博士学位论文，第 4 页。

和职权方面具有了司法属性。[①] 再如日本，深受美国法律的影响，将检察机关从审判机关中分离开来，单独设立检察厅，归法务省领导。一部分日本学者认为检察机关应当属于行政组织的一部分，另一部分学者则认为检察机关行使司法权，应当有别于一般的行政组织。立法者采纳了后者的观点，将检察机关确立为有别于一般行政机关的“特别机关”之一，这决定了日本检察权“准司法”的特性。同样地，日本检察官行使的检察机关侦查权也就实然地具有“准司法”的性质。[②]

有观点认为，我国检察机关侦查权也具有准司法权的性质。其理由在于，一方面，在我国，行使侦查权的主体具有多元性的特征，目前国家安全机关、公安机关、监狱、海关、军队保卫部门和检察机关都拥有一定的侦查权，从追诉犯罪活动的角度来说，这些国家机关都是在承担着维护社会公共秩序、保护社会公众利益、保障国家安定稳定的使命责任，所采取的收集证据、控制犯罪手段也就具有了浓厚的行政色彩，本质上来说是一种行政权。另一方面，从立法的角度来说，刑事侦查权涉及公民的人身自由等基本权利，其行使的过程必然要受到刑事程序法律的规制。我国《刑法》规定，司法工作人员是指具有侦查、检察、审判、监管职责的工作人员，从该规定可以得出，无论是从侦查权的角度还是从检察权的角度看，检察机关侦查人员都是法律所规定的司法工作人员，由其享有并行使的检察侦查权也当然是司法权；从司法实践出发，侦查活动一般都是作为司法活动被排除在具体行政行为以外的，这已经成为一般共识，无论是司法工作者还是社会民众，都将侦查行为视为司法活动，检察机关侦查行为理所当然应当归于司法活动。[③] “准司法权”说从检察机关侦查权的内容出发，一方面，赞同“行政权说”的部分观点，认为检察侦

① 参见程荣斌主编：《检察制度的理论与实践》，中国人民大学出版社 1990 年版，第 24 页。

② 参见龚刃韧：《现代日本司法透视》，世界知识出版社 1993 年版，第 199 页。

③ 参见上海市人民检察院：《检察侦查权属性理论研究综述》，载《法学》2005 年第 11 期。

查行为有一定的行政属性；另一方面，也充分阐明检察机关侦查行为的司法属性。[①] 该观点虽有一定的道理，但仍不够全面，主要在于不能涵盖和体现我国检察机关侦查权的监督本质。

### （三）法律监督权说

从历史脉络上看，我国的人民检察制度受到苏联检察制度的影响。关于苏联的检察制度，列宁指出“社会主义国家的法律应该统一；为了维护法律的统一，必须有专门的法律监督机关；法律监督机关与行政机关、审判机关分立，独立行使职权”，并指出“检察机关唯一职权和必须做的事情只有一件：监督整个共和国对法律有真正一致的了解，不管任何地方的差别，不受任何地方的影响”。[②] 列宁关于检察机关的一系列法律监督论述对部分社会主义国家的检察制度起到了重要指导作用，部分国家将检察机关确定为法律监督机关，行使国家的法律监督权。而在继受苏联的俄罗斯联邦共和国，检察机关作为独立的国家机关，在行使职权时不受任何地方机关的干涉。根据《俄罗斯联邦刑事诉讼法典》的规定，总检察长和他所领导的其他检察长以及下级检察长，对于在刑事诉讼程序中是否准确、是否一致地执行法律实行监督；检察长应该在刑事诉讼程序的各个阶段，及时采取法律所规定的办法，消除一切违法行为，不论这种违法行为是由何人引起的；检察长在刑事诉讼过程中行使自己的职权，不受任何机关和公职人员的干涉，只服从法律和遵循总检察长的指示。[③] 在俄罗斯联邦共和国的宪法定位中，检察机关是作为独立的

---

① 有论者认为检察机关侦查权来源于《刑事诉讼法》的授权和规定，同时因为其产生早于法律监督权，故而认为其属于司法权，而否认其法律监督权的属性，参见官畅：《侦查本位视角下检察侦查权研究》，载《司法警官职业教育研究》2024年第1期。笔者认为该论者论据中前半部分有一定道理，但是并不全面，对于后半部分笔者不敢苟同，特别是在我国，现行《宪法》已经明确了我国检察机关法律监督机关的定位，检察机关一切职能都浸染或曰都应囊括进法律监督权的属性。

② 参见《列宁全集》第33卷，人民出版社1958年版，第326页。

③ 参见苏方遒、徐鹤喃、白俊华译：《俄罗斯联邦刑事诉讼法典》，中国政法大学出版社1999年版，第15～16页。

国家法律监督机关，行使国家法律监督权，这一点与我国的情况基本相同。

我国的根本政治制度是人民代表大会制度，在该制度之下设立行政、审判、法律监督和军事机关，分别行使国家的行政权、审判权、法律监督权和军事权。我国的《宪法》和《人民检察院组织法》明确规定，人民检察院是国家的法律监督机关，依法独立行使检察权，不受行政机关、社会团体和个人的干涉。相关的诉讼法律也对人民检察院在刑事、民事、行政诉讼活动中的法律监督权作了具体规定。因此，法律监督权是我国检察权的根本性质，检察机关作为宪法明确的法律监督机关，所行使的检察权应当归于法律监督权，而在检察职权方面，检察机关侦查权的行使，也正体现了检察机关对其他司法机关、行政机关等单位的监督，这些监督权能也决定了检察机关侦查权法律监督的属性。①

## 第二节　我国检察机关侦查权历史叙事描述

我国的人民检察制度经历了从新民主主义革命时期的探索到中华人民共和国成立后的创建，又一度受特殊历史原因的影响而中断，再到恢复重建，整个发展过程十分曲折，但前景光明。检察机关侦查权则始终伴随检察制度的变迁，从盛极一时的繁荣，再到跌宕起伏的发展，与法治命脉息息相关。建立之初的人民检察制度深受苏联模式的影响，沿袭了“一般监督”的原则，检察机关侦查权的范围也十分广泛。其后的发展历程中，检察机关侦查权的范围则受到不同历史阶段的影响，跟随着人

---

① 有学者认为，根据我国宪法和有关法律，我国形成了“侦查＋公诉＋狭义的法律监督”的检察权架构，同时，我国已经形成了“职能保障＋公益保护＋权力制约”的法律监督体系，参见秦前红：《法律监督视野下检察侦查制度优化》，载《国家检察官学院学报》2024 年第 1 期。

民检察制度的变化而不断地调整。

## 一、检察机关侦查权的形成和波折阶段

在中华人民共和国成立初期，我国的法律制度沿袭了新民主主义革命时期探索形成的一系列体系内容，同时受到苏联的影响较大。按照列宁对于检察权的制度设计，苏联的检察机关作为社会主义法律监督机关，行使着内涵极为丰富的“一般监督权”，监督共和国各主管部门和地方机关的法令是否符合立法，实施司法监督，启动刑事侦查和支持起诉，监督国家政治保安总局、民警局、刑事侦查局及劳动改造机构的行为合法性。[①] 这种“一般监督”的对象包括一切国家机关及其工作人员和一切公民，权力极其广泛。从某种意义上来讲，这种权力的制度设计和我国古代“纠察百官，监督地方”的御史监察制度有一定的相似之处，这是中华人民共和国成立初期我国检察制度继受苏联模式的文化内核因素之一。[②]

在中华人民共和国成立之前的新民主主义革命时期，中央苏区的工农检察委员部等机构已经在行使检察侦查权，为了适应革命战争的需要，对一切刑事案件侦查，代表国家向法庭提起公诉。[③] 这一时期的检察制度探索，包括有关检察机关侦查权的探索和实践，为中华人民共和国成立后的检察制度建设提供了宝贵的实践经验。中华人民共和国成立后，1949 年 12 月 20 日颁布的《中央人民政府最高人民检察署试行组织条例》和 1954 年颁布的《人民检察院组织法》都规定检察机关继续享有

---

① 参见［俄］O. N. 奇斯佳科夫主编：《俄罗斯国家与法的历史》（第五版），徐晓晴译，法律出版社 2014 年版，第 199 页。

② 在“一般监督”宪法原则的指引下，我国检察机关几乎对所有案件享有侦查权，范围远远超过法律监督原则下的检察机关侦查权，参见王戬、程溪：《我国检察侦查权的历史、现实与完善》，载《犯罪研究》2024 年第 1 期。

③ 参见闵钐编：《中国检察史资料选编》，中国检察出版社 2008 年版，第 221 页。

侦查权,但没有明确刑事侦查范围。1956 年 3 月,第三次全国检察工作会议召开,将侦查工作确定为检察业务的建设重点和当年主要工作任务之一,检察机关侦查工作的建设进入了新阶段。[①] 为了保障检察机关侦查工作依法开展,同年 8 月,最高人民检察院颁布了《各级人民检察院侦查工作试行程序》[②],对检察机关的侦查工作从刑事立案、侦查、侦查终结三个方面作了较为系统的规定。在随后发布的《关于公安机关、人民检察院、人民法院受理刑事案件的临时办法(初稿)》中,明确了检察机关的侦查范围,包括妨害经济管理秩序、侵犯人身权利、破坏公共秩序、贪污、渎职等九类案件。[③]

在检察机关侦查权经历了短暂的发展之后,我国进入了一段特殊的历史时期,从 1957 年反右派斗争的扩大,再到"大跃进"和"文化大革命",检察机关侦查权的发展处在波折期。1962 年最高人民法院、最高人民检察院、公安部发布了《关于公、检、法三机关受理普通刑事案件的职责范围的试行规定》,检察机关侦查范围被缩减至国家机关工作人员、基层干部和企业职工中的贪污、侵吞公共财产、侵犯人身权利等犯罪。[④]"文化大革命"时期,包括检察机关在内的部分国家机关职能均被取代。1975 年《宪法》修改之后,检察机关的侦查权一度陷入中断。

## 二、检察机关侦查权的重新确立阶段

直到 1978 年,一切秩序恢复如常。这一年注定是中华人民共和国历史上非常重要的一年,也是人民检察史上不平凡的一年。1978 年《宪法》通过,"七八宪法"实现了拨乱反正,重新恢复检察机关设置,人民检

---

① 参见秦前红:《检察侦查权的制度逻辑与时代走向》,载《政法论丛》2023 年第 4 期。

② 参见秦前红:《检察侦查权的制度逻辑与时代走向》,载《政法论丛》2023 年第 4 期。

③ 参见孙谦主编:《人民检察制度的历史变迁》,中国检察出版社 2009 年版,第 333 ~ 337 页。

④ 参见熊秋红:《监察体制改革中职务犯罪侦查权比较研究》,载《环球法律评论》2017 年第 2 期。

察制度开始重建。1979 年,我国首部《刑事诉讼法》出台,同时颁布的还有《人民检察院组织法》。两部法律奠定了之后人民检察制度的基本框架,也从立法层面再次确认了检察机关侦查权。在组织起草《人民检察院组织法》过程中,就人民检察院是否应当配置侦查权的问题产生不同的声音,有论者主张,检察机关应当配置侦查权,并且需明确"直接受理案件"的范围和界限,以免出现与公安机关分工不清的情况;也有论者认为,检察机关在侦查方面既无人力也无设备,不具备操作可行性。[①] 经过反复权衡和考虑,最终定稿的 1979 年 7 月《人民检察院组织法》明确了检察机关对直接受理的案件享有侦查权。《刑事诉讼法》规定了检察机关直接受理案件的范围,包括贪污罪、侵犯公民民主权利罪和渎职罪三类罪名以及人民检察院认为需要自己直接受理的其他案件。紧跟其后,在 1979 年年底最高人民法院、最高人民检察院、公安部印发《关于执行刑事诉讼法规定的案件管辖范围的通知》,将危害国家安全罪和破坏社会主义经济秩序罪两类罪名增加至人民检察院直接受理案件的范围内,进一步扩充了检察机关侦查权。[②] 到 1982 年,"八二宪法"通过以后,检察机关的"法律监督机关"宪法定位从此确认。此时的检察机关侦查权范围,与中华人民共和国成立初期的"一般监督权"相比已大大缩减,但值得注意的是,在限缩直接立案侦查权的同时,《刑事诉讼法》首次规定了人民检察院可以直接受理"认为需要自己直接受理的其他案件"这一机动侦查权,为检察机关侦查权留下了更多的遐想空间,也为维护检察机关作为"法律监督机关"的权威,确保检察机关具备充分手段与条件行使检察权发挥了重要作用。[③] 并且,检察机关机动侦查权一直保留至今,尽管

① 参见张福坤:《我国检察侦查权的历史渊源与制度变迁》,西南政法大学 2020 年博士学位论文,第 124 页。

② 参见张福坤:《检察侦查权发展的中国路径:历史回顾与展望》,载《行政与法》2022 年第 9 期。

③ 参见秦前红:《检察侦查权的制度逻辑与时代走向》,载《政法论丛》2023 年第 4 期。

后来在1996年《刑事诉讼法》修正时相关条文规定有所调整和修改。

在检察机关侦查权重新确认并蓬勃发展的同时,权力的运行方式也随之发展。在1979年恢复人民检察制度之初,最高人民检察院设立经济检察厅专门负责对经济犯罪进行侦查,彼时的自办案件办理模式更讲求的是打击犯罪的效率,更多关注的是实体的正义,因此从开始的侦查到最后的起诉都由该部门完成。到了1988年,检察机关的内设机构作了调整,检察机关的工作重点调整到反贪污贿赂斗争,最高人民检察院撤销经济检察厅和成立贪污贿赂厅,各地陆续成立反贪污贿赂局,从此迎来了检察机关侦查权的重要发展时期。自此以后的检察自办案件实行的是侦查、批捕、起诉分开制度,检察机关内部的直接立案侦查权开始独立化运行。从历史数据来看,1990年1月至8月,全国检察机关共立案侦查贪污贿赂案件同比增长70.1%,侦破大案、要案数量同比增长102%,挖出一大批身居要职、隐藏较深、社会影响较大的领导干部贪污贿赂犯罪案件,检察机关侦办贪污贿赂犯罪案件的水平有了新提升,办案质量也不断提高。[①] 然而,反贪污贿赂工作不断得到强化的同时,也无形中给法律监督权与检察机关侦查权的关系平衡带来一定的挑战,成为了后续立法对检察机关侦查权削弱的重要原因。[②]

## 三、检察机关侦查权的调整和定型阶段

在检察机关侦查权繁荣发展的20世纪90年代,理论界和实务界产生了关于检察机关是否应该拥有侦查权问题的激烈讨论。受当时法学界兴起的"正当程序"学说影响,部分学者认为,从确保刑事追诉过程中控、辩、审三方的相互制衡关系角度,侦查权和公诉权一般应当分开运行。[③] 更

---

① 参见王松苗主编:《检察生涯》(下),中国检察出版社2011年版,第351页。

② 参见秦前红:《检察侦查权的制度逻辑与时代走向》,载《政法论丛》2023年第4期。

③ 参见傅达林、杨韧:《刑事侦查程序的正当目的》,载《观察与思考》2002年第5期。

有学者从人民代表大会制度这一根本政治制度出发,认为人民代表大会在法律监督中的主导地位决定了检察机关法律监督的有限性,建议调整检察机关的职能定位,修改检察机关的“法律监督”性质为“国家的公诉机关和司法监督机关”,专门对司法机关的违法行为进行监督。[①] 1996年修改的《刑事诉讼法》对检察机关的侦查权再次作出调整,相关范围进一步限缩,特别是前文所述的检察机关机动侦查权。该法第18条第2款规定,“贪污贿赂犯罪,国家工作人员的渎职犯罪,国家机关工作人员利用职权实施的非法拘禁、刑讯逼供、报复陷害、非法搜查的侵犯公民人身权利的犯罪以及侵犯公民民主权利的犯罪,由人民检察院立案侦查。对于国家机关工作人员利用职权实施的其他重大的犯罪案件,需要由人民检察院直接受理的时候,经省级以上人民检察院决定,可以由人民检察院立案侦查”。从中不难看出,检察机关的机动侦查权范围已经从过去的所有刑事案件变为仅国家机关工作人员利用职权实施的其他重大的犯罪案件,并且在机动侦查权的启动程序上设置了“经省级以上人民检察院决定”的前置程序,使得机动侦查权在实践中适用的机会大大下降。

1996年《刑事诉讼法》虽然在法律层面上对侦查权的范围作了限缩,但并未影响检察机关侦查权走向更为成熟的发展。1997年《刑法》对罪名作出修订,使贪污罪、渎职罪、侵犯公民民主权利罪等三类自侦案件的内容更加丰富,实际上是对检察机关直接立案侦查权内容的扩充。[②] 到了2000年,最高人民检察院设立了渎职侵权厅和预防职务犯罪厅,检察机关职务犯罪侦查的建设更加专业化、规范化,至此我国检察机关侦查权已进入发展顶峰阶段。为了适应新时代的反腐败斗争形势,2018年国家监察委员会成立,这让运行在发展轨道上的检察机关侦查权迎来了

---

① 参见蔡定剑:《司法改革中检察职能的转变》,载《政治与法律》1999年第1期。

② 参见张福坤:《我国检察侦查权的历史渊源与制度变迁》,西南政法大学2020年博士学位论文,第144页。

转折点,人民检察院反贪污贿赂局退出中国历史的舞台。同年,《刑事诉讼法》进行了修改,将检察机关自行侦查的案件限缩到司法工作人员利用职权实施的非法拘禁、刑讯逼供等十四个罪名,范围大大缩减,但保留了机动侦查权和自行补充侦查权等。

## 第三节　域外检察机关侦查权的考察和借鉴

从世界范围来看,各国所属的不同法律体系决定了检察制度的不尽相同,在此基础上,检察权的运行模式也各有千秋。传统的两大法系对世界各国的检察制度有着较为广泛的影响,同时两大法系国家之间的检察机关侦查权能也有着较大的区别。

### 一、大陆法系国家检察机关侦查权概况

在大陆法系国家,检察权一般是由侦查权、起诉权、监督权组成,检察机关享有自行侦查和要求警察机关配合侦查的权力。[①] 比如,法国作为大陆法系的源头,在刑事侦查方面,实行的是检警一体的办案模式。法国刑事诉讼法律规定,司法警察在刑事侦查活动中受检察官领导,检察官在侦查程序中拥有指挥权和主导权,对违反刑法的犯罪行为自行或者领导其辖区内司法警察进行一切必要的调查和追诉。在一个司法行政区内,收集到与犯罪有关的各种材料都要集中报送给该地的检察官。司法警察在得知发生重罪、轻罪和违警罪线索后,应当立即报告检察官。司法警察调查结束后,应将其制作的笔录原件、经验证无误的副本以及相关文件送交检察官,扣押的物品也交由检察官处置。而且,司法警察

① 参见秦前红:《法律监督视野下检察侦查制度优化》,载《国家检察官学院学报》2024 年第 1 期。

还应当向检察官转送他们接收的告诉与告发。[①] 可见，根据法国刑事诉讼法律规定，在确认发生刑事案件后，司法警察在检察官监督下进行刑事调查活动，检察官可以要求司法警察在其指挥下办案。

再如受到法国检察制度影响的德国，根据其刑事诉讼法律规定，刑事侦查工作由检察机关主导进行，检察机关在刑事诉讼活动中享有广泛的侦查权，负责案件的侦查和起诉。在侦查过程中，检察机关不仅要侦查对犯罪嫌疑人不利的情形，而且要侦查对犯罪嫌疑人有利的情形。检察官可以自行侦查，也可以指挥警察进行侦查，即理论所称的“检警一体化”模式。从理论上而言，德国的警察在刑事诉讼活动中享有的侦查权是有限的，主要在于在犯罪现场利用一定的侦查手段以收集、保留关键证据，采取某些紧急性、必要性措施来解决刑事案件中的疑点，至于其他的侦查工作则由检察官完成。而实践中，德国警察在刑事诉讼活动中的权力远不止于此，已经延伸至除非法律另有规定不得由警察进行的其他任何侦查活动，这造成在普通刑事案件中，侦查工作一般由警察进行，而检察官更重要的是在于对侦查结果的复审，以及对侦查活动提出建议或者要求补充侦查。[②]

在同属大陆法系的意大利，法律规定检察官和司法警察在各自的职责范围内进行必要的刑事初查工作，以便作出与提起刑事诉讼有关的判断。检察官可以指挥司法警察开展相关侦查工作，并且有权直接调动司法警察，司法警察在完成初步的犯罪信息报告后继续进行调查活动。司法警察的职权范围包括主动侦查犯罪以防止犯罪造成更为严重的后果，抓捕犯罪分子，采取必要措施以保护与案件相关的证据，收集其他可能影响指控犯罪的刑事法律适用材料，执行由司法机关决定或者委托的一

---

① 参见甄贞、宋洨沙：《法国检察机关的职能与最新发展》，载《人民检察》2012 年第 1 期。

② 参见［德］托马斯·魏根特：《德国刑事诉讼程序》，岳礼玲、温小洁译，中国政法大学出版社 2004 年版，第 50 ~ 52 页。

切调查活动和其他活动等。检察官的职权范围则更为广泛,包括了为实现刑事追诉的目的所开展的一切必要活动及核实有利于犯罪嫌疑人的事实和情节。[①]

在日本,设置了四级检察厅,最高检察厅、高等检察厅、地方检察厅和区检察厅四类,在组织结构上隶属于法务省。在刑事诉讼过程中,检察官享有对犯罪侦查、提起公诉,请求法院正当适用法律,以及对属于法院权限的其他事项,认为职务上有必要时可以要求法院予以通知或者向其陈述意见等权力。[②] 根据《日本刑事诉讼法》的相关规定,司法警察职员在知悉有犯罪发生时,应及时侦查犯人及证据;检察官认为有必要时,可以自行侦查犯罪;检察官在管辖区域内,可以就侦查向司法警察职员作出必要的一般指示,可以根据提出协助侦查要求而向司法警察职员进行必要的一般指挥;在检察官自行侦查的场合,必要时,可以指挥司法警察职员,使其辅助侦查,司法警察职员应当服从检察官的指示或指挥。

## 二、英美法系国家检察机关侦查权概况

在英美法系国家,检察机关通常与司法行政机关合二为一,比如美国的司法部最高长官同时担任联邦总检察长,英国的检察署亦属于政府部门。英美法系国家的检察机关侦查制度并不发达,检察机关职能主要是控诉犯罪,检察官在公诉活动中有较大的自由裁量权,而享有的侦查权范围相比大陆法系国家较为有限。检察官为准备起诉拥有收集证据和实施调查的权力,但无权采取逮捕犯人、扣押、搜查等强制措施和手段。英美法系国家的检察官和警察是一种相互协作的关系,警察在刑事犯罪的侦查工作方面发挥主要作用,检察官无权指挥但可以提供

---

① 参见熊秋红:《监察体制改革中职务犯罪侦查权比较研究》,载《环球法律评论》2017 年第 2 期。

② 参见李洪阳、雷池:《论日本检察制度特点及对我国的启示》,载《中国检察官》2014 年第 7 期。

咨询意见。[①] 在英国,警察最初在处理犯罪方面所能采取的手段和普通民众并无不同,随着侦查专业化程度的不断提高,不同于普通民众的侦查手段和技术发展起来后才慢慢地形成了现代警察所特有的侦查权。[②] 20世纪80年代,英国成立了皇家检控署,负责起诉犯罪,但在刑事侦查活动中并未承担支配性的作用。皇家检控署检察长的职责之一是"为警察就所有有关刑事犯罪的事项提供建议"。[③]

美国的检察系统整体上分为三级,即联邦、州、郡(市或镇),联邦检察系统和州检察系统是并存平行的关系,互不干涉。[④] 侦查机关的设置和检察机关及其他国家机关一样,也分为联邦、州和地方三级。联邦调查局是联邦系统最重要的侦查机关,负责的范围主要包括违反赌博法、毒品犯罪、纵火、诈骗、外国间谍、侵犯市民权利、暴力性的连续犯罪以及涉及高科技的犯罪等200多种犯罪。[⑤] 美国各地的警种类目较多,比如高速州警察局、州立大学警察、公路巡警、州公园警察署等。在刑事侦查活动方面,早期除了警察可以进行侦查工作外,美国的大陪审团也同样享有侦查权,但目前大陪审团作为调查机构的职能已逐步削弱,只在一些特殊种类的案件中发挥着重要作用。[⑥] 美国的检察官起诉犯罪,一般情况下依赖于警察以及其他侦查机关对犯罪行为的侦查,但在某些案件中检察官会介入侦查工作。《美国法典》明确规定了检察官侦查案件的范围:检察长和联邦调查局负责调查政府官员和雇员违反联邦刑事法律

---

① 参见张福坤:《我国检察侦查权的历史渊源与制度变迁》,西南政法大学2020年博士学位论文,第34页。

② 参见夏菲:《论英国警察权的变迁》,法律出版社2011年版,第72~105页。

③ 参见[英]约翰·斯普莱克:《英国刑事诉讼程序》,徐美君、杨立涛译,中国人民大学出版社2006年版,第79~82页。

④ 参见聂立泽、严林雅:《美国检察制度的起源及其发展历程》,载《当代检察官》2019年第1期。

⑤ 参见孙长永:《侦查程序与人权——比较法考察》,中国方正出版社2000年版。

⑥ 参见[美]爱伦·豪切斯泰勒·斯黛丽、[美]南希·弗兰克:《美国刑事法院诉讼程序》,陈卫东、徐美君译,中国人民大学出版社2002年版,第388~391页。

的行为及有权调查针对州或者地方执法官员的重罪杀人行为、针对本州居民的旅行者(包括外国旅行者)实施的暴力犯罪行为及流窜杀人犯罪行为。在美国各州中,“虽然警察机关是主要的侦查机关,但是检察机关却对某些重大刑事案件和部分一般的民事案件负责侦查”。[①] 关于介入侦查的方式,联邦检察长可以针对区域内发现的违反联邦刑法的不法行为要求进行或继续侦查。州总检察长在必要时可以派其助手去警察局协助工作,地方检察官有权在提起诉讼前调查犯罪事实。[②] 可见,美国检察官行使侦查权的方式主要有协助侦查、指挥警察侦查和独立侦查三种。

### 三、两大法系国家检察机关侦查权配置和运行对我国的启示

通过对两大法系国家检察机关侦查权的概况介绍,可见两者运行模式各有不同,大陆法系国家的检察机关侦查权范围更大,英美法系检察机关侦查权比较有限。形成两种不同体系的检察机关侦查权运行模式,受到各自的政治体制、法律体系、历史原因等诸多因素的影响。由上,对我国的检察机关侦查权,在社会主义法律制度的框架下,至少有以下几点启示:

一是要充分行使侦查职权。两大法系国家的检察机关虽然权能运行有差异,但共同点在于均保留了一定范围的侦查权,只是侦查权的范围有所不同而已。大陆法系国家的检察机关侦查权一般更盛,享有更广阔的侦查权范围和更强有力的侦查控制权。英美法系国家的检察机关侦查权一般相对较弱,仅在有限的范围行使。但两大法系国家对检察机关均赋予了一定的侦查权,在某种意义上,说明检察机关侦查权的必要性和重要性。我国检察机关侦查权的发展和变迁,同样展现出了侦查权

---

① 参见邓思清:《检察权研究》,北京大学出版社 2007 年版,第 49 页。

② 参见张鸿巍:《美国检察制度研究》,人民出版社 2009 年版,第 75 页。

在我国检察实践中的不可或缺。尤其在以检察机关侦查权限缩的背景下，更要充分用好现有的侦查权，真正发挥检察机关的法律监督职能。

二是要充分体现司法属性。检察机关侦查权的司法权属性在两大法系国家都一直存在争议，主要争议点在于检察权是否能归属于司法权，一般认为争议问题的产生根源在于西方三权分立的政治原则。而我国人民代表大会根本政治制度，本质上完全区别于西方三权分立的政治制度。我国在人民代表大会这一权力机关下设置检察机关和审判机关，分别依法独立行使检察权和审判权，检察机关独立行使的检察权与司法权系种属关系。检察机关侦查权又作为检察权具体权能之一，从概念逻辑关系上当然属于司法权的范畴，因此更要承担司法权应发挥的各种作用和功能目的。

三是要充分发挥监督功能。从两大法系国家的检察机关侦查权运行现状来看，检察机关侦查权最突出的特点不在于单纯侦查权的行使，而在于通过行使侦查权实现检察监督的功能。检察机关侦查权的配置目的不仅在于查明犯罪事实，获取犯罪证据，而且在于更加注重检察机关侦查权的监督功能，更加强调保障刑事诉讼程序的公平、公正、合理，保障获取法律上可予准入的充足证据，进而确保刑事诉讼程序的顺利开展。[①] 我国检察机关的定位为法律监督机关，各项检察职能包括检察机关侦查权的行使目的更加应当凸显监督职能。

## 第四节　检察机关侦查权的必要性

纵览古今、横贯中外，从西方国家首个现代意义的检察院建立，到中

① 参见贝克：《我国检察机关侦查权转型运行研究》，华东政法大学 2022 年硕士学位论文，第 43 页。

国近现代检察制度的发展,侦查权一直是检察机关享有的一项重要权能。检察机关侦查权在不同的法治环境和历史时期,呈现不同的权力内涵,但始终在实践运行过程中不断丰富和发展。伴随着我国监察制度的改革,检察机关的部分侦查权被划归监察委,大大削弱了检察机关的自侦职权。保留的侦查权对于检察机关充分发挥刑事指控作用,依法履行法律监督职责显得更为重要。

## 一、检察机关侦查权是检察制度历史发展的实践选择

进入近代历史时期,我国开始放眼看世界,不断学习并尝试引进西方国家的一系列先进制度,其中包括司法制度。晚清政府一度尝试在落后的封建王朝建立一套先进的政治体系以试图挽大厦于将倾,一批有学之士留洋考察,带回一幅资本主义立宪制度的蓝图。检察制度方面,仿效日本明治维新的成果,颁行《大理院审判编制法》,设立检察机关,实行"检审合署",明确了检察机关享有对辖区内司法警察的调度权和指挥权。[①] 该法是我国检察制度最早的出处,标志着我国近代检察制度正式确立。[②] 之后,晚清政府又在此基础上颁行了《各级审判厅试办章程》,进一步完善检察制度,并且规定了检察官具有"调查事实搜集证据"的权力,可见彼时的检察机关侦查权已经随之伴生。

其后,我国的近代检察制度一直效仿大陆法系国家,将侦查权配置在检察权之中。在整个刑事追诉过程中,检察官都扮演着十分重要的角色,通过引导侦查人员进行侦查活动,为后续的出庭指控做好充分的准备;并且在侦查程序中,对于实施侦查行为和采取强制措施,检察官都享有决定权。近代中国曾一度尝试通过实行预审制度来补充侦查程序的

---

① 参见闵钐编:《中国检察史资料选编》,中国检察出版社 2008 年版,第 4 页。

② 参见谢如程:《清末检察制度及其实践》,上海世纪出版集团 2008 年版,第 30 页。

不足,但预审制度的运转方式不可避免地会削弱检察官的侦查权。[①] 所以,经过几番权衡之后,还是将预审权交由检察官行使,这样更有利于查清犯罪事实,更有利于追诉犯罪行为。可见,在中国近代刑事诉讼活动中,检察官在出庭指控前就具有非常重要的职权地位,而侦查权就是检察官履职的重要手段。

中华人民共和国成立以后,在社会主义法治建设过程中,检察机关侦查权与人民检察制度同命运、共发展。侦查权经过实践的探索,迎来了日渐繁荣,也经历了挫折和挑战,但始终是中国特色社会主义检察制度不可分割的一部分。检察制度虽然在中华人民共和国成立初期承袭的是苏联检察模式,并吸收了苏联检察侦查的思想内容,但在后期的发展过程中,在与中国国情紧密结合的同时不断地呈现中国特色。尤其在1979年以后,人民检察制度在中断近20年之后重建,开始逐渐走向了中国模式,检察机关侦查权在此之后也开始走向本土化、规范化。

无论如何,检察机关侦查权自检察制度走进中国人民的视野以来,就一直紧随而行,即便在波澜壮阔的法治建设历史长河中有过跌宕起伏,也一直没有改变作为检察权重要组成部分的天然属性。

## 二、检察机关侦查权是检察机关监督属性的内在需要

现代检察制度始于资产阶级革命,是西方资产阶级在与中世纪司法专横斗争过程中从审判权中争取而来的,从诞生之日起就自带了制衡监督的基因,担负起维护国家法律统一正确实施的使命。[②] 因此,监督属性可以说是检察机关的本质属性。从我国《宪法》对检察机关的定位亦可看出,人民检察院是“国家的法律监督机关”。关于法律监督的内涵,学

---

① 参见张福坤:《我国检察侦查权的历史渊源与制度变迁》,西南政法大学2020年博士学位论文,第164页。

② 参见张智辉:《检察侦查权的回顾、反思与重构》,载《国家检察官学院学报》2018年第3期。

界多有研究,比如王桂五认为,法律监督就是由法定机关对遵守和执行法律情况所实行的国家监督。[①] 张智辉认为,所谓法律监督,就是根据法律的授权,运用法律规定的手段,对法律实施的情况进行的具有法律效力的监督。[②] 尽管表述不同,但能够对"检察机关监督法律实施的活动"这一基本理念达成共识。

如何保障"监督法律实施"的职能落地实现,维护法治的统一权威,确保法律的正确实施,是检察机关首要直面的问题。监督者采取任何形式的监督,都需要先了解被监督的对象或者行为,然后根据情况采取一定的措施,作为专门的法律监督机关更应如此。监督违法犯罪首先便是要发现违法犯罪行为,这就不可避免地涉及侦查、调查的权力。如果没有通过侦查了解情况的权力,检察机关就很难弄清具体违法犯罪的事实,也就从源头上缺乏监督的现实性。尽管有论者认为,享有一般调查权一样不影响监督权的有效行使,但对于国家机关及其工作人员的违法行为,隐蔽性是该类行为的突出特点,仅靠一般的调查手段难以获取事实真相,常常需要借助侦查手段才能获得真相。[③] 此乃从侦查权作为法律监督重要手段的角度观之。

进言之,检察机关侦查权是检察机关实现监督目标的重要保障。一般认为,检察机关法律监督的主要特征包括监督的国家性和权威性、监督的专门性、监督的规范性和合法性、监督的强制性。[④] 其中最为突出的是监督的强制性特征,如果监督没有刚性,则等同于没有监督。我国从宪法层面上赋予了检察机关独立于其他国家机关的地位,"行使权力不受行政机关、社会团体和个人的干涉",其目的就是确保检察机关的刚性监督。所谓刚性监督,就是不能让被监督对象处于一种可以接受、也可

---

① 参见王桂五主编:《中华人民共和国检察制度研究》,中国检察出版社 2008 年版,第 181 页。

② 参见张智辉:《检察权研究》,中国检察出版社 2007 年版,第 71 页。

③ 参见关英彦:《检察侦查权若干问题探讨》,载《中国检察官》2006 年第 1 期。

④ 参见梁国庆主编:《中国检察业务教程》,中国检察出版社 1999 年版,第 1 ~ 2 页。

以不接受的状态,而是必须接受和执行。如果没有检察机关侦查权这一保障手段,监督权则与批评建议权并无差异,丝毫不能产生应有的法律监督效果。

## 三、检察机关侦查权是新时代诉讼制度的必然要求

在新时代中国刑事诉讼体系中,公诉权是检察机关的一项重要职权。现代公诉制度基于国家公诉主义理念而建立,检察官代表国家行使公诉权。在历史上,追诉犯罪的权力曾一度由被害人及其家属所享有。现代国家的刑事诉讼制度开始禁止这种由个人追诉犯罪的行为,转而由国家来统一追诉犯罪。一方面,是因为部分犯罪并不侵害个人权利,而是对国家利益的侵犯,由国家对所有犯罪作统一处理更能够体现法律实施的权威性;另一方面,有些犯罪即便侵害了个人权利,同时也是对社会公共秩序的挑战和人类社会共同利益的漠视,国家也必须让每个犯罪行为都受到法律的追究。可见,现代刑事诉讼制度的价值在于不放过每一个犯罪分子,保障无罪的人不受刑事追究,以伸张法律之正义。而要保证这种体系制度有效运转,国家除了设立专门的侦查机关之外,同时应当让检察机关享有相应的侦查权能作为补充,以便在侦查机关没有充分行使职权的情况下,检察机关可以主动进行侦查活动,此点在以审判为中心的诉讼制度改革之后显得尤为重要。

在我国的司法机关设置中,侦查主体呈现多元化,如一般的刑事案件由公安机关负责侦查,走私案件由海关负责侦查,危害国家安全案件由国家安全机关负责侦查,监狱内案件由监狱负责侦查,等等。[①] 法律根据职能属性赋予不同的侦查机关以特定的侦查范围,这些侦查机关一般按照法律的规定对特定的罪名独立行使侦查权,但也存在交叉行使侦查

---

① 检察机关侦查权是侦查权横向配置的必然结果,与侦查工作的客观规律和实际需要完全契合,参见官畅:《侦查本位视角下检察侦查权研究》,载《司法警官职业教育研究》2024 年第 1 期。

权的例外,比如实践中对部分危害国家安全犯罪公安机关和国家安全机关同时享有侦查权。当侦查机关可以各司其职、依法履职时,则符合刑事诉讼活动的正常运转。但若某一侦查机关未能依法履行侦查职权,可能带来遗漏追诉甚至放纵犯罪的负面影响。例如,检察机关的补充侦查权就可以对侦查机关形成有效制约,从而弥补侦查机关可能存在的怠于履职带来的不利后果。再如,我国《刑事诉讼法》中所规定的"对于公安机关管辖的国家机关工作人员利用职权实施的重大犯罪案件,需要由人民检察院直接受理的时候,经省级以上人民检察院决定,可以由人民检察院立案侦查",正是对公安机关侦查权的一种补充形式,保障刑事诉讼活动的开展。

另外,侦查作为诉前程序,在大陆法系国家,通常被视为"公诉之准备"。在当前以证据为中心的刑事指控体系中,检察机关承担指控犯罪的举证责任,其"诉前引导"和"审前过滤"的作用显得极为重要。在审查起诉阶段,检察机关被赋予一定的侦查权,在证据需要进一步完善时,可以自行补充侦查。当然,检察机关是以国家公诉为主要职权的国家机关,不可能对所有刑事案件都亲自进行侦查,所以,检察机关的侦查权往往是有限的,即只限于对特殊案件的侦查,而不可能是一种包罗万象、无所不能的侦查权。

## 第五节　检察机关侦查权运行和优化配置的原则

现今,我国保留的检察机关侦查权能应当始终保持在现行法治的轨道上依法运行,充分用好用足。坚持用系统的观念看待检察机关侦查权,在坚持原则性的同时灵活把握、操作,充分地激活各项检察机关侦查权。发挥检察一体化的制度优势,对各类重大疑难复杂案件进行攻坚克难,做大做强检察机关侦查工作。笔者认为,检察机关侦查权能运行至少应当遵循以下几项原则。

## 一、坚持党的绝对领导原则

始终坚持党对人民检察工作的绝对领导,是必须遵循的根本政治原则。检察机关是中国共产党领导下的政治机关,各项工作的开展都必须坚持在党的统一领导之下,坚守正确的政治方向。检察机关侦查工作作为检察机关实施法律监督最权威、最刚性的手段,本就具有浓厚的政治属性,更需要强调党的领导原则。[①] 党的二十大报告强调,"健全党统一领导、全面覆盖、权威高效的监督体系,完善权力监督制约机制,以党内监督为主导,促进各类监督贯通协调",具体到检察机关而言,就是要在党的坚强领导下强化各项法律监督职责,主动对接其他监督机关,促进各类监督贯通协调。比如,关于党对反腐工作的领导和指导,在《中共中央关于加强新时代检察机关法律监督工作的意见》中指出,要加强检察机关与监察机关办案衔接和配合制约,加强检察机关立案侦查司法工作人员相关职务犯罪与监察机关管辖案件的衔接协调、线索移送和办案协作。这一要求既对检察机关行使法律监督职责起到了督促作用,又将检察机关侦查工作深度融入反腐败工作总体格局之中,有助于充分激活检察机关侦查的内生动力,更好地落实"不断增强依法反腐合力"相关要求。总而言之,检察机关侦查工作只有坚持在党的正确领导下依法运行,才能更好地找准定位,发挥好法律监督的职责。

## 二、坚持法治原则

坚持法治原则,是检察侦查权运行所应遵循的基本原则。正如最高人民检察院应勇检察长所强调的,检察侦查要严把法定条件和程序,依

---

① 参见秦前红:《法律监督视野下检察侦查制度优化》,载《国家检察官学院学报》2024 年第 1 期。

法稳慎推进。反贪、反渎职能转隶以后,检察机关侦查权被限缩,但现行法律仍然保留检察机关部分侦查权,如何用足用好保留的侦查权是当前时期检察机关侦查工作必须深入思考的重要课题。依照现行的刑事诉讼法律,保留的检察机关侦查权至少包括自行补充侦查权、直接立案侦查权和机动侦查权,它们所对应的案件范围或者类型有所区别。[①] 自行补充侦查权针对的是所有刑事案件,包括监察委员会移送的案件;机动侦查权针对的是公安机关管辖的国家机关工作人员利用职权实施的重大犯罪案件;直接立案侦查权针对的是司法工作人员利用职务之便实施的部分犯罪案件。几类侦查权的启动条件也有了明确的规定,比如机动侦查权"需要由人民检察院直接受理的时候,经省级以上人民检察院决定"等等。检察机关侦查权的运行过程应当在始终依法稳慎的基础上,同时把握内容的系统性和操作的灵活性。不同类型的侦查职能应当进行必要的系统整合,比如,在行使自行补充侦查权的过程中发现需机动侦查和直接立案侦查的案件线索,充分激活检察侦查权。当部分线索来源暂不符合"在对诉讼活动实行法律监督中发现的"条件,亦可思考灵活的操作方式以避免错失侦查时机。[②] 只有把法治的逻辑原则贯穿于侦查工作的全过程,才能真正地优化配置好检察机关各项侦查权。

### 三、坚持检察侦查一体化原则

在当前司法体制改革纵深推进的大背景下,我国检察权运行过程遵循的是检察一体化与员额检察官独立办案相结合的原则。[③] 相应地,检察机关侦查权的运行也应当在检察权运行的大框架下遵循这一原则。

---

① 参见曹坚:《检察侦查权的理论基础和深化路径》,载《人民检察》2024 年第 11 期。

② 参见秦前红:《法律监督视野下检察侦查制度优化》,载《国家检察官学院学报》2024 年第 1 期。

③ 参见王新建:《检察侦查工作现代化建设面临的结构性问题及破解》,载《中国检察官》2023 年第 23 期。

我国宪法赋予检察机关独立行使检察权，不受行政机关、社会团体和个人的干涉，体现的是检察权运行的独立性。这种独立是相较于其他国家机关而言的外部特性，而究其内部架构来看，仍然保持着一体化的内部特征。检察一体化的内涵既包括上下级检察机关之间领导与被领导的关系，也包括某一检察机关内部所实行的检察长与检察委员会相结合的领导制度。一体化原则所体现的行政化色彩与员额检察官独立办案的原则看似矛盾对立，实则二者之间相辅相成。检察一体化是在员额检察官依法独立办案基础上，保障上级检察官指令得以贯彻。[①] 员额检察官独立办案则是“在一定程度上弥补了人民检察院内部检察一体化业务工作机制过于僵化的不足”[②]。一体化的优势在于对重大疑难复杂案件和重大敏感案件的侦查可以迅速集中优势，实现纵横联动的监督效应。而为了避免一体化所带来的检察机关侦查权过度行政化，则必须要坚持在检察委员会制度改革和施行司法责任制、建立违法干涉检察官办案记录报告制度等背景下，确保员额检察官享有一定的依法独立办案权，[③]以保障检察机关侦查过程的监督属性和司法属性。

## 四、坚持监督制约原则

“无监督制约的权力，必然如洪水猛兽”，其危害结果甚大。尤其是在刑事司法的过程中，立法者为权衡好打击犯罪与保障人权的关系，从顶层设计的角度要求司法机关之间必须互相制约。[④] 宪法规定，人民法院、人民检察院和公安机关分工负责，互相配合，互相制约，以保证准确有效地执行法律。其中，核心要旨便是司法机关之间的监督制约关系。

---

① 参见魏晓娜：《依法治国语境下检察机关的性质与职权》，载《中国法学》2018 年第 1 期。

② 孙谦主编：《中国特色社会主义检察制度》，中国检察出版社 2009 年版，第 282 页。

③ 参见孙谦主编：《中国特色社会主义检察制度》，中国检察出版社 2009 年版，第 291 页。

④ 有观点认为制约包括监督和制衡，监督是单向的，而制衡具有双向性，参见夏金莱：《论监察体制改革背景下的监察权与检察权》，载《政治与法律》2017 年第 8 期。

监察体制改革背景下检察机关自侦权被严重限缩的重要原因之一便是检察机关侦查权的运行过程缺乏有效监督机制,既侦查又起诉的模式让社会外界很难看出权力被规制的特征。尽管彼时检察机关内部仍然保有侦查监督的制度模式,但无法回应“对自身行使侦查权如何实现有效监督”的疑问。[①] 在检察机关侦查权实践探索的过程中,我国也曾一度尝试构建更为有效的内外监督模式。通过完善自我监督和上级监督相结合的内部监督机制,以及引入人民监督员等外部监督机制,来强化监督质效。但是,这些举措很难从根本上防范犯罪嫌疑人刑事辩护权利被侵害,无法确保刑事司法的公正性。[②] 因此部分学者认为,反贪、反渎转隶后,检察机关部分职能被整合到监察委,从某种程度上来讲正是从顶层设计上彻底解决上述疑问。从历史的经验来看,无论是从保障人权的角度,还是从“分工、配合、制约”的宪法原则来讲,检察机关侦查权都应当接受必要的外部监督与制约。[③]

① 参见刘计划:《侦查监督制度的中国模式及其改革》,载《中国法学》2014 年第 1 期。

② 参见秦前红:《困境、改革与出路:从“三驾马车”到国家监察——我国监察体系的宪制思考》,载《中国法律评论》2017 年第 1 期。

③ 参见秦前红:《法律监督视野下检察侦查制度优化》,载《国家检察官学院学报》2024 年第 1 期。

| 第三章 |

# 检察机关侦查权能之一：直接立案侦查权

我国于2018年通过了对《刑事诉讼法》的修改，检察机关直接立案侦查权的调整是本次修改的亮点之一，主要目的在于加强与《监察法》的有效衔接，同时让检察机关回归法律监督机关的宪法定位。具体而言，是将反腐资源整合，将原归属于检察机关的职务犯罪侦查权连同反贪、反渎等部门转隶至监察机关，由其统一行使对职务犯罪的调查。在此基础上，检察机关保留了一小部分对司法工作人员职务犯罪的立案侦查权，但从表面上看，受人诟病已久的“侦监一体”格局依旧未被完全打破。笔者将系统梳理和剖析新形势下检察机关直接立案侦查权的特点、历史沿革以及运行过程中面临的困境问题，进而把脉开方、对症下药，提出相应的对策和建议。

# 第一节 检察机关直接立案侦查权的历史沿革和重要价值

相较于调整之前的检察机关侦查权,2018 年《刑事诉讼法》修改之后,检察机关直接立案侦查权概念的内涵和外延都发生了变化,需要充分结合社会形势、法治进程等发展状况梳理分析检察机关侦查权立法沿革和发展脉络,方能重新科学、准确厘清和界定检察机关直接立案侦查权的概念和性质。在此基础上,才能明确保留检察机关对司法工作人员一部分职务犯罪立案侦查权的必要性和价值意义。

## 一、检察机关直接立案侦查权的基本内涵

根据 2018 年新修正的《刑事诉讼法》,对于检察机关直接立案侦查权,大致可以概括为以下三个方面内容:

1. 犯罪主体方面,必须是“司法工作人员”,即依法承担侦查、检察、审判、监管职责的工作人员。① 但是,对于从事人事、行政等工作的人员,应当认定为司法机关工作人员,不应认定为可以由检察机关直接立案侦查的司法工作人员。需要注意的是,2018 年新修正的《刑事诉讼法》增加中国海警局为负有侦查职责的机关,其有侦查职责的人员属于司法工作人员。对于人民陪审员是否属于司法工作人员,存在一定的争议,一方面,人民陪审员不同于法官的薪酬、地位,如果承担同样的司法责任,显得较为严苛;另一方面,人民陪审员在审理过程中承担着与法官类似的职能权力,似乎应该归为具有审判职责的司法工作人员。笔者认为,

① 参见朱孝清:《检察机关如何行使好保留的职务犯罪侦查权》,载《中国刑事法杂志》2019 年第 1 期。

对于人民陪审员是否属于司法工作人员，不能单纯从是否具有编制、薪酬高低等方面作出认定，如果其履行了审判相关的职责，那么就属于司法工作人员，其所实施的14种罪名相关犯罪应当由检察机关立案侦查。①

2. 犯罪客观方面，必须是利用职权实施的刑讯逼供等侵犯公民权利、损害司法公正的犯罪。所谓职权，是指国家机关及其公职人员利用其地位，行使特殊权力的形式。检察机关直接立案侦查的案件客观方面需要符合两个条件：犯罪行为与司法工作人员利用职权之间存在直接联系；犯罪客观上造成了公民权利、司法公正受损的后果。

3. 犯罪线索方面，必须是"对诉讼活动实行法律监督中发现"。诉讼活动包括刑事、民事与行政诉讼活动，法律监督包括主动监督与被动监督。具体而言，包括在对民事、行政、刑事诉讼活动的监督中依职权发现，也包括通过当事人或者其他公民的控告、申诉、检举发现，还包括其他部门移交而"被动"获取。

## 二、检察机关直接立案侦查权的历史沿革

我国最早的检察机构可以追溯至古代御史监察，其性质大致为"天子耳目"，主要职责是"纠察百官，监督地方"，其作为封建帝制之下的法律监督机关和对官员犯罪的侦查机关，有效地维护了皇权。自中华人民共和国成立以来，随着法治发展的进程，检察机关直接立案侦查权发生巨大变化，笔者拟详细梳理检察机关直接立案侦查权的发展脉络，根据其历史变迁，可以分为以下四个阶段。

### （一）探索阶段

中华人民共和国成立初期，法律制度建设处于探索阶段，1949年《中

---

① 14种罪名也可以称为共享罪名，参见张栋、陈修勇：《监察实践中管辖竞合的类型化分析与解决》，载《犯罪研究》2023年第1期。

央人民政府最高人民检察署试行组织条例》参考苏联的垂直领导体制，赋予检察机关法律监督权和对刑事案件的侦查权，[①]作为中华人民共和国成立后关于检察制度的第一个单行法规，为检察事业这一巍巍大厦奠定了第一块基石，此时对检察机关侦查权未有任何限制，是范围最为广泛的时期。1951 年出台的《中央人民政府最高人民检察署暂行组织条例》修改了检察机关侦查权的范围，将其限制为“反革命及其他刑事案件”，但对何为“其他刑事案件”没有明确的界定，故而检察机关在这一阶段依旧拥有较为广泛的直接立案侦查权。[②] 刚刚成立的人民检察署在镇压反革命运动中发挥了积极作用，在对反革命案件侦查过程中，部分地区的检察机关负责对一些重大复杂刑事案件包括职务犯罪案件进行侦查，一般性案件由公安机关直接移送至人民法院，而人民检察署在“三反”“五反”运动中积累的丰富经验，也为后续检察机关与公安机关的职能区分奠定了基础。[③] 直到 1956 年最高人民法院、最高人民检察院、公安部发布《关于公、检、法三机关受理普通刑事案件的职责范围的试行规定》，该规定通过犯罪主体、客观行为、危害结果的限制，对检察机关直接立案侦查范围进行了明晰。[④]

---

① 参见《中央人民政府最高人民检察署试行组织条例》第 3 条。

② 《中央人民政府最高人民检察署暂行组织条例》第 3 条规定，“最高人民检察署受中央人民政府委员会之直辖，直接行使并领导下级检察署行使下列职权：（一）检察全国各级政府机关、公务人员和全国国民是否严格遵守中国人民政治协商会议共同纲领、人民政府的政策方针和法律法令；（二）对反革命及其他刑事案件，实行检察，提起公诉；（三）对各级审判机关之违法或不当裁判，提起抗诉；（四）检察全国监所及犯人劳动改造机构之违法措施；（五）处理人民不服下级检察署不起诉处分之声请复议案件；（六）代表国家公益参与有关全国社会和劳动人民利益之重要民事案件及行政诉讼”。

③ 参见张福坤：《检察侦查权发展的中国路径：历史回顾与展望》，载《行政与法》2022 年第 9 期。

④ 《关于公、检、法三机关受理普通刑事案件的职责范围的试行规定》第 2 条规定，“属于国家机关工作人员、基层干部和企业的职工中贪污、侵吞公共财产、侵犯人身权利等严重行为，已经构成犯罪需要依法处理的，由检察机关受理，提起公诉，法院审理判决”。

### (二)确定阶段

1978 年随着改革的春风吹遍祖国大地,法治进程得以向前推进,与 1956 年最高人民法院、最高人民检察院、公安部联合发布的《关于公、检、法三机关受理普通刑事案件的职责范围的试行规定》相比,我国 1979 年《刑事诉讼法》对检察机关侦查权范围进行了更为明确的界定,[①]主要体现为用案件罪名替代对犯罪主体的限定,并增加机动侦查权的条款,这扩大了检察机关立案侦查的案件范围,尽管从严格意义上来讲,机动侦查权不属于检察机关直接立案侦查权。参与过 1979 年《刑事诉讼法》起草工作的学者解释,职务犯罪一般不需要专门的侦查手段,故而规定由检察机关对职务犯罪直接立案侦查,而非将此类犯罪归于公安机关侦查。[②] 1979 年年底,最高人民法院、最高人民检察院联合发布了《关于执行刑事诉讼法规定的案件管辖范围的通知》,该通知中明确了检察机关可以直接立案侦查的 21 种罪名,涉及 5 类犯罪,即贪污罪、渎职罪、侵犯公民民主权利罪、危害国家安全罪、破坏社会主义经济秩序罪。[③] 以后,检察机关的直接立案侦查案件范围呈现进一步扩大的趋势,陆续将挪用公款罪、法人职务犯罪等纳入其中。

### (三)调整阶段

在检察机关直接立案侦查权不断扩张之后,检察机关将反贪斗争作为工作重心,这引发了一系列实践问题,因为检察机关直接立案侦查权并未按照制度设计者的初衷去运行,相反的,本该作为法律监督坚实后盾的侦查权某种意义上被异化为谋取利益的手段,其最终非但未能成为

---

① 1979 年《刑事诉讼法》第 13 条第 2 款规定,"贪污罪、侵犯公民民主权利罪、渎职罪以及人民检察院认为需要自己直接受理的其他案件,由人民检察院立案侦查和决定是否提起公诉"。

② 参见熊秋红:《监察体制改革中职务犯罪侦查权比较研究》,载《环球法律评论》2017 年第 2 期。

③ 参见《关于执行刑事诉讼法规定的案件管辖范围的通知》第 1 条、第 2 条。

“终极守护者”，还成了限制检察制度发展的最短木板。[①] 因此，检察机关的宪法定位回归成为当时的学者们关注的热点，在立法层面，于 1996 年修改的《刑事诉讼法》对此作出了回应，在检察机关直接立案侦查权范围中删去了非职务犯罪和法人职务犯罪，[②]这一规定在 2012 年修正的《刑事诉讼法》中被全部保留。1998 年出台的《关于人民检察院直接受理立案侦查案件范围的规定》中，将检察机关自行侦查案件范围限定为 4 类 54 种犯罪，分别为贪污贿赂犯罪、渎职犯罪、侵犯公民人身权利和民主权利犯罪、弹性规定。[③]

（四）变革阶段

随着时代的变革，职务犯罪的特征、表现形式已经发生巨大变化。2018 年颁布的《监察法》正式确立了职务犯罪治理新格局，一方面，将与诉讼监督无关的贪污、贿赂等犯罪从检察机关中剥离；另一方面，保留了与检察机关法律监督职能紧密联系的司法工作人员 14 种罪名相关犯罪的直接立案侦查权，此时保留的立案侦查权实际上是一种具有较强法律监督属性的特殊侦查权。监察体制改革后，监察委成为反腐败的主力军，与检察机关保留的立案侦查权形成职务犯罪打击全覆盖，进而形成了以监察工作为主、检察机关侦查工作为补充的高效、统一、全面的职务犯罪治理体系。[④]

综上四个阶段，笔者认为，从检察机关直接立案侦查权的演变来看，其改革动力主要源于“自我加压”和“外部施压”，“自我加压”表现在其内涵和外延随着当时所处的经济以及法治化进程而进行调适，“外部施压”在于社会各界对检察机关直接立案侦查权的监督、关注和评价，这些

---

① 参见李奋飞：《检察再造论——以职务犯罪侦查权的转隶为基点》，载《政法论坛》2018 年第 1 期。

② 参见 1996 年《刑事诉讼法》第 18 条。

③ 参见 1998 年《关于人民检察院直接受理立案侦查案件范围的规定》。

④ 参见李奋飞：《检察机关的“新”自侦权研究》，载《中国刑事法杂志》2019 年第 1 期。

内外在力量成为检察机关职务犯罪侦查体制改革的重要因素。检察机关的制度变革一定程度上反映着特定的时代特点和发展需要,不论是学习苏联经验,还是摸索适应国情的检察机关直接立案侦查权,均在一套特定的框架之内形成,均需要以时代背景为起点进行研究。在中华人民共和国成立之初,百废待兴,检察制度尚处在摸索阶段,对于检察机关直接立案侦查权的定位、性质等尚不明晰,故未对其运行予以限制。直到1978年以后,检察机关的直接立案侦查权才开始正常运转。随着经济的发展和办理相关犯罪案件数量的增长,此时,对于检察机关立案侦查权运行中具有的优势和存在的问题有了进一步的认识,再加上部分经济犯罪已经不与职务犯罪紧密相连,检察机关可以回归其本职,经济犯罪直接立案侦查权重新回归至公安机关。检察机关立案侦查权被明确予以限定,表现在相关司法解释规定了具体的54种罪名和相关配套的立案标准,[①]但是,在监察体制改革之前,仍然拥有较大范围的权限,检察侦查体制基本成型并固定化近20年,与纪检监察机关共同在反腐斗争中扮演重要角色,只是分权而治在实践中带来重复办案、浪费资源、沟通协调不顺等情况。在该种反腐体系已经难以适应实际需要时,监察体制改革成为大势所趋,事实上也证明了监察机关能够达到立法者整合侦查资源、提高反腐效能的预期。

## 三、检察机关直接立案侦查权的价值和意义

### (一)是对检察机关宪法定位坚守的具化

现代检察制度是在打破中世纪司法专断的环境下应运而生的,它从诞生之日起就被寄予维护法律正确实施的期待,为了达成此种期待就必

---

① 参见1998年《关于人民检察院直接受理立案侦查的案件范围》和1999年《关于人民检察院直接受理立案侦查案件立案标准的规定(试行)》。

须要有发现违法的手段,在世界各国这种手段大多表现为检察机关侦查权,因为"检察"以"检"为依托和前提,"检"是指调查了解核实情况,没有发现违法线索的手段,就无法保障法律的正确实施。有学者以"人民法院审判权"为参照,将检察权分为三个层级,第一层级是法律监督权,其根本特点是检察机关可以单向地向有关机关发出建议、纠正违法等,故法院、公安等其他机关均处于法律监督位阶之下;第二层级是批准逮捕、对部分案件的直接侦查权、审查起诉权,这些权力与法院审判权并行;第三层级是派员出庭行使公诉权,出于对控辩平等原则的考量,出庭检察官的权利地位类似于"当事人",法院审判权的位阶高于该项检察权。[①] 这就说明若是将检察机关侦查权全部剥离,事实上会动摇现行检察机关法律监督的宪法定位,也正如有学者所言,检察机关如欲实现法律监督机关之宪法定位和现实权威,保留部分直接立案侦查权将是破题之道。[②] 总而言之,监察体制改革使检察机关从职能不清、宪法定位不明和纳入反腐模式的逻辑错位中挣脱出来,将检察机关的主要职责聚焦于宪法所赋予其的角色中,通过维护司法程序的良好运行来契合法律监督机关的定位。

### (二)大大强化了检察监督的刚性和张力

给检察机关保留一小部分职务犯罪侦查权,某种意义上是为了适应和满足检察监督权正常运行的需要。我国的纪律检查机关、监察机关等都具有对监督对象直接处理的权力,进而强化监督刚性,因为监督与被监督、执法与被执法是两对较为尖锐的矛盾,如果监督者对被监督者没有直接处理的权力,那么监督很可能沦为空谈。检察监督权区别于其他

---

① 参见封安波:《论我国检察权的"三层级"结构——基于〈宪法〉与〈刑事诉讼法〉衔接的考量》,载《法学家》2015 年第 4 期。

② 参见秦前红:《全面深化改革背景下检察机关的宪法定位》,载《中国法律评论》2017 年第 5 期。

监督权的一个特点是它被赋予了启动诉讼和向监督对象发出纠正违法通知书的权力,向监督对象发出意见或者建议在程序和实体上均无约束力,被监督对象收到后是否纠正、如何纠正,均取决于其自身意志。① 因而监察体制改革后若检察机关完全失去立案侦查权,法律监督将进一步软化和弱化。②

监察体制改革之前,检察机关的直接立案侦查权是有力措施,但改革之后,若是没有相应的保障机制或者救济机制,检察机关的诉讼监督可能会患上“软骨病”。部分学者认为检察机关具有对监督事项的调查核实权或许可以避免诉讼监督的软化,但调查核实权与查办犯罪的侦查权不同,它仅仅是对是否存在诉讼违法行为或者损害公共利益行为进行核实,不能对监督对象采取强制措施,只能归为柔性手段。事实上,真正影响检察权强弱的因素是有无职务犯罪侦查权、对地方立法和行政行为的法律监督权,③在过去,职务犯罪侦查权是检察机关保障监督刚性的手段,现在,保留的直接立案侦查权成为增强检察机关公诉职能和监督职能的保障性机制。

改革开放后 40 多年的检察制度发展史证明,检察机关在具备侦查权的情况下,才能使诉讼监督由软向硬,诉讼监督与职务犯罪侦查相辅相成,通过诉讼监督发现职务犯罪线索,通过对职务犯罪的侦查进一步增强诉讼监督效力,两者无法彻底分离。④ 监察体制改革后的实践也进一步证明,诉讼监督离开侦查权会变得软弱无力,调研显示,部分检察院认为缺乏刚性手段则监督事项无法及时落实,即使重新设计公安内部考

---

① 参见朱孝清:《修改后刑诉法与监察法的衔接》,载《法治研究》2019 年第 1 期。

② 参见朱孝清:《国家监察体制改革后检察制度的巩固与发展》,载《法学研究》2018 年第 4 期。

③ 参见张智辉、谢鹏程:《现代检察制度的法理基础——关于当前检察理论研究学术动态的对话》,载《国家检察官学院学报》2002 年第 4 期。

④ 参见汪建成、王一鸣:《检察职能与检察机关内设机构改革》,载《国家检察官学院学报》2015 年第 1 期。

核标准,将相关内容列入其中,也始终是治标不治本,诉讼监督无法发力。[①]

但若仅仅将检察机关直接立案侦查权理解为一种单纯的保障手段,就无法全面、准确厘清其真正价值,事实上其并没有背离一般侦查权的属性,即收集证据、查明事实进而惩治犯罪、保障人权,只不过检察机关直接立案侦查权是在传统的侦查权的基础上增加了法律监督的功能属性,在侦查手段、侦查范围、价值追求方面融入了更契合检察机关宪法定位的元素,构成"监督型"侦查权。[②] 因此,对于检察机关直接立案侦查权而言,其检察属性并未消散,立足于法律监督机关的宪法定位,同时侦查权本身所需要秉持的查明事实真相以待追诉的任务也得以延续。总而言之,检察机关立案侦查权的刚性特征是保护公益、规制公权的保障性措施,是实现检察机关高质效法律监督的内生性的支撑手段。[③]

### (三)能够对监察机关的监察职能进行补强

监察机关的设立目的是"实现国家监察全面覆盖",以此改变检察机关和纪检机关分别履行对职务犯罪侦查而导致部分公职人员未被处理的格局,但不可否认的是,检察机关在过往的侦查中积累了一些经验和资源,可以对监察机关的职务犯罪调查提供一定的补充和助力。

首先,检察机关对部分案件进行立案侦查一定程度上满足有利侦查的特点。我国侦查体系遵循专门侦查和有利侦查,前者是指一般由公安机关进行侦查,确立了侦查主体权力来源的正当性,后者是指有利于侦查程序目的实现,例如考虑侦查效率、由更具亲历性的部门对某一类特

---

① 参见卞建林、谢澍:《刑事检察制度改革实证研究》,载《中国刑事法杂志》2018 年第 6 期。

② 参见秦前红:《检察侦查权的制度逻辑与时代走向》,载《政法论丛》2023 年第 4 期。

③ 参见王祺国:《构建全面科学的检察侦查基础理论体系》,载《检察日报》2023 年 4 月 6 日,第 3 版。

殊案件进行侦查等。[①]

其次，检察机关对司法工作人员利用职权实施犯罪线索的发现有优势，可以与监察机关职能互补。职务犯罪并不像普通犯罪那样有具体的被害人，再加上有职务作为掩护，一般不会轻易暴露，需要侦查机关主动发现。[②] 但正所谓“迟到的正义并非正义”，效率也是衡量案件办理质量的一个要素，影响效率的因素主要有两个方面，一是案件线索收集及侦查工作是否顺利开展；二是有无浪费司法资源，相对于监察机关而言，检察机关可以通过阅卷、讯问犯罪嫌疑人、调查取证等方式及时发现违法犯罪线索，如刑讯逼供、非法拘禁、非法搜查等诸多司法工作人员在办案过程中实施的犯罪，检察机关在审查时，可以较快地发现并及时开展侦查，精准快速地确定刑事诉讼的走向。检察机关具有发现线索及时、调查事实便利、处理结果完整的先天优势，可以避免因案件的反复移送而造成效率降低。

最后，司法工作人员在诉讼活动中的违法和犯罪行为虽有一定界限和区分，但两者之间的转化可能只是一念之差，并无天然鸿沟。一些案件初查时被以为是违法，实际上隐藏着犯罪线索，一些案件初查时被以为是犯罪，实际只是违法行为。若不赋予检察机关对司法工作人员部分职务犯罪行为的直接立案侦查权，检察机关只监督违法不监督犯罪，那法律监督的职能就是不完整、不全面的。

因此，检察机关保留的直接立案侦查权并不会对监察机关行使调查权造成阻碍，司法机关的所有公职人员均在监察委的监督之下，检察机关被纳入反腐大格局和自觉接受组织协调。其不会打乱监察委的整体部署，相反地根据相关违法违规行为准确判断情节、性质进而进行处置，

---

① 参见卞建林：《论我国侦查程序中检警关系的优化——以制度的功能分析为中心》，载《国家检察官学院学报》2005 年第 3 期。

② 参见朱孝清：《国家监察体制改革后检察制度的巩固与发展》，载《法学研究》2018 年第 4 期。

有效弥补了监察机关查处司法领域职务犯罪的不足,有助于实现“无禁区、零容忍、全覆盖”的格局。[①]

## 第二节 检察机关直接立案侦查权的运行特点和困境问题

检察机关直接立案侦查权发挥其重要价值依赖于其有效行使,在此基础上,我们有必要将研究重心放至监察体制改革之后。检察机关直接受理侦查的案件呈现出新特点,在实际行使直接立案侦查权时遇到诸多困难和挑战,研究这些新特点和新困难,对调整检察机关在新时期的侦查工作部署与工作思路存在益处。

### 一、检察机关直接立案侦查权运行现状

检察机关大部分直接立案侦查权转隶后,剩余的检察机关直接立案侦查权在实际运行中,呈现办案数量骤降、侦查难度增大、线索渠道变窄、工作对象特殊等特点。也正因为如此,某种意义上,《刑事诉讼法》为检察机关保留的对司法工作人员的侦查权得以真正发挥效能,将更好服务新形势下反腐败格局。

#### (一)直接立案侦查案件数量骤降

在监察体制改革之前,检察机关可以直接立案侦查案件涉及的罪名多达几十种,但改革之后罪名只限定在 14 种之内,导致相关案件数量大幅减少。2013 年至 2017 年,全国检察机关直接立案侦查职务犯罪案件

---

① 参见吴健雄、王友武:《监察与司法衔接的价值基础、核心要素与规则构建》,载《国家行政学院学报》2018 年第 4 期。

涉及共计254,419人，年均50,884人。在监察委成立之后，2019年至2023年，全国检察机关直接立案侦查数据分别为871人、1421人、2253人、1400余人、1976人。[①] 检察机关不是主要的侦查机关、更不是单纯的侦查机关，不应将工作重心放在对具体个案的侦查办理上，检察机关直接立案侦查权应限定于与法律实施有关的一类犯罪案件。基于此，检察机关分散的精力和有限的资源得以聚拢，检察机关作为法律监督机关的宪法定位某种意义上得以回归。

（二）直接立案侦查难度持续增大

侦查的过程具有鲜明的相向目的性，需要双方激烈对抗，[②]侦查活动在大多数情况下是所谓的零和博弈，[③]基于侦查过程的高度对抗性特征，在具备合理的侦查制度、高超的侦查技术，以及巧妙的侦查策略等三个条件时，方能圆满完成侦查任务。[④] 一方面，信息技术高速发展催生了很多新型犯罪形态，犯罪手段升级，职务犯罪已经不仅仅局限于现实、线下，而且以虚拟网络为遮蔽，延伸至新的空间，导致犯罪痕迹容易被抹杀，例如支付宝、微信等的广泛应用让一些职务犯罪分子的销赃快速流转、难以追踪，这给检察机关直接侦查工作带来不小的障碍；另一方面，大部分经验丰富、对信息技术适应能力较强的职务犯罪侦查人才一并转隶至监察委，与银行、税务等部门共同建立的信息查询平台也随着自行侦查权转移。一言以蔽之，犯罪手段的升级和侦查人才及技术的流失一道成为检察机关行使直接立案侦查权的强大阻碍。

（三）直接立案侦查线索渠道变窄

在部分侦查权转隶之前，检察机关对贪污贿赂等犯罪的侦查线索主

---

① 参见最高人民检察院网上发布2019—2023年全国检察机关主要办案数据。

② 参见王传道编著：《侦查谋略学》，中国政法大学出版社2004年版，第3页。

③ 参见李双其：《侦查博弈论》，中国人民公安大学出版社2013年版，第33页。

④ 参见蒋开富：《侦查策略正当性原理》，中国检察出版社2010年版，第7页。

要来源于人民群众或者案件知情者的举报,[①]《刑事诉讼法》没有明确规定检察机关立案侦查的犯罪案件线索来源,但其中规定的“在诉讼监督活动中发现”实际上已经缩小了线索来源渠道。14 种罪名分为侵犯公民权利和妨碍司法公正两类,后者一般不存在明确的被害人,普通群众也无法突破“正当职务行为”的迷雾窥见蛛丝马迹,故而举报、申诉的情况较少,只能依赖于检察机关在诉讼监督的过程中发现的线索,或者通过其他有关部门移交获取线索。

(四)直接立案侦查对象较为特殊

2018 年《刑事诉讼法》修改之后,检察机关直接立案侦查的对象从“国家工作人员”变为“司法工作人员”,该类对象与检察机关交往密切,且对于检察机关采取的侦查手段和工作流程十分熟悉,与普通犯罪分子相比反侦查能力较强。而《刑事诉讼法》规定的强制措施无法适应侦查工作的需要,例如刑事拘留时间较短,导致无法通过审讯突破口供,而犯罪嫌疑人对各项时间节点十分熟悉,有时会采取对抗到期限用尽的策略与检察机关周旋。[②]

## 二、检察机关直接立案侦查权运行所面临的困境问题

监察体制改革后,“瘦身”的检察机关直接立案侦查权虽然更加符合其宪法定位,但是,在实践运行过程中障碍重重,存在诸多掣肘性问题。基于此,笔者主要对直接立案侦查权存在的问题及其深层次原因进行分析,以期提出切实可行的解决方案和具体对策。

(一)授权性规定削弱检察机关侦查权

《刑事诉讼法》第 19 条规定,检察机关可以对司法工作人员 14 种犯

---

① 参见任惠华主编:《职务犯罪侦查实务》,中国检察出版社 2010 年版,第 241 页。

② 参见吴建雄、马少猛:《司法人员职务犯罪侦查制度的基本理论与机制构建》,载《中国刑事法杂志》2020 年第 5 期。

罪案件进行立案侦查,这表明检察机关并非该类犯罪的唯一侦查部门,而《监察法》第11条规定,监察委有权对玩忽职守、滥用职权等职务违法和职务犯罪进行调查,司法工作人员利用职权实施的刑讯逼供等行为应当也属于《监察法》第11条所规定的职务违法和职务犯罪,《刑事诉讼法》所赋予的授予性权力会使检察机关对是否立案侦查产生犹豫。此外,《监察法》和最高人民检察院出台的《关于人民检察院立案侦查司法工作人员相关职务犯罪案件若干问题的规定》均明确规定,如果检察机关在侦查司法工作人员职务犯罪时,发现除14种犯罪行为外还涉及其他职务犯罪线索的,应当与同级监察委沟通,并一般遵循监察机关为主的原则。这种"一刀切"的模式在司法实践中造成一定的弊病,一方面,司法工作人员在进行刑讯逼供、滥用职权行为时往往会伴随贪污、贿赂,如果一味地坚持检察机关直接立案侦查权让位于监察机关调查权,则会影响检察机关直接立案侦查权的行使,进而影响诉讼监督的职能发挥,对于立法者预期达成的诉讼监督全覆盖格局会有所破坏;另一方面,这种"一刀切"做法可能会让监察机关力不从心,当监察调查优先原则成为铁律时会将大量牵连案件一并由监察机关进行管辖,大幅度扩大了监察机关的管辖范围,无疑会损耗调查资源,进而会对国家的反腐战略形成不利影响。

(二)案件竞合事项有待进一步细化

如前所述,检察机关立案侦查的案件与监察委调查案件存在互涉时需要及时沟通协调,这种沟通机制虽是为了确定案件的管辖归属,但是增加了案件办理的时间成本,可能造成不必要的拖延。此外对于沟通机制也没有进一步的细化,一方面,没有明确应由检察机关何种部门与监察机关哪一部门进行沟通,沟通期限、范围、流程等也没有规定;另一方面,法律只明确了沟通顺利后的案件管辖归属,但当检察机关与监察机关无法达成共识时应当如何处理并未进行说明。在实践中不仅仅是管辖存在冲突,规范竞合同样是个亟待解决的问题,《监察法》与2018年修正的《刑事诉讼法》属于国家基本法,不存在高低层级冲突,不适用“上位法优于下位法”,[①]从法律性质来看,都是一般法,无法适用“特别法优于一般法”,从时间来看,虽然2018年修正的《刑事诉讼法》通过的时间晚于《监察法》,但是不能仅仅依据法律生效时间就认定后法优于先法,当两法存在竞合之时适用哪部法律成为需要明确的问题。

(三)陷入“谁来监督监督者”的困局

在国家监察体制改革之前,检察机关因集侦查、起诉与监督职能于一身而饱受质疑。检察机关尽管为改变这一局面作了不少努力,比如通过改革内设机构进行相互制约、发挥人民监督员的作用等,但都无法有效解决自我侦查与自我监督同体带来的难题。当时的司法活动中显现出“侦查中心主义”的倾向,有学者将“侦查中心主义”之下的诉讼格局称为“顺承模式”,代表着案件历经侦查、起诉、审判流程时始终处于接力状态,如同一叶扁舟顺流而下,位于上游的侦查活动可以决定接下来扁舟的走向,位于下游的起诉审判环节只能被动接受已经成型的结果,很难做出颠覆性的改变。[②] 在监察体制改革之后,大部分侦查权转隶至监察委,检察机关仅保留了对司法工作人员14种职务犯罪案件的直接立案侦查权,这一定程度上缓解了“侦监合一”带来的困局,但是并没有从根本上解决这一困境。此外,《人民检察院刑事诉讼规则》原先规定,对于检察院直接受理的职务犯罪的批捕需要报上一级检察院审查决定,但新修改的《人民检察院刑事诉讼规则》则取消了这一规定,侦查部门只需要报本院负责逮捕的部门审查,事实上,尽管刑事诉讼法对采取逮捕措施设置了比较低的证据标准,但兼具侦查主体和国家公诉机关身份的检

① 参见柳洁、卢军、曾城:《检察机关直接侦查权的行使困境及规范出路——以监察体制改革为背景》,载《广西政法管理干部学院学报》2021年第2期。

② 参见李奋飞:《打造中国特色的刑事诉讼模式》,载《人民法院报》2016年10月11日,第2版。

察机关对逮捕和提起公诉掌握着相似的标准,换言之,一旦对案件采取逮捕措施,就意味着该案件实际上大体达到了提起公诉的标准,尤其是在审查逮捕和审查起诉均由一个承办检察官负责的情况下,一旦批准逮捕的案件最终没有被提起公诉或者宣告有罪,那么检察部门会面临不利的考核结果,甚至承担国家赔偿责任。① 这种批捕和公诉高度集中的模式,会对法院施加巨大的压力。因此,当直接立案侦查权没有严格的运行条件和程序规范,"自侦、自捕、自诉集于一身"的格局无法打破,那么防范权力的不自觉膨胀、谁来监督监督者等依旧成为悬在头顶时时叩问的难题。

## 第三节　检察机关直接立案侦查权运行的法治逻辑

检察机关在行使直接立案侦查权时,应当坚持和践行法治原则、科学正确的理念和指导思想。概括而言,主要包括三个方面:一是将党的绝对领导贯穿检察机关直接立案侦查工作各领域、全过程;二是检察机关直接立案侦查权应当坚持科学合理的目标导向,并以此为指引;三是将检察机关直接立案侦查不受外界干扰作为前提,确保权力运行的独立性和底线正义。

### 一、以坚持党的领导为核心

坚持党的绝对领导,切实把党的领导落实到检察工作的各方面,确保检察工作坚定正确的政治方向。检察工作是政治性极强的业务工作,也是业务性极强的政治工作,党领导下的检察机关必须在宪法和法律的范围内活动,持续推动社会主义法治化进程。根据党章总纲规定,党的

---

① 参见陈瑞华:《论侦查中心主义》,载《政法论坛》2017 年第 2 期。

领导的基本原则是“总揽全局、协调各方”,形成国家治理的强大合力,检察机关在行使直接立案侦查权时,应当时刻以坚持党的集中统一领导为第一要务,既要积极与监察机关沟通协调,也要及时将案件向上级汇报,推动形成更高效、更有力的职务犯罪治理格局。

## 二、以增强法律监督和提升反腐效能为目标

党的二十大报告强调,“健全党统一领导、全面覆盖、权威高效的监督体系,完善权力监督制约机制,以党内监督为主导,促进各类监督贯通协调”,对于检察机关而言,监督的内容是国家立法权之外的国家职权及其活动是否正确统一实施法律,所谓国家职权及其活动是指公共行政活动和司法裁判活动,即狭义的法律监督。[①] 检察机关直接立案侦查制度优化应当从强化法律监督和增强反腐合力两个方面进行发力。

第一,强化法律监督。在监察体制改革之后,检察机关保留的直接立案侦查权范围较小,但是其价值在于高质效履行法律监督职责、回归宪法本位,检察机关应当在高质效履行法律监督职责过程中充分发挥其规制国家公权力、维护公共利益的内生性支撑作用。但有学者认为,随着检察机关职务犯罪侦查的转隶,其所拥有的法律监督职能也将会消散,仅会保留诉讼监督与行政监督,[②]笔者认为这一观点并不符合立法者原意,通过比较《刑事诉讼法修改初步方案》(2018 年 3 月 5 日稿)与 2018 年《刑事诉讼法修正案》,可以发现将原先的“诉讼监督”表述修改为“对诉讼活动实行法律监督”,在某种程度上承认了检察机关承担法律监督的职能,[③]不仅仅是对法律适用问题进行监督,还对法律执行和法律

---

① 参见秦前红:《两种“法律监督”的概念分野与行政检察监督之归位》,载《东方法学》2018 年第 1 期。

② 参见陈瑞华:《论检察机关的法律职能》,载《政法论坛》2018 年第 1 期。

③ 参见卞建林:《检察机关侦查权的部分保留及其规范运行——以国家监察体制改革与〈刑事诉讼法〉修改为背景》,载《现代法学》2020 年第 2 期。

遵守等情况进行监督,只是案件范围大大缩小。一方面,检察机关直接立案侦查权作为增强公诉职能和监督刚性的保障性措施,与检察建议、调查核实权等一并作为加强法律监督权威、推动法律正确实施的职能措施,构成“刚柔并济”的新格局;另一方面,检察机关在行使该项职权时,既应避免陷入“自侦中心主义”,进而引发程序构造失调,也需要防止个案触发概率的走低,进而将现有直接立案侦查权变为实际意义上的“备而不用”。[①] 检察机关并不是唯一具有侦查权的机关,但是唯有检察机关侦查权具有监督性,这是由检察机关的侦查对象和侦查目的所决定的。[②]因此,检察机关的法律监督定位不可动摇,而监督性需要依靠检察机关直接立案侦查权进一步巩固,在行使侦查权时应当以监督性为中心探索体系化的完善路径,通过配备足够的侦查人才、专业的侦查设备及相应配套制度,避免直接立案侦查权出现手无寸铁、有将无兵的尴尬局面。[③]正如最高人民检察院应勇检察长所指出:“增强法律监督刚性要坚持‘眼睛向内’,关键是自身监督办案要过硬,同时提升跟进监督‘韧性’。”[④]

第二,增强反腐合力。在监察体制改革后,随着检察机关大部分职务犯罪侦查权转隶至监察机关,反腐败效能将大幅提高,但在现有权力监督制约机制背景下,保留的直接立案侦查权应主动对接其他监督职能,推动各类监督贯通协调。2021 年《中共中央关于加强新时代检察机关法律监督工作的意见》中指出,“加强检察机关立案侦查司法工作人员相关职务犯罪与监察机关管辖案件的衔接协调、线索移送和办案协作,不断增强依法反腐合力”,虽然检察机关承担反腐职能在某种意义上超

① 参见李奋飞:《检察机关的“新”自侦权研究》,载《中国刑事法杂志》2019 年第 1 期。

② 参见张智辉:《检察权研究》,中国检察出版社 2007 年版,第 52 页。

③ 参见谢澍:《检察机关侦查权的监督性及其体系化进路》,载《中国刑事法杂志》2022 年第 3 期。

④ 《大检察官研讨班开班　应勇强调为大局服务　为人民司法　为法治担当　以检察工作现代化服务中国式现代化》,载《检察日报》2023 年 7 月 20 日,第 1 版。

出了检察机关的宪法定位,过往的实践也证明检察机关直接立案侦查权并不能非常有效地真正遏制腐败蔓延,但是当时的问题在于原先领导体制之下无法对同级地方党委甚至更高级别的人员进行有效监督,在监察体制改革的大背景之下,检察机关作为职务犯罪侦查中的补充辅助性机关,可以在维护法律正确实施的层面上对监察机关职能进行补强,进而建构高效、统一、权威的国家监察体制。

## 三、以坚持底线正义为原则

纵观检察机关直接立案侦查权的发展历程,就是一部其范围的规制史,在个案推动和法治摸索中逐步确立检察机关行使直接立案侦查权时的制度体系,但贯穿其中未曾改变的是对底线正义的坚守。尽管法律对检察机关行使直接立案侦查权有明确规定,但在实践中仅凭标语式的政策宣导来遏止非法拘禁等违法或者犯罪,是徒劳无功的,[①]若将公权力机关自觉、自洽、合法行使职权并达到程序正义和实体正义作为唯一破题之道,容易陷入程序失灵的怪圈,所谓程序失灵是指立法者所确立的刑事程序在实际运用中被规避和搁置,[②]不论是程序正义与诉讼效率之间的冲突,还是在办理专业性比较强的职务犯罪案件时可能出现的处理决定被推翻进而需要承担不利的考核结果,办案人员都面临着因为严格遵守法律程序造成直接利益损失的困境,因此为避免不利的绩效考核评价,办案人员会主动规避一些诉讼程序,基于上述理由无法将直接立案侦查权的规范行使完全依赖于公权力主体自发自觉性。为防止立法规避和程序失灵,并在检察机关直接立案侦查权行使过程中真正实现底线正义,就要求检察机关在行使直接立案侦查权时将法律完善与对内约束

① 参见张建伟:《非法证据缘何难以排除——基于刑事诉讼法再修改和相关司法解释的分析》,载《清华法学》2012 年第 3 期。

② 参见陈瑞华:《刑事程序失灵问题的初步研究》,载《中国法学》2007 年第 6 期。

结合,以控制公权力和保障私权利为原则,充分认识到检察机关同样处于监察机关的全覆盖范围之下,其权力行使并非漫无天际肆意妄为。此外,在实际办理过程中,职务犯罪呈现出审问式侦查的特点,尤其是在20世纪90年代以前,惩罚犯罪成为刑事诉讼法的首要目的,[①]纵使近年来较为关注惩治犯罪和保障人权相统一,实践中保障人权方面仍显不足,故应当融入对抗要素,具体表现是充分尊重律师在诉讼程序中的地位,保障其权利的行使,同时对人民监督员这一外部监督形式予以接纳,进而追求惩治犯罪之下的保障人权理念,实现案件办理的程序正义和实体正义,真正做到"有法可依"到"优法可依"的转变。[②]

## 第四节　检察机关直接立案侦查权的发展路径

在2018年《刑事诉讼法》修改后不久,浙江省湖州市人民检察院就依法对监狱一民警虐待被监管人一案立案侦查,[③]笔者所在的江苏省检察机关在2023年立案侦查58件81人,较2022年同比上升80%,罪名主要涉及徇私枉法、玩忽职守、滥用职权、失职致使在押人员脱逃、虐待被监管人、刑讯逼供、执行判决裁定滥用职权、徇私舞弊减刑等。[④]"管中

---

① 参见张文显:《司法文明新的里程碑——2012 刑事诉讼法的文明价值》,载《法制与社会发展》2013年第2期。

② 参见胡铭、钱文杰:《侦查与调查:职务犯罪追诉的模式演进及制度完善》,载《浙江大学学报(人文社会科学版)》2019年第5期。

③ 该案是2018年《刑事诉讼法》修改后浙江省检察机关立案查处的第一例司法工作人员职务犯罪,湖州市人民检察院在派驻湖州监狱检察室时发现监狱民警钱某有殴打服刑人员的行为,经过进一步调查,发现钱某涉嫌虐待被监管人罪,并对其立案侦查,查明钱某在执行职务过程中,多次以电警棍电击、手铐锁铐、扇耳光等方式对多名服刑人员实施体罚虐待行为。参见范跃红:《浙江:立案侦查一监狱民警涉嫌虐待被监管人罪案》,载《检察日报》2018年11月29日,第1版。

④ 参见江苏检察网, https://www.jsjc.gov.cn/jianwugongkai/bxgkcth/202403/t20240325_1608180.shtml,访问日期2024年6月24日。

窥豹,可见一斑”,检察机关能够立案侦查的14种罪名,过半数罪名相关案件已经在司法实践中呈现,并且办案质效较好,故而,检察机关保留的直接立案侦查权运行现状并未如学者和司法实务工作者起初所认为的那样悲观,相反的,各地检察机关积极运用法律所赋予的权力和过往侦查经验办理了一批自侦权案件,让顶层设计者关注到检察机关直接立案侦查权保留的价值和意义,并积极思考亟须创造条件解决的运行过程中的难点问题。[①]

## 一、加强检察机关与监察机关的“法法衔接”

在刑事诉讼领域会产生案件互涉的情形,所谓“案件互涉及其引发的牵连管辖”,是指公安机关与检察机关根据自身职能分工侦查案件,涉及对方管辖的案件时所产生的互涉以及牵连管辖,[②]在监察体制改革之后,案件互涉同样发生在检察机关与监察机关之间,当妨害司法公正的职务犯罪与贪污腐败犯罪相互牵连时,前者可以由检察机关立案侦查,后者应当由监察机关调查,这就会引发案件互涉及牵连管辖问题。如前所述,监察机关对职务违法和职务犯罪具有全面调查权,检察机关的直接立案侦查权相较于其处于补充地位,因此当存在管辖竞合时,一般遵循“监察优先原则”。有的学者就《监察法》第34条提出在关联案件管辖方面仅有单向的移送案件方式以及强势主导地位存在不合理之处,[③]事实上“监察优先原则”存在一定的正当性,但是,如果“一刀切”适用,必然会影响反腐格局的构建。如果一味遵从“监察优先原则”,监察机关难

① 有论者建议将14种罪名的主体从司法工作人员扩充至所有公职人员,同时将非职务犯罪领域的伪证罪、妨害作证罪、虚假诉讼罪等纳入检察机关自行侦查案件范围,参见王戬、程溪:《我国检察侦查权的历史、现实与完善》,载《犯罪研究》2024年第1期。

② 参见朱孝清等:《我国职务犯罪侦查体制改革研究》,中国人民公安大学出版社2008年版,第86页。

③ 参见袁相亭、刘方权:《监察与司法的管辖衔接机制研究》,载《交大法学》2019年第4期。

免会力不从心,同时会影响案件的办理质量,因为就非职务犯罪而言,监察机关的侦查技术、侦查人员等无法与公安机关相提并论,尤其是在办理危害国家安全、公共安全等重大犯罪中,一概坚持监察机关为主、公安机关为辅容易贻误时机,造成后续的破案、取证、抓捕困难。[①] 诚然,检察机关直接立案侦查的司法工作人员职务犯罪与公安机关侦查的危害国家安全、公共安全和严重侵害人民群众人身财产权利的犯罪不可相比,但如前文所述,检察机关立案侦查的案件本身仍然存在一定的特殊性,检察机关具有发挥法律监督职能的天然优势。[②] 笔者认为"监察优先原则"的初衷并不在于对检察机关的直接立案侦查权设置阻碍,进而使该项职能萎缩。有学者建议建立刑事立案与监察立案两套立案程序,通过立案转化解决互涉案件办理中存在的一系列难题,[③]实践中该路径能否有效实行有待商榷,但是"法法衔接"的思路值得我们参考。

就目前实践而言,在案件存在管辖竞合时最有效最直接的做法是厘清权力运行界限,当权力界限明晰后,"法法衔接"路径方有可行性。对于监察机关而言其聚焦点在于"人",是对公职人员进行全覆盖式的监督,类似于中国古代的御史监察制度,是对吏治廉洁性和责任心进行政治监管的手段,一方面,当公职人员不当行使公权力,违反廉洁纪律操守,将原本由人民赋予的权力用于满足个人私欲时,监察机关适时出手,运用反贪污贿赂手段进行惩治;另一方面,当公职人员无法承担这层身份交付的责任以致引发严重后果时,监察机关应形成进攻态势,将国家公权力行使扶至正确轨道。但检察机关与之不同,其聚焦点在于"事",检察机关作为法律监督机关无法承担监察机关所承担的职能,其只能对某几类事进行监督,对于检察机关而言,其权力归宿在于维护诉讼程序

① 参见卞建林:《职务犯罪监检管辖之分工与衔接》,载《法学评论》2021 年第 5 期。

② 参见卞建林:《职务犯罪监检管辖之分工与衔接》,载《法学评论》2021 年第 5 期。

③ 参见姚莉:《监察案件的立案转化与"法法衔接"》,载《法商研究》2019 年第 1 期。

的正确运行,确保其秩序范式不被破坏,尤其是正当程序的理念得以落实,[①]一旦这种秩序被破坏,检察机关方能登场。因此,检察机关侦查权与监察机关调查权可以并行不悖,其“法法衔接”并非难以达成的目标。

当厘清了检察机关与监察机关的权力运行界限后,笔者拟从制度设计上对检察机关与监察机关对互涉案件如何进行管辖提出如下构想。在立案审查阶段,应当将立案审查有关规定纳入《刑事诉讼法》中,进一步规范立案审查的方式、启动标准,避免公权力恣意妄为而案件被启动,同时也避免部分案件未被立案或者压案不办。在移案环节,检察机关应当增强与监察机关的沟通协调,在认定司法工作人员责任时,可以在移案前提交给司法惩戒委员会进行审查,其结果作为渎职侵权认定的参考,为便利实践运行,可以探索异地评查或检法交叉评查的机制,[②]如此一来,就跳出了既往的惩治某一项犯罪的视角,而是着眼于全局,提升案件办理效能。一些地区已经对检察机关与监察机关之间的沟通协调进行了有益的尝试,例如,两机关定期召开联席会议,就线索的发现、移送等会签联合实施方案,避免“文来文往”产生的不足,对于办案过程中产生的证据采集、犯罪嫌疑人控制等问题,从便利、经济、合法、高效原则出发,沟通协调、依规施策。[③] 由检察机关向监察委移送发现的贪污贿赂型犯罪线索,而针对司法工作人员侵犯公民权利、损害司法公正的犯罪,应当以检察机关管辖为主,因为严格意义上来看这 14 种犯罪并不属于监察机关反腐范畴,由检察机关进行侦查并不会影响反腐败全覆盖的立法

---

① 参见李奋飞:《检察再造论——以职务犯罪侦查权的转隶为基点》,载《政法论坛》2018 年第 1 期。

② 参见谢小剑:《检察机关“捕诉合一”改革质疑》,载《东方法学》2018 年第 6 期。

③ 沟通协调不应该是对“监察为主”或者“监察优先”的强调,而应当坚持“更为适宜”的原则,而沟通协调不畅或者存在分歧时如何解决亟待出台细化规定,有论者提出确定检察机关在监检沟通中占主导地位的创见,参见姚孙权、徐本鑫:《检察侦查权运行机制研究》,载《汕头大学学报(人文社会科学版)》2023 年第 9 期。

预期。进一步来说,若是一刀切坚持“监察优先原则”,[①]很难保证监察机关不会通过并案管辖的方式来扩大职权,难以达到为检察机关保留部分侦查权的初衷,不利于发挥监督刚性,也不利于保障法律的正确实施。

## 二、构建以大数据为驱动的侦查模式

监察体制改革后,检察机关直接立案侦查权的范围大幅缩小,这就意味着检察机关能够将有限的司法资源投入少量的犯罪案件中,但是,侦查范围的缩小使检察机关不仅需要面对更专业、反侦查能力更强、对检察机关办案流程较为熟悉的司法工作人员,同时信息技术的迅猛发展也制造了不小的障碍。检察机关应当抓住新时代赋予的机遇和挑战,运用大数据快速分析海量信息,于蛛丝马迹中窥见潜藏的真相。

痕迹学认为,物质转移过程中一定会留下痕迹,分为有形痕迹和无形痕迹,具体到司法工作人员职务犯罪中,有形痕迹是指钱款转入、聊天信息、互联网使用等,无形痕迹是指相关人员的意识思想,例如徇私枉法罪中徇私枉法者和受益人或者受害人交涉接触的过程,会产生思想意识的接触转移,而这些意识并不会随着人的意志而改变,因而犯罪分子留下的痕迹就是线索,而线索就是破案的契机。以大数据为驱动的侦查模式可以为检察机关侦查时畅通线索发现渠道,[②]如前所述,检察机关面临的一大困境是司法工作人员犯罪可能不存在明确的被害人,以履行职务

---

① 也有论者基于监察调查律师无权介入、讯问同步录音录像的移送等方面规定与刑事诉讼程序存在不同等,本着保障被追诉人权利的考虑,主张在规范层面确定“检察管辖优先”的原则,参见曹化、陈修勇:《检察侦查权的适用逻辑与实践优化》,载《犯罪研究》2024 年第 1 期。也有论者提倡遵循“主罪优先”原则分配管辖权,原先对从罪具有管辖权的机关负有协助义务,参见王戬、程溪:《我国检察侦查权的历史、现实与完善》,载《犯罪研究》2024 年第 1 期。

② 参见陈海霞:《数字赋能检察侦查实践与思考》,2024 年第五届全国检察官阅读征文活动获奖文选优秀奖。

为遮蔽，普通群众难以发现隐于其中的黑色行为。但在信息社会，职务犯罪通常会留下痕迹，检察机关可以通过发现犯罪嫌疑人曾有的网络搜索、论坛发帖等行为，抽丝剥茧锁定其犯罪行为。

在此基础上，检察机关建立以大数据为驱动的侦查模式势在必行，长久以来检察机关在对犯罪案件进行侦查时习惯于处在被动接受线索的地位，数据信息仅是破获个案的一个素材，在案件办理终结后该数据信息便成为无用信息被遗弃，但在大数据模式之下，应当将数据信息发展为一种长期的侦查资源，通过大数据对之前所收集到的相关案件信息进行评估分析后得出关联信息，对热点行业、重点人员深入剖析，不断延伸触角，由一人一事向一类人一类事拓展。[①] 因此，应当整合信息资源建立专门的司法工作人员职务犯罪数据库，即形成物的数据化。在职务犯罪转隶之后，检察机关获取线索的渠道变窄，对于案件的侦查难度变大，因此建立综合性的职务犯罪信息库成为必行之举，应当包含两个方面：第一，打破检察机关和其他公权力主体之间的信息壁垒，应当吸纳公安机关的不动产登记信息库、人口管理信息库、出入境信息库等，吸纳监察委的官员亲属信息库、腐败高危人员信息库等，并与税务、银行、保险、工商等单位建立信息协查机制，实现对案件相关信息的自动采集和分析，进而检察机关能够在侦查时掌握犯罪分子的基础信息、活动轨迹和财产情况等，这些对判定是否存在侵害公民权利或者损害司法公正提供重要参考。[②] 第二，打破检察机关和社会大数据之间的信息壁垒，建立特别许可司法信息查询机制，构建能够运用于职务犯罪侦查的内容全面、范围广泛、庞大有序的社会性数据库，[③]在实践中，检察机关可以与掌握大量

---

① 参见樊崇义、张自超：《大数据时代下职务犯罪侦查模式的变革探究》，载《河南社会科学》2016 年第 12 期。

② 参见王新建：《检察侦查工作现代化建设面临的结构性问题及破解》，载《中国检察官》2023 年第 23 期。

③ 参见郭哲：《大数据时代查办职务犯罪侦查模式认识论》，载《政法论丛》2019 年第 3 期。

互联网数据资源的百度、阿里巴巴、腾讯等企业签订协议,例如从微信、支付宝等交易平台获取钱款流向等,从中介机构、房地产公司等获取不动产交易信息,将原本碎片化、孤岛式的数据集中为条理化信息,社会数据更能反映一个人的生活习惯、性格特点等,例如通过淘宝等购物平台可以分析出犯罪分子的兴趣爱好、消费特征,甚至其社会交往关系和内在价值观念,根据这些信息,侦查人员可以锁定生活作息、活动范围,或者对高危人员生成行为预测报告,将犯罪苗头于刚显露时扼杀。我们正处于一个"触物留痕"的时代,犯罪分子即使反侦查意识再强、对检察机关侦查策略再熟悉,也无法做到彻底抹去在社会上的痕迹,大数据的到来为检察机关直接立案侦查权打开了一扇门,不论是预测还是记录功能,都能使犯罪信息被侦查人员快速掌握,从而破解侦查对象特殊所带来的难题。总而言之,检察机关可以建立一个纵向贯通、横向集成、高效共享、互联互通的数据库平台,[①]盘活有限资源,成为新形势下侦查司法工作人员职务犯罪的一柄利剑。

### 三、重塑侦查资源,保障侦查力量专业化

监察体制改革之后,一大批经验丰富、能力过硬的侦查人才和专业设备随着职务犯罪侦查权一并转隶至监察委,面对新形势下的新挑战,检察机关仅仅拥有大数据平台远远不够,还需要整合侦查力量、重塑侦查资源,为司法工作人员职务犯罪侦查打好物质和人才基础。[②] 具体包括以下几方面:第一,建立职务犯罪侦查的"人才驱动模式"。侦查工作归根结底是人对人,由侦查人员发挥主观能动性剑指妨害司法公正的犯

---

① 参见樊崇义、张自超:《大数据时代下职务犯罪侦查模式的变革探究》,载《河南社会科学》2016 年第 12 期。

② 有论者提出,建议组建由检察机关司法警察形成的侦查队伍,建立侦查权相对独立的专职侦查部门,赋予其侦查决定权和全部侦查措施,这具有一定的创新意义和现实合理性,参见官畅:《侦查本位视角下检察侦查权研究》,载《司法警官职业教育研究》2024 年第 1 期。

罪分子，目前存在的困境是人才匮乏，亟须建立一支政治本领过硬、专业能力精湛的高水平职务犯罪侦查队伍，尤其是将精通信息技术理论、法学理论的复合型人才吸纳进侦查队伍中，提升整体信息素质，所谓信息素质是指在大数据时代主动收集数据、分析审查信息的能力，侦查人员应当随着信息技术和犯罪分子犯罪手段的发展实时更新自身技能和侦查理念。但是，培养复合型人才需要一定时间，当务之急是现有的侦查人员应当迅速适应新形势、新变化，由能够运用大数据解决司法实践问题的专家讲解和传授数据挖掘、电子数据取证固定等内容。第二，配置专业化监督力量。有观点指出可以通过检察机关内设机构的变革来适应侦查工作缺乏专业性的问题，但考虑到案件量较小且员额检察官较少，可以合并机构甚至不设机构，[①]因此检察机关可以在其现有业务部门之下设立侦查室或者侦查组，由其专门负责检察机关直接立案侦查权的行使，但若是在第一检察厅等刑事检察机构中设立，势必会招来理论质疑，既是侦查者也是控诉者，会弱化检察机关的监督刚性，不利于保障犯罪嫌疑人的合法权利，另外早已有相关文件明确“行使抗诉权的部门特别是民事行政检察部门不宜再行使侦查权”，因此在刑事执行部门中设置侦查室或者侦查组，遵循执行与批准分开的原则，由批准部门审查，再由侦查室执行，并在侦查后移交给相关公诉部门审查起诉，由此方能保障侦查、追诉、批捕职能的一定分离。[②] 第三，理顺检察官独立办案不受干扰原则和“检察一体”之间的关系。现行《宪法》和《人民检察院组织法》确立了上下级检察机关是一个整体、上命下从的领导体制，区分于法院之间监督与被监督的关系，同时也要求检察官对承办案件独立审查。[③]

---

① 参见龙宗智：《检察机关内部机构及功能设置研究》，载《法学家》2018 年第 1 期。

② 参见谢澍：《检察机关侦查权的监督性及其体系化进路》，载《中国刑事法杂志》2022 年第 3 期。

③ 参见秦前红、石泽华：《新时代法律监督理念：逻辑展开与内涵阐释》，载《国家检察官学院学报》2019 年第 6 期。

有学者指出,检察官独立办案在一定程度上弥补了检察机关内部一体化过于强化的不足,[①]在建立检察侦查体制中,明确并强化检察官独立办案权成为值得考量的问题,但并不意味着抛弃"检察一体"的原则,在对重大复杂案件或者对高级领导干部进行侦查时,应充分运用"检察一体"带来的优势,实现案件办理与监督的高效高质。

① 参见孙谦主编:《中国特色社会主义检察制度》,中国检察出版社2009年版,第282页。

| 第四章 |

# 检察机关侦查权能之二:补充侦查权[①]

如前所述,补充侦查权属于检察机关侦查权能的重要组成内容。有学者指出,尽管补充侦查包括退回补充侦查和自行补充侦查,但只有自行补充侦查权才属于检察机关侦查权,退回补充侦查只不过是检察机关侦查权的延伸,笔者认为该观点有一定的道理。[②] 基于补充侦查属于自行补充侦查的上位概念,厘清补充侦查相关问题,对自行补充侦查权的规范运行和发展完善具有较强的指导意义和统领作用。当然,如果直接认为补充侦查权是一种检察机关侦查权,那么对补充侦查进行深入研究自然更是题中之义、必须之举。本书从体系论的角度,也暂且和粗略地将补充侦查权能作为检察机关侦查

---

① 本章内容的基础为发表于《法治现代化研究》2019 年第 3 期的《监察体制改革背景下补充侦查问题研究》一文,作者为李宁、陈小炜,融入本书时笔者进行了部分修改、完善和调整。同时,本章也是 2018 年度最高人民检察院检察理论研究立项课题"监察体制改革背景下的补充侦查实证问题研究"的阶段性成果,课题负责人为李宁。

② 王戬、程溪:《我国检察侦查权的历史、现实与完善》,载《犯罪研究》2024 年第 1 期;秦前红:《法律监督视野下检察侦查制度优化》,载《国家检察官学院学报》2024 年第 1 期。

权能之一。①

在刑事诉讼法学中,补充侦查属于一个非常重要的理论范畴,但是学界对其认识和见解并不统一,众说纷纭。在司法实践中,补充侦查频频遭遇异化适用情形,导致检察机关和侦查机关之间容易形成过热或者过冷两个极端,不仅补充侦查效果不佳,而且拖延了诉讼,使正义姗姗来迟,对人权保障反而构成掣肘。监察体制改革背景下,除了对补充侦查原有问题进行梳理和剖析,也迫切需要对补充侦查基础理论问题重新进行思考和厘清,还需要建构监察机关移送案件补充调查和自行补充侦查相关制度机制,回应社会关切的同时,促进刑事诉讼法和监察法的衔接和协调。

## 第一节 补充侦查的中国理论:逻辑证成起点

补充侦查的概念、性质、特征和价值属于理论基础范畴,无论是在理论界还是在实务界相关争论颇多。对上述基础理论问题进行探讨,有助于统一思想和形成共识,有助于为深入探讨补充侦查其他问题筑牢根基。

### 一、补充侦查概念的梳理及再界定

对于补充侦查的界定,学界观点纷呈,主要有如下四种观点。第一

① 检察机关侦查权能的界定有最狭义说、狭义说、中义说、广义说和最广义说等五种观点,笔者某种意义上对狭义说最为赞同,即认为检察机关侦查权精准的范围包括直接立案侦查权(最狭义说仅包含直接立案侦查权)、机动侦查权、自行补充侦查权,而退回补充侦查权归入中义说,引导侦查权归入广义说,侦查监督和协作配合等归入最广义说,同时认为狭义说范围以外的内容与检察机关侦查权存在内在的关联性。但是,出于体例化和行文一目了然等考虑,本书在现阶段支持和主张中义说,故本书亦按照此观点和脉络行文。

种观点认为，补充侦查意指公安机关或者检察机关在刑事案件事实不清、证据不足或者遗漏罪行、同案犯时，按照法定程序，在原有侦查工作的基础上进一步调查和补充证据的刑事诉讼活动；[①]第二种观点认为，补充侦查是公安机关或者检察机关在刑事案件事实不清、证据不足时，按照法定程序，在原有侦查工作的基础上补充部分证据的诉讼活动；[②]第三种观点认为，补充侦查指侦查机关根据法定程序，对于案件存在部分事实不清、证据不足或者遗漏罪行、遗漏同案犯等情形，在原侦查工作基础上进行进一步调查，补充证据的一种侦查活动；[③]第四种观点认为，补充侦查是由人民法院或者人民检察院，将案件退回检察机关或者公安机关，由检察机关或者公安机关在原有侦查工作基础上，对部分案件事实或者证据进行进一步调查的刑事诉讼活动。[④] 上述观点共同性是都包含了补充侦查的主体、原因、基础、性质，都认为该四要素对于界定补充侦查不可或缺，都认为补充侦查的基础是原有侦查工作，以及性质上补充侦查属于侦查活动和诉讼活动，不同点在于其他两个要素的具体内容有所区别。

而且，上述四种观点都有不足和缺陷之处。其一，没有正确区分决定主体和执行主体，决定主体只能是检察机关，不能是公安机关，也不能是人民法院。根据我国《刑事诉讼法》第204条的规定，检察人员发现提起公诉的案件需要补充侦查，提出建议的，人民法院可以延期审理，实际上，补充侦查的决定仍然由检察机关作出，只不过提出延期审理建议后，由人民法院作出延期审理决定。其二，第一种和第三种观点认为补充侦查的对象除了包括事实不清和证据不足，还包括遗漏罪行或者同案犯也

---

① 参见陈光中、徐静村主编：《刑事诉讼法学》，中国政法大学出版社2002年版，第15页。

② 参见姜保忠：《补充侦查制度研究》，载《公民与法（法学版）》2014年第9期。

③ 参见樊崇义主编：《刑事诉讼法学》（第3版），法律出版社2013年版，第213页。

④ 参见杨正万：《论补充侦查的案件处理功能》，载《广西政法管理干部学院学报》2017年第3期。

有问题,因为普通刑事案件需要经过立案、侦查、起诉、审判和执行等阶段,而遗漏罪行或者同案犯的侦查没有原侦查的基础,和普通刑事案件无异,应当作为新的刑事案件立案侦查,而不应当和事实不清、证据不足相提并论,不适宜作为补充侦查的对象。其三,都遗漏了非法取证情形,因为 2019 年最高人民检察院《人民检察院刑事诉讼规则》第 73 条明确规定,[①]存在《刑事诉讼法》第 56 条规定的程序违法行为,在审查起诉阶段可以作出退回补充侦查或者不起诉决定。[②] 美国历史上著名的联邦最高法院大法官奥利弗·温德尔·霍姆斯大法官曾经说过,罪犯逃之夭夭与公权力的非法行为相比罪孽要小得多。[③] 非法取证可能会导致事实不清或者证据不足,出于对非法取证情形的重视和强调,有必要单列出来。其四,没有将补充侦查细分为退回补充侦查和自行补充侦查,容易导致两者的混淆不清,尤其是第四种观点遗漏了自行补充侦查,殊不知补充侦查权包括退回补充侦查权和自行补充侦查权,难免出现挂一漏万的问题,而且在监察体制改革背景下,职务犯罪案件"退回补充侦查"不复存在,取而代之的是"退回补充调查",目前的界定显然不能适应新的形势发展需要,对补充侦查与时俱进地重新厘清和界定呼之欲出。

综上,笔者认为在监察体制改革新形势下,补充侦查可以分为狭义的补充侦查和广义的补充侦查。狭义的补充侦查仅仅针对公安机关移送审查起诉的案件,包括退回补充侦查和自行补充侦查,退回补充侦查是指检察机关在刑事案件部分事实不清、证据不足或者侦查程序违法

① 本章发表时所依据的是 2012 年最高人民检察院《人民检察院刑事诉讼规则(试行)》第 67 条规定,规定的内容与现行规则基本相同,但是条文编号发生变化,笔者特作出修正。

② 从目前披露的冤假错案来看,90% 以上存在刑讯逼供或者可能存在刑讯逼供,非法取证情形需要引起高度重视,补充侦查也是一个重要契机。参见董坤:《侦查行为视角下的刑事冤案研究》,中国人民公安大学出版社 2012 年版,第 37 ~ 47 页。

③ 参见[美]艾伦·德肖微茨:《最好的辩护》,唐交东译,法律出版社 1994 年版,第 5 页。

时，按照法定程序，退回公安机关，由公安机关在原有侦查工作的基础上进一步调查和补充证据的刑事诉讼活动。[①] 广义的补充侦查还包括对监察机关移送审查起诉案件的退回补充调查和自行补充侦查，而退回补充调查就是退回监察机关补充调查，这从我国《监察法》条文和相关原理中都能得到说明和证成。

## 二、补充侦查的性质和特征

全面和准确理解补充侦查的性质和特征，对于深入认识补充侦查以及夯实补充侦查理论基础，不可或缺，并且大有裨益。先说补充侦查的性质，退回公安机关补充侦查，属于公安机关的二次侦查，归于侦查权范畴并无争议。[②] 自行补充侦查性质属于审查起诉权还是侦查权，有所争论，笔者认为亦是侦查权，因为侦查的本质特征就是调查取证，而审查起诉主要是审查案卷，不会凭空增减案件重要事实和证据，而且虽然检察机关职务犯罪侦查部门已经转隶，但是其侦查权并没有消失殆尽，自行补充侦查权就是很好的证明，补充侦查权、机动侦查权，以及《刑事诉讼法》中规定的对司法工作人员利用职务便利实施的非法拘禁、刑讯逼供、非法搜查等 14 种犯罪的侦查，一道成为检察机关保留的侦查权全部内容。[③] 监察体制改革后，尤其是转隶完成后，各级监察委纷纷设立，检察院反贪反渎等部门被划至监察委，此时尽管监察委并没有被定性为侦查机关，但是其对涉嫌职务犯罪案件行使的调查权实质上属

---

① 实际上，还包括退回海关、国家安全机关等其他侦查主体补充侦查，出于行文简洁的需要，本章中仅仅指出公安机关，即不代表退回补充侦查的对象只有公安机关。

② 也有论者认为，补充侦查具有一定的法律监督属性和功能，参见苏志远：《检视与省思：补充侦查的“程序倒流”样态》，载《江苏警官学院学报》2023 年第 6 期。

③ 我国《刑事诉讼法》第 19 条规定，对于公安机关管辖的国家机关工作人员利用职权实施的重大犯罪案件的侦查权，可以属于检察机关，学界称为机动侦查权，这成为保留检察机关有限侦查权的重要“选项”。

于侦查权的范畴，而且侦查权从检察机关划拨至监察委，有利于侦控分离，避免一权独大。[①] 质言之，对于职务犯罪，监察委的补充调查归根到底仍然属于侦查权。综上，无论是退回补充侦查，还是自行补充侦查，甚或退回补充调查，都能够得出补充侦查属于侦查权范畴的结论。[②]

关于补充侦查的特征，根据笔者的概括和归纳，主要有如下几个方面：第一，补充侦查具有补充性。[③] 原有侦查是对案件广泛性地进行全面侦查，进而构建证据体系的基本框架，而补充侦查是对原有侦查所构建的证据体系进行修改和完善的过程，旨在弥补原有证据体系的不足和罅隙，是对前期侦查活动的再延续。第二，补充侦查具有非常态性。[④] 尽管目前补充侦查率呈现攀升态势，但是应该清楚地认识到，补充侦查具有非正常性和非常规性，只有在原有侦查建立的证据体系达不到提起公诉标准时才得以启动。换言之，补充侦查并不是所有案件的必经程序，尽管有泛化适用的趋势，但正常的诉讼程序仍然应当是立案、侦查、审查起诉、提起公诉、审判和执行的线性过程。第三，补充侦查具有法定性。补充侦查的启动必须符合法律规定的条件，不得随意滥用补充侦查，比如要防止沦为"借时间"的工具，启动主体只有检察机关。补充侦查必须在法定期限内完成，即审查起诉阶段退回补充侦查不得超过两次，每次不得超过一个月，而自行补充侦查必须在审查起诉期限内完成。审查起诉阶段退回补充侦查的，侦查机关必须报送补充侦查报告，由人民检察院

① 参见周佑勇：《监察委员会权力配置的模式选择与边界》，载《政治与法律》2017 年第 11 期；朱福惠：《论检察机关对监察机关职务犯罪调查的制约》，载《法学评论》2018 年第 3 期；樊崇义：《全面建构刑诉法与监察法的衔接机制》，载《人民法治》2018 年第 11 期；卞建林：《监察机关办案程序初探》，载《法律科学》2017 年第 6 期。

② 也有观点认为补充侦查并不附属于侦查权，而是公诉权衍生出的应有权力，参见[美]琼·雅各比：《美国检察官研究》，周叶谦等译，中国检察出版社 1990 年版，第 133 ~ 136 页。

③ 谢佑平、万毅：《刑事侦查制度原理》，中国人民公安大学出版社 2003 年版，第 180 ~ 186 页。

④ 应当客观地对待非常态性，一方面，补充侦查有一定条件，不当用时不要用，适用的场合具有一定的非常规性；另一方面，应当用时就要用，而不能为了诸如"案件比"等考虑当用不用。

作出起诉或者不起诉决定。第四,补充侦查具有回溯性。[①] 与刑事诉讼其他许多程序相比,补充侦查具有鲜明的逆向性特点。程序的回流和反转,使得审查起诉和侦查活动反复颠倒重来,从整体上妨碍了补充侦查的递进特征。[②] 进言之,补充侦查是在原有侦查基础上的侦查,而原侦查是在刑事案件立案基础上的侦查。

需要说明的是,出于避免赘述和行文简洁的考虑,尽管补充侦查包括逮捕阶段的补充侦查、审查起诉阶段的补充侦查和审判环节的补充侦查,但是本章以审查起诉阶段补充侦查为重点。对于监察委移送检察机关审查起诉案件的补充调查,其特征和补充侦查是完全一致的,同样包括补充性、非常态性、法定性和回溯性等方面。本章后文中除特殊情况下专门论述补充调查外,对职务犯罪案件补充调查包括退回补充调查和自行补充侦查的有关内容,均参照对于补充侦查的探讨和论述。

### 三、补充侦查的正负价值评析

和其他许多制度一样,对于补充侦查,同样应当一分为二地看待,既不能只盯着正价值,也不能只看到负价值。应当同时认识到补充侦查正负价值,在此基础上扬长避短,充分利用其正价值,努力克服其负价值。正价值主要体现在对原侦查活动的弥补、对侦查机关的督促,以及对案件的公平公正处理等方面,限于篇幅,在此不再赘述。[③] 而补充侦查的负

---

① 当然,自行补充侦查不具有回溯性,在此需要说明的是,本章重在探讨退回补充侦查,自行补充侦查在本书第七章还将专门论述。

② 参见杨正万:《论补充侦查的异化及其矫正——兼论审判中心主义对补充侦查的指导作用》,载《贵州大学学报(社会科学版)》2017 年第 2 期。

③ 补充侦查某种意义上是连接侦查、审查起诉和审判的制度协同,系构建以证据为中心刑事指控体系的润滑剂,参见桂梦美、苏志远:《补充侦查制度协同模式及其实践描画》,载《中国人民公安大学学报(社会科学版)》2023 年第 2 期。

价值主要表现在对诉讼进程、办案期间和羁押期限等方面的影响上，包括以下具体内容。

第一，补充侦查有违诉讼规律，引发程序回流。① 刑事诉讼本来应该是立案、侦查、审查起诉和审判的直线作业过程，公检法分工明确、各司其职，“各管一段”，在审查起诉环节或者审判环节补充侦查，作为一种逆向运行程序，重新回复到侦查“回炉”加工，和诉讼正常程序背道而驰。

第二，补充侦查会导致诉讼拖延，降低了办案效率。审查起诉环节退回补充侦查本身占据一个月，审查起诉期限重新计算并且可以延长半个月，审判环节补充侦查同样使判决迟滞，整个诉讼战线人为任意拉长，补充侦查使犯罪嫌疑人在被法院判决之前自身权益长期处于不确定状态，有违可预见性原则，大大削弱了司法的公信力和权威性，而司法缺乏公信和权威是法治的大忌。此外，诉讼过程拉得太长，可能会增强犯罪嫌疑人的侥幸心理，妨害了诉讼的顺利进行。

第三，补充侦查会导致羁押期限延长，侵犯了人权。迟来的正义是非正义，不惜一切代价地追求实体正义，必然会对程序和人权造成漠视乃至践踏。② 何况一些简单的案件本来并不需要补充侦查，一些略微复杂的案件只要侦查人员尽心尽力侦查也完全不需要补充侦查。在强大的公权力面前，犯罪嫌疑人权益无法得到保障，引发“广义上的超期羁押”乃至“狭义上的超期羁押”。③ 补充侦查可能还会影响刑事责任的承担，有损公平公正。

---

① 根据我国《刑事诉讼法》第175条，检察机关可以要求公安机关提供法庭审判所需证据材料，可以要求公安机关出具取证合法性的说明，此两种方式不属于补充侦查，不能与补充侦查混为一谈。

② 参见王峣：《“以审判为中心”诉讼制度改革中的侦查工作》，载《法学杂志》2017年第2期。

③ 参见陈瑞华：《程序性制裁理论》（第二版），中国法制出版社2010年版，第84页。

## 第二节 补充侦查的中国实践:异化情状反思

侦查终结之后,补充侦查只允许是一个例外,绝大多数案件不应当再添加任何新的有罪证据材料。[①] 而司法实践中补充侦查存在被不当适用、过度适用等多种异化现象。

### 一、补充侦查异化现象的具体表现

1. 部分公安机关对补充侦查存在抵制情绪,补充侦查质量不高。退回补充侦查作为回流手段异化为常态,这就暗含着检法两家对侦查机关的迁就。[②] 然而,对于很多检察机关退回公安机关补充侦查的案件,检察机关认为事实不清、证据不足,有些公安机关却持相反态度和观点,认为移送检察机关审查起诉的案件已经达到犯罪事实清楚、证据确实充分的程度,加之侦查机关补充侦查活动相对封闭,缺少有效监督,[③]进而侦查机关对补充侦查决定有时视而不见,消极怠工,甚至退而不查、查而不力,最终造成退回补充侦查效果不佳。比如有时以情况说明敷衍了事,更甚者"未采取刑讯逼供手段""证据遗失无法补充"等情况说明草草应付,对指控犯罪没有任何帮助,反而可能会成为辩护律师攻击的对象。[④] 另外,实践中还存在超期重报、查而不报等情况,补充侦查质量更加无从

---

① 参见陈学权:《论侦查终结、提起公诉与审判定罪证据标准的同一——以审判中心主义为视角》,载《苏州大学学报(哲学社会科学版)》2017 年第 2 期。

② 参见李奋飞:《从"顺承模式"到"层控模式" "以审判为中心"的诉讼制度改革评析》,载《中外法学》2016 年第 3 期。

③ 参见叶炼、吴功、李应敏:《审查起诉环节退回补充侦查应重点解决六个问题》,载《人民检察》2013 年第 21 期。

④ 故而,对于侦查机关出具的一纸情况说明,不能认为万事大吉轻易采信,必须具有力透纸背的决心和精神。

谈起。

2. 补充侦查被滥用,有时沦为“借时间”的工具,导致特别程序不再“特别”。“借时间”主要表现为两个方面,一方面,在羁押期限即将到期时,尽管案件没有达到证据确实充分的程度,公安机关仍然移送检察机关审查起诉,检察机关接到案件后发现事实不清或者证据不足时,往往会退回补充侦查。另一方面,检察机关没有及时审查起诉,导致在审查起诉期限内不能完成审查工作,从而退回公安机关补充侦查,换言之,以补充侦查之名,行滥用权力之实,是为“假补查”。这两种手段在实践中被运用,都会造成诉讼迟延,破坏刑事诉讼的应有价值。

3. 补充侦查有时致使当事人权益严重受损。除了会引发羁押延长导致长期羁押甚至超期羁押以外,[①]在审查起诉阶段退回补充侦查时犯罪嫌疑人和被害人的有关权益也难以得到保障。比如犯罪嫌疑人有权委托辩护人,辩护人在审查起诉阶段有权会见、阅卷、通信,这是刑事诉讼法明文规定的,但是在退回补充侦查阶段辩护人权利呈现制度的空白。检察机关会以已经退回公安机关补充侦查为由拒绝辩护人的要求,而公安机关会以案件已经进入审查起诉阶段为由将辩护人拒之门外。[②]对于被害人而言,因为退回补充侦查,其合法权益无法得到及时弥补和赔偿,心理创伤不能得到及时抚慰,无疑也是雪上加霜。

## 二、补充侦查异化的深层次原因分析

补充侦查在实际运行中的异化、泛化,有其深层次原因,包括观念的

---

① 在我国逮捕和羁押经常混同使用,在域外实际上有严格区分,逮捕不具有惩罚性,羁押具有惩罚性,逮捕之后,除了一些如叛国罪等特殊的法定情形,域外一般都会允许被逮捕者保释。参见[日]田口守一:《刑事诉讼法》,刘迪、张凌、穆津译,法律出版社2000年版,第54页。

② 参见石跃、刘瑞呈、王达:《对退回补充侦查的案件辩护律师能否阅卷》,载《检察日报》2015年10月12日,第3版。

落后、法律的残缺以及实践的随意等方面，具体内容分析如下：

一是思想观念落后。首先，秩序中心主义和威权主义思想根深蒂固，中国历来重秩序轻自由，重整体轻个体，为了维护社会秩序，不惜牺牲个人自由权利。[①] 补充侦查就是适例，以追求所谓的“客观真实”而反复退查，使补充侦查成为打击犯罪的“利器”。其次，盲目追求实体公正而忽视程序正义，对补充侦查缺乏制约和限制，明显违反了适度和比例原则，实体公正和程序公正实际上藕断丝连，补充侦查制度一定程度上默许和导致刑事案件“带病”移送审查起诉以及提起公诉。[②] 最后，侦查中心主义思想作祟，对中国司法有着沦肌浃髓的影响。侦查中心主义的构架除了体现在侦查机关诉讼内剥夺犯罪嫌疑人自由、诉讼外公开披露破案情况，还体现在检察机关利用强大的公诉权和抗诉权，通过退回补充侦查回流机制等架空审判，进而逼迫法院接纳经过程序补救的侦查结论。[③] 侦查中心主义在补充侦查问题上容易造成高频低效的弊端，亟待从侦查中心主义向审判中心主义迅速转变，[④]以审判的标准来衡量和判断侦查和公诉工作，使反对强迫自证其罪规则、任意自白规则和非法证据排除规则充分发挥作用，反过来助推侦查包括补充侦查优良品质的塑造和质效的提高。

二是立法的不完善。从大的方面讲，我国法治尽管发展迅速，但是起步较晚，底子较薄，刑事诉讼程序立法总体上体现了宜粗不宜细的指

---

① 参见李建明：《刑事错案的深层次原因——以检察环节为中心的分析》，载《中国法学》2007年第3期。

② 我国补充侦查还存在一种错误倾向，即重视有罪和罪重的补查取证，轻视甚至忽视罪轻特别是无罪的补查取证。

③ 参见陈瑞华：《审判中心主义改革的理论反思》，载《苏州大学学报(哲学社会科学版)》2017年第1期。

④ 对以审判为中心的理解不尽相同，主要有区别说、庭审中心说、三中心说、事实认定说等观点，笔者认为几种观点难免狭隘，对以审判为中心的理解应当是以上几种观点不同面向的综合。参见王守安、韩成军：《审判中心主义视野下我国刑事证明模式的重塑》，载《政法论丛》2016年第5期。

导原则，程序立法和实体立法之间相比较也存在厚此薄彼的问题。从小的方面而言，补充侦查的条件和范围不甚清晰，自行补充侦查、退回补充侦查和补充调取材料之间的界限模糊，补充侦查的程序规定不够具体明确，检察机关如何介入或者监督公安机关执行退回补充侦查任务也缺乏明文规定，凡此种种，"立法的空白导致制度的残缺"，从根源上看，就容易引发补充侦查的异化和混乱。

三是实践中的偏差。现实的刑事司法是"葫芦形"结构，呈现两头大、中间小，而最凸出和胀大的部分是公安机关。[①] 相比较而言公安机关更加重视破案和批捕，而批捕的条件是"有证据证明犯罪事实"，但是起诉标准是"证据确实充分"，公安机关证据意识不强，口供中心主义严重，对于其他证据重视程度不够，致使移送审查起诉的案件证据不够扎实，不能形成完备证据锁链。比如物证没有提取笔录，毒品案件没有及时提取指纹或者 DNA。公安机关没有起到很好的过滤作用，将很多夹生案件、带病案件移送审查起诉，检察机关在审查起诉环节作出补充侦查决定自然属于情理之中。一些关键证据没有收集、一些关键证据没有依法收集，以及进入庭审的一些案件没有达到犯罪事实清楚和证据确实充分的程度，也是以审判为中心诉讼制度改革的直接原因，中共中央依法治国有关决定和说明中都有以审判为中心和刑事证据之间关系的论述。[②] 刑事诉讼法规定了分工负责、相互配合、相互制约的原则，办案实践中，在补充侦查方面出现偏差屡见不鲜，有时存在两种极端的表现。检察机关和公安机关有时会出现"过热"和暧昧的一面，公安机关和检察机关互相"借时间"，两家会表现得非常默契，往往心照不宣。有时又会出现"过冷"和推诿的一面，检察机关认为案件证据达不到提起公诉标准，有时会

① 参见张建伟：《审判中心主义的实质内涵与实现途径》，载《中外法学》2015 年第 4 期。

② 参见褚福民：《如何完善刑事证据制度的运行机制？——"以审判为中心"的诉讼制度改革为视角的分析》，载《苏州大学学报（哲学社会科学版）》2016 年第 2 期。

选择退回公安机关补充侦查，公安机关会认为检察机关吹毛求疵、故意刁难，对于检察机关补充侦查决定消极应付，怠于补查。很多检察院考核中将无罪判决和撤回起诉为零确定为目标和指标，为了避免扣分，检察机关公诉部门常常选择将案件退回补充侦查，追求精益求精。[①] 考核指标还设置了不诉率，在1% ~5%不等，如果超过这个比例就要扣分，所以有些检察院在案件存疑而补充侦查以后仍然达不到起诉标准时，就不再受理案件，以此规避不起诉措施的运用。[②] 当然，对于事实不清、证据不足的情形，检察机关启动补充侦查，有时也体现了对侦查机关的过度配合和纵容。[③] 我国《监察法》第47条实际上规定了检察机关在职务犯罪案件证据不足、情节较轻、没有犯罪事实等情况下的不起诉权，[④]但是检察机关善于和大胆运用不起诉还需要一个过程乃至阵痛期。

## 第三节　补充侦查的中国理念：科学指导思想

刑事诉讼包括控诉、辩护和审判三大职能，奉行审判中立、控审分离和控辩平等三大理念。[⑤] “制度未定，理念先行”，树立和确定补充侦查正

---

① 参见姜保忠：《补充侦查制度研究》，载《公民与法（法学版）》2014年第9期。

② 2020年修正的《公安机关办理刑事案件程序规定》第296条第3项规定，发现原认定的犯罪事实有重大变化，不应当追究刑事责任的，应当撤销案件或者对犯罪嫌疑人终止侦查。根据该规定，某种意义上在退查不重报方面开了一个口子，参见闫召华、樊烨：《补充侦查期间公安机关撤销案件的正当性分析——兼评〈公安机关办理刑事案件程序规定〉第296条第3项》，载《武汉公安干部学院学报》2024年第2期。

③ 参见王守安、韩成军：《审判中心主义视野下我国刑事证明模式的重塑》，载《政法论丛》2016年第5期。

④ 《监察法（草案）》规定必须征求监察机关意见并经过上一级检察院批准方能作出不起诉决定，草案经过广泛征求意见将“征求监察机关意见”删除，体现了监察法的科学性、民主性，也保证了检察机关行使不起诉权的独立性和自主性。

⑤ 参见刘计划：《以审判为中心刑事诉讼制度改革中的几个认识问题》，载《苏州大学学报（哲学社会科学版）》2017年第1期。

确的指导思想和原则，作为补充侦查有关立法和司法的总纲和统领，对于完善补充侦查立法和规范补充侦查运作，都大有裨益，其作用善莫大焉。

## 一、公正和效率并举

现代诉讼制度是利益多元的制度，既要维护公正，又要实现效率，从而达到相对平衡的状态。[①] 补充侦查问题上应当对公正和效率都给予关照，但是公正优先，兼顾效率。检察机关对于证据不达标的案件，在审查起诉环节应当作出坚定而迅速的反应和决定，该退侦则退侦，绝对不可以过分追求效率而"包包扎扎"，否则会导致"滥诉"，造成案件处理的不公允。通过补充侦查"借时间"实际上违反了合目的性原则，反而容易导致刑事诉讼效率的低下。对于可以自行补充侦查或者直接调取证据材料的，则应当自行补充侦查或者直接调取证据材料，这同样是程序高效运作的应有之义。质言之，刑事诉讼中的效率应当是公正前提下的效率，而与此同时，效率的高低也对公正产生重大影响。

## 二、坚持相互之间既配合又制约的原则

公安机关和检察机关之间在补充侦查问题上同时存在配合强调不足和制约机制不完善。[②] 检察机关对公安机关移送的案件，经审查发现事实不清、证据不足的，不能向人民法院提起公诉，而是要发挥好退回补充侦查作用，公安机关应当予以配合和支持，严格按照补查提纲开展调查补证工作，否则就会造成起点错、跟着错、错到底。当然，配合不是迁

---

① 参见龙宗智主编：《徘徊于传统与现代之间——中国刑事诉讼法再修改研究》，法律出版社2005年版，第10页。

② 参见孙远：《"分工负责、互相配合、互相制约"原则之教义学原理　以审判中心主义为视角》，载《中外法学》2017年第1期。

就,否则程序上的“配合”将会引发实体上的“配合”,最终的后果将不堪设想。公安机关实施补充侦查过程中,借鉴大陆法系检警一体化(或称侦检一体、侦诉一体)的思路,检察机关应当适时跟踪和引导侦查,保证补充侦查的正确方向和具体落实。[①] 以权制权不仅包括以权利制约权力,还包括以权力制约权力。[②] 对于公安机关敷衍了事,或者在补充侦查中存在违法行为时,检察机关可以发出纠正违法通知书。

## 三、尊重和保障人权

孟德斯鸠曾说过,再卑微的生命也应当得到尊重。[③] 要想做到不冤枉一个好人,那就有可能做不到不放过一个坏人。[④] 2012 年“尊重和保障人权”被写入我国《刑事诉讼法》,尊重和保障人权对补充侦查意义重大,应当成为补充侦查的指导思想和纲领。公安机关移送审查起诉的案件如果没有达到犯罪事实清楚、证据确实充分的程度,检察机关径直提起公诉,可能会造成冤假错案,容易侵蚀犯罪嫌疑人人权。[⑤] 而在事实已经查清、证据确实充分时,根据我国《刑事诉讼法》规定,原则上应当提起公诉,同时根据该法规定,对于犯罪情节轻微危害不大的,可以作出酌定不起诉的决定,这就是起诉法定主义为主、起诉便宜主义为辅的原则。[⑥] 对于事实清楚、证据充分的案件,检察机关要避免自身或者公安机关利用检察机关退回补充侦查“借时间”,拖延诉讼进程,进而导致犯罪嫌疑

---

① 参见王峣:《“以审判为中心”诉讼制度改革中的侦查工作》,载《法学杂志》2017 年第 2 期。

② 参见龙宗智主编:《徘徊于传统与现代之间——中国刑事诉讼法再修改研究》,法律出版社 2005 年版,第 184 页。

③ 参见[法]孟德斯鸠:《论法的精神》(上册),张雁深译,商务印书馆 1982 年版,第 75 页。

④ 参见郭立新:《人权保障视野下的刑事检察实践》,载《政法论坛》2023 年第 4 期。

⑤ 参见吴宏耀、赵常成:《程序性违法的量刑补偿机制研究》,载《国家检察官学院学报》2019 年第 3 期。

⑥ 参见孙远:《“分工负责、互相配合、互相制约”原则之教义学原理　以审判中心主义为视角》,载《中外法学》2017 年第 1 期。

人被隐形和显性超期羁押,切实保障人权。

## 四、树立证据裁判理念

放眼世界,刑事诉讼法律对侦查的限制相对较少,这主要是出于保证侦查高效性的考虑。① 尽管如此,无论是立法还是实务,对于证据都必须给予高度重视,都应当遵循以证据为核心的"游戏规则",如果侦查阶段的证据要求过低,不仅会引发补充侦查,还会导致案件诉不出或者判不了。② 从人类文明史看,古代通过神明判决,现代依靠证据定案,可见法律文明是一个不断重视证据的过程,现代任何司法体系都不会忽视证据裁判规则作为"帝王条款"的重要价值。故而,无论是原有侦查还是补充侦查,都必须用审判的标准和要求进行取证、固证,衡量和检验证据是否确实充分,杜绝以非法方法收集证据,摒弃"口供中心主义"和"人证中心主义"。③ 补充侦查阶段牢固树立和践行证据裁判主义的理念,有助于及时补救证据缺陷、补足证据体系,避免二次补充侦查,确保诉得出以及判得下。

## 五、坚持程序的正义

笔者的主张是以实体公正和程序公正并重说为前提的,既反对单纯代表有效性的实体公正优先说,也反对单纯体现所谓合法性的程序公正优先说。④ 无论是大陆法系的职权主义,还是英美法系的当事人主义,都

---

① 参见[瑞士]萨拉·J.萨默斯:《公正审判:欧洲刑事诉讼传统与欧洲人权法院》,朱奎彬、谢进杰译,中国政法大学出版社 2012 年版,第 102 页。

② 参见王峣:《"以审判为中心"诉讼制度改革中的侦查工作》,载《法学杂志》2017 年第 2 期。

③ 呼格吉勒图案就是对被害人衣服没有提取,对阴道分泌物没有及时送检,最终铸成错案。侦查机关应当从命案必破的目标向命案力破和证据定案转变,注重客观证据的收集,实现从由供到证向以证促供、由证到供、供证结合侦查模式转变。

④ 参见刘伟:《如何实现刑事侦查的法治化》,载《政法论丛》2017 年第 4 期。

将程序正义奉为圭臬，程序正义是良善法治和恣意人治之间的根本区别。[①] 在维护程序正义的前提下追求实体正义，是现代刑事诉讼制度的核心价值追求，否则无法有效防范司法实践中冤假错案的发生。[②] 如果刑事诉讼不受程序正义的约束，不仅会对实体正义造成严重伤害，而且会导致整个刑事诉讼制度走样甚至瓦解。补充侦查归根到底是为了追求案件的真相和实体的公正，但是一定程度上违反了程序至上的原则，因为程序至上不允许程序的倒转和回复，而恢复侦查工作一定程度上意味着原有侦查工作的失败。既然法律通过补充侦查的制度设计赋予了公安机关在正常侦查程序以外追求事实真相，也就意味着天平开始偏向实体公正。但是，基于程序价值的重要性，必须对补充侦查作出严格限制，除了时间、次数的规定，还应该细化条件、范围等方面的内容，确保程序正义和实体正义的冲突能够妥善、合理解决，做到可控有序。

### 六、依法适度和区别对待原则

根据诉讼规律，刑事诉讼活动应当呈现纵向发展状态。补充侦查应当说是一种不得已而为之的制度设计，而且其就像一辆掉头极为困难的笨重卡车，程序倒转之日，取证最佳时机有可能已经被贻误。为了查明事实真相，有时需要诸如补充侦查等回流程序机制，同时补充侦查等回流程序机制又会对犯罪嫌疑人造成较大的侵害，这就需要予以一定的程序制约，程序控制需要遵循比例原则。[③] 因此，要以谦抑的态度审慎对待补充侦查，应当对补充侦查的适用予以控制，包括事前的控制和事后的制约。恪守有限司法理念，少用、慎用补充侦查，将补充侦

---

① 参见[美]阿维娃·奥伦斯坦：《证据法要义》，汪诸豪、黄燕妮译，中国政法大学出版社 2018 年版，第 156～160 页。

② 参见王守安、韩成军：《审判中心主义视野下我国刑事证明模式的重塑》，载《政法论丛》2016 年第 5 期。

③ 参见秦策：《刑事程序比例构造方法论探析》，载《法学研究》2016 年第 5 期。

查适用的频率控制在依法和适度的范围之内。同时，应当将退回补充侦查、自行补充侦查以及直接调取补充材料三个方面区分对待，细化各自的适用范围，依法、适度、正确适用补充侦查。从排序的角度讲，首先适用直接调取补充证据，其次是自行补充侦查，最后的选择才是退回补充侦查。

## 第四节　补充侦查的中国改造：正确发展向度

尽管补充侦查存在种种问题，但是其属于刑事诉讼活动中的一项重要制度，不能因噎废食，轻言废除和放弃。补充侦查和其他制度一样，当其消极弊端逐渐大于其积极功效，势必会被纳入改革范畴。党的十八届三中全会指出，全面深化改革总目标是完善和发展中国特色社会主义制度推进国家治理体系和治理能力现代化，补充侦查无疑是一个缩影。补充侦查科学的指导思想必须细化和实化为切实可行的制度和机制，否则就是水中月、镜中花，改革将沦为叶公好龙。当务之急就是拿出乾纲独断的气魄和壮士断腕的气势，完善立法，健全机制，革除积弊，规范补充侦查活动，更好地服务于惩罚犯罪和保障人权，这也是补充侦查指导思想命题的自然延伸。

### 一、立法上进一步明确补充侦查条件

补充侦查的依据是《刑事诉讼法》第 175 条的规定，该条规定补充侦查的条件是检察机关认为需要补充侦查，这显然过于笼统。[①] 结合起诉的标准以及上述补充侦查的界定，补充侦查的条件，至少应当细化为事

---

① 苏志远：《检视与省思：补充侦查的“程序倒流”样态》，载《江苏警官学院学报》2023 年第 6 期。

实不清、证据不足或者程序违法,有必要补充侦查。对于事实不清、证据不足,笔者认为仍然应当进一步予以细化和作出限制,犯罪事实不清应当限定为主要犯罪事实不清,对于无关紧要的事实如果也补充侦查,一无必要二来浪费大量司法资源,主要犯罪事实包括主体、主观状态(包括罪过形态、动机、目的)、客体、客观行为表现形式、时间、地点、手段、后果以及从宽或者从重的量刑情节,相对应的,证据不足也应当限定为主要犯罪事实有关的证据不足。[①] 当然,程序违法需要补充侦查的,也仅仅限于对主要犯罪事实有影响的严重程序违法。同时即便满足这一条件,也不必然启动补充侦查,因为根据"有必要补充侦查的",在没有必要补充侦查时,可以径直作出不起诉决定,尤其是一些轻微刑事案件充其量只应当允许补充侦查一次。换言之,检察机关行使补充侦查权时应当持审慎态度,应当善于运用不起诉制度,根据刑事诉讼法和有关司法解释,并不是所有案件都必须起诉,只有经过检察机关依法审查后,符合起诉条件的才提起公诉,所以并不是所有案件都必须通过补充侦查以达到提起公诉条件。[②] 对于遗漏犯罪事实或者犯罪嫌疑人,尽管有关司法解释也将其作为补充侦查的对象予以了确认和规定,但是笔者在概念界定部分已经分析了不妥当的理由,这里不再重复,只是重申一条,补充侦查的对象只应当包括主要犯罪事实不清、证据不足的情形。

## 二、科学区分退回补充侦查和自行补充侦查的范围

当抽象的一般概念及其逻辑体系不足以描述多种多样的表现形态时,首要辅助表达形式是"类型"。[③] 适用退回补充侦查的情形包括:主要

① 此处的主要犯罪事实主要是指构成要件犯罪事实,而非与次要犯罪事实相对应,犯罪构成要件事实与非犯罪构成要件事实相对应。

② 参见汪长青等:《存疑不起诉案件监督机制探析》,载《人民检察》2015 年第 2 期。

③ 参见[德]卡尔·拉伦茨:《法学方法论》,陈爱娥译,商务印书馆 2003 年版。

犯罪事实不清、证据不足，缺乏认定罪与非罪、此罪与彼罪的关键证据的；共同犯罪案件中，犯罪嫌疑人的地位、作用未查清的；收集证据难度较大，检察机关不具备相应的侦查能力和条件的。适用自行补充侦查的情形包括：案件仅仅缺乏个别证据，仅仅个别事实存疑，而且证据材料收集较为容易便利，不需要依靠复杂侦查技术的；检察机关和公安机关对事实和证据存在较大争议，影响补充侦查工作相互配合的；[①]公安机关可能采取非法方法收集证据，退回公安机关补充侦查可能影响公正的；证人证言与犯罪嫌疑人供述之间不能相互印证、存在矛盾的；[②]公安机关坚持己见，不同意退回补充侦查，或者双方就补查事项不能达成一致意见的；检察机关认为其他需要自行补充侦查的情形。[③] 另外，对于可以即时调取的相关证据材料，应当优先运用发出调取证据材料通知书和调取证据清单的方式，要求侦查部门在规定期间内提供，从而避免启动补充侦查，以提高办案效率。

## 三、健全完善案件受理审查机制

检察机关健全完善案件受理审查机制，有助于督促检察机关及时对公安机关移送的案件及时进行审查，及时发现侦查工作中存在的问题，及时采取措施进行补救，提高办案效率，倒逼侦查机关提高案件办理质量，相应减少补充侦查。[④] 具体而言，就是检察机关严把受理关，7 日之内应当完成对案件的初步审查工作，具体可以分为这么几种情形：不符

---

① 阮浩、郑苗苗：《完善审查起诉阶段补充侦查制度刍议》，载《中国检察官》2016 年第 19 期。

② 对于言词证据的补充侦查尤其是证人证言和犯罪嫌疑人供述存在矛盾时的补正，笔者倾向于选择自行补充侦查的原因在于通过讯问、询问方式核实主观证据，符合亲历性原则，有助于检察人员对证据的判断和采信。

③ 客观上，检察机关自行补充侦查存在能力不强、力度不大、效果不彰等问题，参见池通、赵卿：《检察机关自行补充侦查权适用研究》，载《江苏警官学院学报》2022 年第 4 期。

④ 参见刘佳加：《论刑事诉讼中检察权的重构与优化——基于监察体制改革背景下的探讨》，载《广东开放大学学报》2017 年第 4 期。

合受理条件的,不予受案;如果手续齐全,不存在侦查违法情形,则进入案件实质审查阶段;如果法律手续有瑕疵,可以直接调取补充证据,并口头进行纠违;如果存在违法行为,可以自行补充侦查的,可以自行补查取证,并且向公安机关发出纠正违法通知书;如果公安机关严重违法取证,涉嫌犯罪的,则移送监察委处理。

## 四、规范使用退回补充侦查提纲

对于退回补充侦查提纲,人民检察院刑事检察部门应当逐条说明退回补充侦查的事项、目的、方向和理由。退回补充侦查必须用语规范,条理清晰,应当具有较强的针对性、说理性、全面性,不能无中生有,杜绝随意性。比如,不允许出现“××故意伤害案,请继续调查取证”,应避免第一次退回补充侦查没有列明所有需要补查内容,造成二次退回补充侦查的发生。又如,公安机关认为退回补充侦查事项不明确、不清楚的,可以及时商请人民检察院刑事检察部门作出详细说明。公安机关应当严格根据人民检察院退回补充侦查提纲,全面深入开展补查工作,对于确实无法补充调取的证据,应当作出书面说明,并且附上相应证据或者材料。同时应当引入对补充侦查权的监督制约机制,如可以规定公安机关认为没有必要退回补充侦查的,包括没有必要补充侦查以及本应该自行补充侦查却做“甩手掌柜”两种情形,可以申请复议,这种制度设计有助于防止检察机关补充侦查决定权的滥用。但是,复议期间,不宜停止对案件的补充侦查,检察机关公诉部门应当及时对复议进行审查,作出是否改变原退回补充侦查决定的决定。

## 五、发挥介入和引导补充侦查的作用

检察机关介入和引导补充侦查具有重要意义,能够促使公安机关补充侦查工作既好又快地完成,也是改变我国警主检辅现状,构建检警协作制约新型追诉机制的重要抓手。[①] 检察机关介入和引导补充侦查有助于公诉人对公安机关补充证据进展情况的了解,对案件事实有更深入的认识,从而实现案件流转的顺利承接;能够引导公安机关围绕"能够提得起公诉"的标准调查取证,使公安机关调查取证活动具有更强的针对性和有效性;[②]能够提高案件办理的效率,对避免犯罪嫌疑人羁押期限超期也有所助益,同时也可以减少退回补充侦查以及延长审查起诉期限的次数,节约人力、物力、财力和时间。建立对补充侦查进行指导和监督的机制制度迫在眉睫,[③]只不过检察机关介入和引导补充侦查案件类型过分扩大没有必要,过分缩小将会导致制度的虚置,一般来说应当是重大、疑难、复杂、社会影响较大或者舆论关注度高的刑事案件。同时通过联席会、研讨会、通报会、在场旁听讯问或者询问等形式,统一思想认识,达成补查共识,真正做到消除分歧,把事实弄透、把证据吃透、把法律讲透。

## 六、以审判的证明标准指引侦查和起诉

在侦查、审查起诉和审判阶段,公、检、法三机关对证明标准往往各有各的理解、各有各的把握。认为三阶段证明标准可以有差异的,和认为证明标准应当统一的观点,在学界可谓平分秋色。[④] 2016 年通过的《关于推进以审判为中心的刑事诉讼制度改革的意见》确立或者重申了很多制度安排和诉讼理念,其中一项重要内容就是统一证明标准,强调侦查和审查起诉必须向审判看齐。[⑤] 证据标准面向审判,是侦查诉讼化

① 参见姚莉、黎晓露:《侦查诉讼化模式再解读及其制度逻辑》,载《法学杂志》2017 年第 7 期。

② 参见胡朝晖、刘涛涛:《公诉提前介入职务犯罪侦查问题探索》,载《中国检察官》2015 年第 7 期。

③ 参见王峣:《"以审判为中心"诉讼制度改革中的侦查工作》,载《法学杂志》2017 年第 2 期。

④ 参见陈学权:《论侦查终结、提起公诉与审判定罪证据标准的同一——以审判中心主义为视角》,载《苏州大学学报(哲学社会科学版)》2017 年第 2 期。

⑤ 参见陈瑞华:《审判中心主义改革的理论反思》,载《苏州大学学报(哲学社会科学版)》2017 年第 1 期。

的一项重要内容。以职务犯罪为例,监察机关经调查认为犯罪事实清楚,证据确实、充分的,制作起诉意见书,连同案卷材料、证据一并移送人民检察院,由人民检察院审查起诉。“证据确实充分”应当符合三个条件:定罪量刑的事实都有证据证明;据以定案的证据均经法定程序查证属实;综合全案证据,对所认定事实已排除合理怀疑。至于侦查阶段、审查起诉阶段和审判阶段是否都需要坚持排除合理怀疑的标准,有学者认为应当区别对待,也就是侦查阶段和审查起诉阶段不需要,只有审判阶段需要坚持排除合理怀疑的标准。[①] 笔者持不同态度,认为出于尊重和保障人权的考虑,恪守罪刑法定和疑罪从无原则,对于监察机关办理职务案件也不例外,在其行使调查处置权时,应当坚持包括排除合理怀疑在内的犯罪事实清楚、证据确实充分的认定犯罪标准,防止和拒绝证明标准泛化,这在我国《监察法》第 33 条中已经有所体现和反映。[②] 此处探讨证明标准的意义在于,一是减少需要补充侦查的案件,二是准确判断是否需要补充侦查,三是为补充侦查提供明确标准。

## 七、健全监察委移送职务犯罪案件补充调查机制

监察体制改革使国家监察制度成为独立于立法、司法、行政的“第四种权力”,[③]能够消解检察机关侦查起诉一体化引发的权力滥用、内部监督不力等种种问题。[④] 检察机关侦查职能弱化以及公诉职能强化,是司法体制改革的大势所趋。大部分自侦权和检察机关剥离,削弱了检察机关和职务犯罪的利害关系,促使检察机关按照诉讼规律进行公诉活动,有助于维护和增强检察机关和审判机关在刑事诉讼活动中包括在

① 参见杨宇冠:《论中国刑事诉讼定罪证明标准——以排除合理怀疑为视角》,载《浙江工商大学学报》2017 年第 5 期。

② 参见樊崇义:《全面建构刑诉法与监察法的衔接机制》,载《人民法治》2018 年第 11 期。

③ 参见张倩:《英国监察专员的类型、功能及启示》,载《政法论丛》2017 年第 4 期。

④ 参见李建明:《检察机关侦查权的自我约束与外部制约》,载《法学研究》2009 年第 2 期。

补充侦查或者补充调查问题上的中立和超然。[①] 2018 年我国出台了《监察法》,《监察法》在诸多环节与《刑事诉讼法》的衔接和协调成为学者们关注的焦点,而这个问题的妥善解决又是《监察法》顺利实施的前提和基础。《监察法》规定监察委调查获取的证据可以直接作为证据使用,这就避免了监察委、检察院、法院三机关之间转化证据的重复劳动,有助于三个机关程序的顺畅有机衔接。[②]《监察法》还规定,人民检察院经审查,认为需要补充核实的,应当退回监察机关补充调查,必要时可以自行补充侦查,应该说某种意义上与《刑事诉讼法》不谋而合,也消除了有些人对于职务犯罪自行补充侦查权是否被彻底消除的疑虑和担忧。职务犯罪案件有其特殊性,主要依靠言词证据,也就是一证一供,所以在审查起诉环节,应当重点审查证人证言是否系被采用暴力、胁迫包括欺骗和诱供等非法方法收集,证人证言之间以及证人证言和其他证据之间是否存在矛盾之处,犯罪嫌疑人供述是否系采用刑讯逼供等非法方法收集,有无翻供以及翻供原因,讯问笔录是否全部随案移送。

补充调查的条件尽管也是事实不清、证据不足,但是具体还包括犯罪嫌疑人的身份、涉案款物的来源、有关细节能否印证不清,主要目的在于查明是否属于非法证据以及供证是否一致、证言之间有无矛盾。职务犯罪案件适用退回补充调查的情形主要有:需要调取书证、物证、鉴定意见、视听资料等客观证据的;证人证言前后存在矛盾的;犯罪嫌疑人供述前后矛盾的。适用自行补充侦查的情形主要包括:证人证言和犯罪嫌疑人供述之间不一致的;有可能属于非法证据需要排除的;监察委取证过程中存在不当倾向而不收集有利于犯罪嫌疑人的证据的;在

① 参见陈瑞华:《审判中心主义改革的理论反思》,载《苏州大学学报(哲学社会科学版)》2017 年第 1 期。

② 参见张杰:《〈监察法〉适用中的重要问题》,载《法学》2018 年第 6 期。

第一次退回补充调查阶段没有实现退查目的而检察机关认为可以自行补充侦查的。[①] 权力都有扩张性,都有被滥用的危险,监察权更是如此,因为具有一定的超然地位,其载体监察委是否会演变为一个超级机关,学界和实务界不乏质疑,如何正确和依法适用退回补充调查将成为一个全新的课题,这个课题对化解上述质疑具有举足轻重的作用。有观点认为,如果退回补充调查,人民检察院不应当对犯罪嫌疑人采取强制措施,而应当继续由监察委留置。[②] 笔者某种意义上表示赞同,因为检察院在接受监察委移送案件时,符合逮捕条件的就会决定逮捕,如果需要退回补充调查,不可能把犯罪嫌疑人换押给监察委,因为监察委没有羁押权,只有留置权,由监察委留置为妥,只不过留置的地点可能会在看守所,需要制度或者实践中的衔接和协调。

需要注意的是,《监察法》规定对职务犯罪案件检察机关不起诉必须经过上一级人民检察院批准,这有别于一般刑事案件,因为对于一般刑事案件只需要经过承办检察院检察长或者检察委员会同意就可以直接作出不起诉决定,而职务犯罪不起诉和补充调查之间存在着重大关联。监察委调查人员存在违法行为但是不构成犯罪时,人民检察院可以向监察委提出纠正意见,或者向人大及其常委会提出监督意见,由人大及其常委会予以纠正,如果监察人员构成犯罪应当追究刑事责任,检察机关应当向监察委提出立案调查的意见。诚然,监察体制改革不可能一蹴而就,《监察法》和《刑事诉讼法》的对接以及补充调查衔接机制的建立也不例外,需要依托刑事诉讼法及有关司法解释作出回应、国家监察委颁布相关法规、省一级监察委制定有关细则,以及监察委和检察机关联合出台有关规范性文件。

---

① 参见柏屹颖、张峰:《监察体制改革中的职务犯罪案件公诉实务研究》,载《湖南警察学院学报》2017 年第 4 期。

② 参见朱福惠:《论检察机关对监察机关职务犯罪调查的制约》,载《法学评论》2018 年第 3 期。

## 八、建立或者完善其他配套制度机制

基于补充侦查存在的林林总总问题，出于补充侦查规范有序运作的目的，除了上述立法、制度、机制上的建议外，还有其他诸多制度机制有待建立和完善，以期打造补充侦查的体系化、系统化立体工程。[①] 健全监督跟踪机制，及时掌握补查进度和存在的困难、问题，防止超期重报和退而不报，对违法行为通过纠正违法通知书、检察建议书等形式进行纠偏和问责；[②]加强检察机关人口信息库、协作平台建设，形成相对完备的侦查资源，提升自行补充侦查能力；完善考核机制，将退回补充侦查率作为侦查机关考核指标，对于退回补充侦查率过高的侦查机关或者侦查人员，一般应当认定为侦查质量不高予以扣分，追究侦查人员"常规性"侦查过失责任；[③]建立检察机关自行监督机制，对退查的合理性、必要性以及退查提纲的规范性进行监督，保证"有效退补"；明确羁押必要性审查的主体、范围、内容和方式，及时解除羁押或者变更强制措施，避免补充侦查等情况下导致长期羁押甚至超期羁押；[④]切实贯彻以审判为中心，倡导不起诉和无罪判决的运用；扩大法律援助范围，确立辩护人介入补充

---

① 有论者提出应当在侦查协作与配合办公室针对重大疑难复杂个案组建临时性机构——补充侦查工作小组，实乃创见，参见苏志远：《检视与省思：补充侦查的"程序倒流"样态》，载《江苏警官学院学报》2023 年第 6 期。

② 2020 年最高人民检察院、公安部联合发布了《关于加强和规范补充侦查工作的指导意见》，其中第 14 条和第 18 条分别强调了对退回补充侦查的合法性和结果的监督，但是基于检警两家总体呈现平行协作关系，故而较难对公安机关补查取证形成监督制约和有效约束，参见桂梦美、苏志远：《补充侦查制度协同模式及其实践描画》，载《中国人民公安大学学报（社会科学版）》2023 年第 2 期。

③ 其实，考核是补充侦查存在问题的一个重要原因，没有科学的考核机制，侦查机关仍会破了案就了事，不管证据能不能在法庭上定罪，而检察机关还是没有办法，因为有不诉率等不合理考核制度。

④ 参见陈小炜、戚红芳、徐晋：《捕后羁押必要性审查工作机制的构建》，载《湖北警官学院学报》2014 年第 11 期。

侦查保障机制，规定补充侦查通知或者告知义务，明确辩护人提出异议权，以及在补充侦查阶段的会见、阅卷等权利，创造理性、平等的对话平台和机制。

| 第五章 |

# 补充侦查权的重要维度之一：退回补充侦查[1]

尽管退回补充侦查权是否属于检察机关侦查权能存在较大的纷争，但不可否认，退回补充侦查权与检察机关侦查权之间存在着重大关联，而且退回补充侦查和自行补充侦查也具有紧密联系。退回补充侦查本身存在着诸多疑难复杂问题亟待研究解决，本章重点选取其中的一个热点和重点论题即退回补充侦查引导和说理机制作如下探讨。

进一步而言，退回补充侦查引导和说理机制是退回补充侦查有关立法和制度操作层面的具体化，其中引导侧重形式，强调多措并举，说理着眼于内容的深广度和持续性。现今，退回补充侦查引导和说理机制建设总体呈现盲目和混沌状态，亟待理论界将相关研究推向纵深，用最新研究成果为退回补充侦查引导和说理机制提

① 本章内容的基础为发表于《中国检察官》2021 年第 9 期的《退回补充侦查引导和说理机制的价值及完善进路》一文，作者为李宁、汤晓慰和陈小炜，融入本书时笔者进行了部分修改、完善和调整。同时，本章也是笔者主持的 2021 年度江苏省人民检察院检察理论研究立项课题“退回补充侦查引导和说理机制研究”的阶段性成果。

供助力和支持。

## 第一节 退回补充侦查引导和说理机制的概念要素

概念厘定和理论化是辨析相关问题的逻辑起点,也是对关涉的制度机制进行建构和改进的载体。[①] 不难看出,退回补充侦查引导和说理机制主要涉及退回补充侦查的内涵和外延、引导和说理的界定、机制和体制、制度的区分等三组概念需要厘清。

### 一、退回补充侦查的内涵和外延

退回补充侦查,是指检察机关对于公安等侦查机关移送检察机关审查起诉的案件,在存在犯罪事实不清、证据不足或者遗漏罪行、同案犯等情形时,检察机关退回公安等侦查机关补充收集证据材料的刑事诉讼行为。[②] 退回补充侦查和自行补充侦查共同组成补充侦查,均属于检察机关权能,其他机关和单位无权僭越,退回补充侦查具有非常态性、回溯性、补充性、法定性等特征,兼具正价值和负价值。狭义的退回补充侦查仅仅针对公安等侦查机关移送的刑事案件,广义的退回补充侦查还包括监察委移送审查起诉的职务犯罪案件的退回补充调查。退回补充调查之所以能够被纳入广义的退回补充侦查范畴,是因为退回补充调查也是为了收集和补充证据材料,监察委几乎可以使用侦查机关能够运用的所有侦查措施和手段,监察委收集的证据也不需要转化,可以直接作为证

---

① 参见[美]保罗·H.罗宾逊:《刑法的结构与功能》,何秉松、王桂萍译,中国民主法制出版社2005年版,第3页。

② 尽管笔者在本书第四章曾经论述道不赞同将遗漏罪行或者同案犯纳入补充侦查的范围,但这属于应然状态,从实然角度和出于尊重现行法律规定的考虑,笔者对退回补充侦查的概念界定如是。

据使用。[①] 但是，需要注意的是，监察委的性质和定位是行使国家监察职能的专职机关，监察调查和侦查活动在行为主体、具体内容、立案及实施程序、强制手段和工作侧重点等方面都存在显著区别。[②]

## 二、引导和说理的界定

根据《现代汉语词典》，引导是指引领、指导或者诱导，说理是指说明道理。[③] 在退回补充侦查的语境下，笔者认为退回补充侦查的引导是指检察机关在退回补充侦查时通过补充侦查决定和补充侦查提纲明确退回补充侦查的原因和事项，以及在退回补充侦查后通过提出意见和建议、充分沟通和协商、积极督促乃至介入和参与其中等方式引导公安等侦查机关提取、固定、补充、完善证据，以实现退回补充侦查的既定目标。退回补充侦查的说理是指检察机关在退回补充侦查中通过书面或者口头形式向公安等侦查机关详细说明或者阐述退回补充侦查的背景、理由和目的，使公安等侦查机关明确退回补充侦查的必要性、方向、任务和要求。由此可见，引导和说理之间有所异同，相同的是都为一定目的服务，不同在于引导形式多样内涵丰富，强调目的的实现和达致，而说理侧重点在于内容，即理由和道理，当然两者也有一定的交叉。

## 三、机制和体制、制度的区分

机制是指一种事物或者一个工作系统的构造、功能以及内部元素相

---

① 监察体制改革背景下，我国原有的人大领导下的“一府两院”体制变更为“一府一委两院”新格局。

② 监察体制改革之前，我国检察机关法律监督可以分为两个部分，一部分是对国家机关工作人员的刑事法律监督，另一部分是对侦查、审判和刑事执行等的诉讼监督，这种双轨制的法律监督模式在监察体制改革后某种意义上被打破，参见陈瑞华：《司法体制改革导论》，法律出版社 2018 年版，第 79～80 页。

③ 参见中国社会科学院语言研究所词典编辑室编：《现代汉语词典》（第 6 版），商务印书馆 2012 年版，第 1226、4554 页。

互之间的关系,比如工作机制、用人机制、市场机制和竞争机制等。体制是指有关国家机关、企事业单位组织形式的制度,仅仅限于有层级关系的上下级国家机关或者企事业单位,比如领导体制、学校体制、政治体制、税费征收体制等。制度一般是指一定历史条件下的政治、经济、文化等方面的具有正式形式和强制执行力的规范体系,如社会主义制度,当然有时制度也被作为广义范畴适用,此种情况下制度是指一定范围的群体共同遵守的办事规则或者行为准则。因此制度一般是宏观层面的,体制和机制是微观层面的,体制着眼于上下级之间,机制着眼于一个事物或者一个工作系统内部,制度决定体制和机制,机制和体制有助于制度的运行和实现,机制是制度化了的方法,即"制度+方法"。[①] 论及退回补充侦查的引导和说理机制,其是退回补充侦查制度的延伸、扩展和细化,仅仅涉及检察机关与公安等侦查机关之间的关系处理,上下级检察机关之间鲜有涉及,故而不会称为退回补充侦查引导和说理体制或者退回补充侦查引导和说理制度。

## 第二节 退回补充侦查引导和说理机制的重要价值

2016年最高人民法院、最高人民检察院、公安部、国家安全部、司法部就曾经联合出台《关于推进以审判为中心的刑事诉讼制度改革的意见》,明确要求建立人民检察院退回补充侦查引导和说理机制。[②] 此后,各地也纷纷出台文件,作出具体部署,付出真挚努力。退回补充侦查引导和说理机制之所以得到空前重视,主要是因为其具有重要意义和

---

① 参见《制度与体制和机制概念辨析》,载360文库网,https://wenku.so.com/d/cdcecf52a3d144dece34038cea795778,最后访问日期2024年3月10日。

② 2020年最高人民检察院、公安部联合颁布了《关于加强和规范补充侦查工作的指导意见》,其中规定开展补充侦查应当遵循必要性原则、可行性原则、说理性原则、配合性原则和有效性原则。

价值。

## 一、有利于防范“借时间”和“假退查”

在补充侦查提纲中笼统地写“本案犯罪事实不清、证据不足,请补充侦查本案有关情况”“请补充收集本案客观方面的有关证据”“本案犯罪主观故意有关的证据有待进一步补充完善”等大量存在,其中大部分是检察机关审查起诉期间无法审查完毕,需要依靠借助补充侦查期限后的最长一个半月的审查起诉期限,此时向公安机关“借时间”,是为“假退查”。[①] 如果要求检察机关详尽列明补查事项并且辅之以必要的说理,这部分退回补充侦查将无处遁形,换言之,可以促使检察机关案件承办人员加快审查起诉速度,减少和避免“借时间”和“假退查”,压降“案—件比”。[②] 当然,为了等待侦查或者监察机关移送相关的侦查或者调查证据材料,包括防疫期间为了减少接触或者聚集,而决定退回补充侦查或者退回补充调查,似乎情有可原。

## 二、能够化解退回补充侦查质量低下的难题

长期以来,补充侦查除了退回补充侦查被滥用来“借时间”以及自行补充侦查极少运用外,还有一个较为普遍和严重的问题,那就是退回补充侦查质量低下,退回补充侦查常常遭遇公安等侦查机关退而不查、查而不清、查而不细、查而不力。导致退回补充侦查质量低下的原因是多

---

① 当然也有公安机关“借时间”的情况,比如公安机关侦办“远洋捕捞”案件时当事人在外地,公安机关迫于办案期限已经届满,不得已先将案件移送检察机关审查起诉,参见贺红强、骆思慧、多倩文:《“捕诉一体”机制下完善退回补充侦查制度的思考》,载《中国检察官》2021 年第 23 期。

② “案—件比”是最高人民检察院提出的一项全新的办案质量评价指标体系,其中“案”是指涉案当事人的司法事件,“件”是指该司法事件经历的诉讼环节,“案—件比”直接关系到司法案件中当事人对检察机关办理的直观和切身感受。进言之,“案”是分母,“件”是分子,数值越小说明经历环节越少,也就说明质效越佳。

元的，但其中一个至为重要的原因就是侦检之间认识不一、沟通不畅。[①]退回补充侦查引导和说理机制的建构，无疑为破解该问题带来了契机和希望，能够统一侦检之间的认识，进而形成合力。具言之，能够减少两个机关之间的对立和对抗情绪，公安等侦查机关对补查事项、要求、必要性、可行性的理解和认同都能够得到较大增强，补充侦查中存在的问题和障碍也能够得到最大化解决，退回补充侦查质量的提高指日可待。退回补充侦查引导和说理对于及时补证，防止证据灭失或者转移也有重要意义，同时引导和说理对公安等侦查机关今后的侦查工作也有极大的指导效应，倒逼公安等侦查机关在侦查阶段提高侦查质效，从根源上减少退回补充侦查的发生，而案件侦查质量和退回补充侦查某种意义上是零和博弈的关系。

### 三、有助于案件公平公正办理

紧密围绕犯罪事实不清、证据不足等方面，向公安等侦查机关通过书面文件、介入退查、沟通会商、跟踪问效等多种有效形式，提出具有针对性、科学性和可操作性的补充完善证据的意见和建议，同时详细说明和阐述清楚补充侦查有关证据材料对完善证据体系的必要性、重要性和可行性，能够使公安等侦查机关对“为什么退查”“查什么内容”“退查的目的是什么”等问题有明确和清晰的认识，增强他们补充侦查的自觉性、积极性和行动力，最终得以依托完备翔实的证据体系对案件作出公平公正的处理。除了实体方面，程序方面亦然，必要的引导和说理可以帮助公安等侦查机关避免取证瑕疵乃至刑讯逼供，在出现瑕疵取证行为时，及时予以弥补和纠正，对保障人权和案件的正确处理都大有裨益。质言之，在检察官与侦查员之间搭建一个互相尊重的对话平台，形成准确和

---

① 参见薛正俭：《审查起诉阶段退回补充侦查引导说理机制的完善》，载《人民检察》2020 年第 14 期。

有效的沟通机制,强力推动案件公平公正办理。

### 四、对提高办案效率颇有助益

一定的引导和说理均有助于实现检察机关的主导作用,囊括和覆盖补充侦查前、补充侦查时和补充侦查后。引导和说理能够使公安等侦查机关明确补充侦查的任务、方向、标准和要求,防止"乱弹琴"甚至"南辕北辙",公安等侦查机关能够有的放矢地补查取证,对于公安等侦查机关和检察机关而言,均能提高办案效率,减少"走弯路"和不必要的司法资源浪费,使案件证据兼具证据能力和证明力,贯彻落实以审判为中心和证据裁判主义,保证案件诉得出、判得下,充分发挥刑事检察部门检察人员庭审证据经验较为丰富的优势。[①] 否则,公安等侦查机关退查重报后的证据材料很可能将无法完全满足审查起诉的客观需要,势必造成二次退回补充侦查,办案期限被严重推迟,办案效率急剧下降,在押的犯罪嫌疑人羁押期限也被大大延长,对人权的保障也造成极大的掣肘。另外,退回补充侦查引导和说理还有过滤功能,如果不能充分说理甚至"无理可讲",就说明退回补充侦查不是必须的或者没有必要,可以过滤掉一部分退回补充侦查,转向通过自行补充侦查或者直接补充调取证据材料来实现完善臻美证据的目的,[②]从而正确适用退回补充侦查,最大化降低退回补充侦查率。

## 第三节　退回补充侦查引导和说理机制的发展向度

当前,退回补充侦查遭遇引导方式单一、说理不深不透、引导和说理

---

① 参见曹坚:《检察侦查权的理论基础和深化路径》,载《人民检察》2024 年第 11 期。

② 自行补充侦查主要适用于个别、简单的非主要证据的收集,参见陈小炜、吴高飞:《监察体制改革背景下自行补充侦查和退回补充调查关系论纲》,载《西南政法大学学报》2019 年第 3 期。

中侦检关系不畅等诸多问题。建构科学合理的检察机关退回补充侦查引导和说理的常态化工作机制迫在眉睫、刻不容缓。

## 一、将检察机关退回补充侦查引导融入引导侦查大格局

笔者认为引导侦查可以分为三种,包括侦查阶段的引导侦查、审查逮捕后的引导侦查和审查起诉阶段退回补充侦查后的引导侦查,三种引导侦查分别可以简称为介入引导、逮捕引导和起诉引导。[①] 以往所称的引导侦查通常只包含侦查阶段的引导侦查,不免狭隘,应当树立引导侦查的大格局观念,即应当坚持广义的引导侦查,切忌厚此薄彼。将后两种引导侦查尤其是检察机关退回补充侦查引导纳入引导侦查大格局具有重要意义,三个阶段均有引导、均应引导,存在共同的机理和法理,因为存在诸多共性,所以能够互相借鉴、相互加功,当然也存在个性化的方面,有比较才有鉴别,在此过程中亦方便在比较鉴别中不断优化退回补充侦查引导和说理。[②] 退回补充侦查以及直接补充调取证据材料体现了审查起诉对侦查的继续引导和指引,起诉引导是介入引导以及逮捕引导的自然延伸和应有之义。在检察机关"捕诉一体"的新格局下,捕和诉是贯通的,对侦查活动的指引也应当做到连贯一致,起诉引导有助于检察机关主导地位和求刑权的实现,有助于检察机关指控、证明犯罪法定职责的履行和落实,有助于发挥公诉职能和推进诉讼进程。[③] 进言之,检察机关退回补充侦查引导在引导侦查大格局中应当遵守如下理念和指导

---

① 由检察机关行使批准逮捕权某种意义上可以说是一种权宜之计,即在侦查权存在滥用的当下,两害相权取其轻,由检察机关来担任该司法审查职责可以说是不得已而为之的现实选择,参见陈瑞华:《司法体制改革导论》,法律出版社 2018 年版,第 103 页。

② 参见吴学冬、裴晶晶:《检察机关退回补充侦查引导和说理机制研究》,载《2020 年贵州省检察院理论研究年会优秀论文集》。

③ 参见张军:《关于检察工作的若干问题》,载《人民检察》2019 年第 13 期;詹爱军、胡晓建:《抓住关键环节提高退回补充侦查质量》,载《人民检察》2023 年 S2 期。

思想:起诉引导和介入引导以及逮捕引导并进、借鉴域外经验和尊重我国国情相结合、惩罚犯罪和保障人权并重、相互配合和相互制约并行、坚持以审判为中心和证据裁判主义、坚持规范性、精准性和联动性。

## 二、静态引导和动态引导相互结合、相得益彰

如果说补充侦查提纲体现了检察机关对退回补充侦查的静态引导,那么在公安等侦查机关补充侦查过程中,检察机关的介入、跟踪、指导乃至指挥则体现了动态引导,动态引导能够随机应变,所以更加生动和灵活。而在静态引导和动态引导中,一以贯之的是坚持证据裁判原则。

1. 规范使用补充侦查提纲。① 补充侦查提纲的制作应当依法、全面、可行,紧密围绕犯罪构成要件,坚守罪刑法定和证据裁判主义,详细列明补查的方向、事项、目的、要求、理由等要素。补充侦查提纲必须用语规范,条理清晰,应当具有较强的针对性、说理性、全面性,不能无中生有,不能随意,如不允许出现"××故意伤害案,请继续调查取证",应避免第一次退回补充侦查没有列明所有需要补查的内容,造成二次退回补充侦查的发生。补充侦查提纲可以按照案件的多节事实或者犯罪构成要件逐条草拟,每条原则上应当遵循"为了查明……(补查取证的目的事项),通过……(补查取证的途径手段),收集……(补查取证的证据内容)"的格式要求。② 漏罪或者漏人的,应在补充侦查文书中载明,存在违反法定程序收集证据的情形的,应在文书中提出纠正意见,对瑕疵证据提出补正要求或者要求作出合理解释。同时应当引入对补充侦查权的监督制约机制,如可以规定侦查机关认为没有必要退回补充侦查的,包括没有必要补充侦查以及本应该自行补充侦查却做"甩手掌柜"两种情形,可以

---

① 有论者提出在退回补充侦查时应当严格落实审批程序,参见薛正俭:《审查起诉阶段退回补充侦查引导说理机制的完善》,载《人民检察》2020 年第 14 期。

② 对于复杂问题或者争议问题,应作适当阐明,具备条件的,可以写明补充侦查的渠道、线索和方法。参见金威:《注重引导说理　完善补充侦查机制》,载《检察日报》2020 年 2 月 7 日,第 3 版。

申请复议，这种制度设计有助于防止检察机关补充侦查决定权的滥用。但是，在复议期间，不宜停止对案件的补充侦查，检察机关应当及时对复议申请进行审查，作出是否改变原退回补充侦查决定的决定。[①] 建议定期和不定期抽查、检查补充侦查提纲，适时开展补充侦查提纲的评比评优，时机成熟时组织制作补充侦查提纲业务竞赛，促进和推动检察人员更加规范适用退回补充侦查。

2. 对补充侦查进行跟踪、引导和指挥。建立检察机关跟踪和介入退回补充侦查机制，对于建构完备的证据体系、减少非法取证行为，并帮助侦查机关破解事实、证据、法律上的难题颇有助益。[②] 尽管补查取证的工作主要由公安等侦查机关承担，但是应当杜绝一退了之，可以在退回补充侦查之前与侦查机关共同协商制定补充侦查计划，而在之后应当要求侦查机关及时反馈补查情况，加强跟踪问效，实时关注、了解和掌握补充侦查的进展，帮助公安等侦查机关分析补充的证据是否已经达到起诉和审判的要求，对于存在的问题提出建议、交换意见或者磋商解决，为公安等侦查机关补充侦查提供咨询、帮助、指导。建立退回补充侦查引导工作台账，适时开展补充侦查可行性和有效性评估。对于一些重大疑难复杂的情形，基于此类案件证据结构较为复杂，侦查取证的规范性要求比较高，侦查机关可以商请检察机关介入补充侦查。侦查机关认为退回补充侦查事项不明确、不清楚的，可以及时商请检察机关作出详细说明。根据公安等侦查机关的商请或者补查取证的实际需要，检察人员可以与侦查人员一起赴案发现场勘验、察看和取证，对收集证据工作实现同步和现场引导，同时也满足亲历性的需要。介入的目的和作用是就证据的收集、固定和完善提出建议，就事实认定、证据审查和法律适用提出意

---

① 参见李宁、陈小炜：《监察体制改革背景下补充侦查问题研究》，载《法治现代化研究》2019 年第 3 期。

② 参见刘伟：《如何实现刑事侦查的法治化》，载《政法论丛》2017 年第 4 期。

见,使侦查机关通过补查获取的证据兼具证据能力和证明力,同时符合证据的形式要件和实质要件。

3. 以审判的标准引导补充侦查。在侦查、审查起诉和审判阶段,侦诉审三机关对证明标准往往各有各的理解、各有各的把握。认为三阶段证明标准可以有差异,和认为证明标准应当统一,在学界可谓平分秋色。2016 年通过的以审判为中心有关意见确立或者重申了很多制度安排和诉讼理念,其中一项重要内容就是统一证明标准,强调侦查和审查起诉必须向审判看齐。[①] 证据标准面向审判,是侦查诉讼化的一项重要内容。侦查机关经侦查认为犯罪事实清楚,证据确实充分的,将案件移送检察机关审查起诉。[②] "证据确实充分"应当符合三个条件:定罪量刑的事实都有证据证明、证据均经法定程序查证属实和排除合理怀疑。至于侦查阶段、审查起诉阶段和审判阶段是否都需要坚持排除合理怀疑的标准,有观点认为只有审判阶段需要坚持排除合理怀疑。笔者持不同态度,认为出于尊重和保障人权的考虑,恪守罪刑法定和疑罪从无原则,应当坚持包括排除合理怀疑在内的犯罪事实清楚、证据确实充分的认定犯罪标准。此处探讨证明标准的意义在于,一是从源头上减少需要补充侦查的案件,二是准确判断是否需要补充侦查,三是为补充侦查提供明确标准。[③] 而以审判的标准引导补充侦查目的在于坚持庭审的证据标准,确保起诉质量,防止带病起诉、勉强起诉,从根本上避免侦诉关系的异化,防止侦诉关系沦为只有配合和迁就而缺乏制约和监督。

---

① 参见陈瑞华:《审判中心主义改革的理论反思》,载《苏州大学学报(哲学社会科学版)》2017 年第 1 期。

② 参见贺红强、骆思慧、多倩文:《"捕诉一体"机制下完善退回补充侦查制度的思考》,载《中国检察官》2021 年第 23 期。

③ 参见李宁、陈小炜:《监察体制改革背景下补充侦查问题研究》,载《法治现代化研究》2019 年第 3 期。

## 三、构建立体化、体系化的退回补充侦查说理机制

打造检察机关退回补充侦查说理系统工程，举其要者，主要包括如下四个方面内容。一是检察机关退回补充侦查说理主体。说理的主体名义上是检察机关，但是具体需要落实到办案人员身上，也就是承办案件的员额检察官，与说理主体相对应的是说理对象，对象的确定应当遵循"谁侦查，谁负责"的原则，所以也就是相对应的公安等侦查机关的案件原侦查承办人。二是检察机关退回补充侦查说理的形式。说理的形式可以分为书面和口头两种，书面形式就是补充侦查提纲或者向公安等侦查机关提供其他说理书面材料，口头形式就是通过电话或者当面进行交谈和说明相关理由，文来文往和人来人往相结合，赢得侦查机关的理解和认可，化解他们的疑虑和抵触，提高退回补充侦查的质效。[①] 三是检察机关退回补充侦查说理的内容。内容主要包括为什么需要补充侦查、需要补充侦查什么内容和怎样补充侦查，紧密围绕退回补充侦查的背景、思路、理由、事项、方向、目的、标准、要求，务求将这些内容说清楚和讲透彻，切忌浮光掠影和无中生有两个极端。四是检察机关退回补充侦查说理的跟踪。尽管补充侦查提纲详尽丰满，但是也不能一退了之，应当进行跟进和督促，及时和补充侦查人员交换意见，对于补充侦查动作迟缓、认为没有补充侦查必要性或者认为可查可不查的补充侦查人员，应当充分释法说理和指正，使其明白证据有时会稍纵即逝，领悟到待查事项的重要性和不可或缺性，积极推动和促进退回补充侦查落实作用的发挥。

## 四、建立退回补充侦查引导和说理保障机制

加强相关培训，大幅度提升检察官自身素养和退回补充侦查的引

① 参见吴学冬、裴晶晶：《检察机关退回补充侦查引导和说理机制研究》，载《2020 年贵州省检察院理论研究年会优秀论文集》。

导、指导、说理和监督能力。通过联席会或者研讨会的形式牵头召集公安等侦查机关共商退回补充侦查中存在问题的解决之道,会签相关文件,为检察机关退回补充侦查多种方式引导和充分透彻说理提供遵循依据。[①] 适时开展退回补充侦查引导和说理案件评比,建立和公布退回补充侦查引导和说理典型案例库,起到示范引领作用。将检察人员引导和说理以及侦查人员听取和执行有关情况纳入考核体系,做到奖优罚劣。囿于制度设计存在的不足,监督制约手段存在残缺,然而,我国检察机关是法律监督机关,根据《刑事诉讼法》规定,检察机关对刑事诉讼活动实行全程监督,对退回补充侦查中侦查人员补查取证进行法律监督也是题中之义。[②] 对待公安等侦查机关补充侦查,不仅要有释法讲理的柔性,而且要有严格内容的刚性,检察机关退回补充侦查后充分引导和说理,侦查人员置之不理、消极对待、应付了事的,检察机关可以发出口头纠违,情节较重的,可以发出纠正违法通知书或者检察建议,并建议所在单位或者监察委给予纪律处分,造成严重后果,比如案件处理受到重大影响,导致主要证据灭失,构成犯罪的,将有关线索移送检察机关刑事检察部门或者监察委立案查处,为退回补充侦查后充分引导和说理提供一定的刚性张力保障。[③] 对于确实属于不能查明的事项,要求侦查机关书面说明情况,对于在退回补充侦查中消极懈怠、敷衍了事的,建议公安等侦查机关更换承办人员,或者向其上级单位予以通报,开庭时可以要求侦查人员到庭说明情况。在退回补充侦查后,侦查机关超期重新移送或者不

---

① 有论者主张,在补充侦查工作中,应当明确职责边界,以检察机关为主体,立足建构"以检察为主体"的补充侦查协同模式,将临时性协商变为常态化机制,真正发挥"补充"效果,参见苏志远:《检视与省思:补充侦查的"程序倒流"样态》,载《江苏警官学院学报》2023 年第 6 期。

② 面对绝大部分职务犯罪侦查权转隶至监察委,检察机关与其"忧心忡忡""怨天尤人",不如直面现实、转变观念,争取将对监察委的调查行为和调查措施纳入检察机关司法审查范畴,使其接受检察机关合法性审查,避免监察委滥用调查权,参见陈瑞华:《司法体制改革导论》,法律出版社 2018 年版,第 103 页。

③ 参见万毅:《退回补充侦查须建立跟踪监督机制》,载《检察日报》2019 年 12 月 23 日,第 3 版。

移送，检察机关都应当及时纠违和督促整改，在二次退回补充侦查后证据仍然达不到确实充分程度的，果断作出不起诉决定，赋予检察机关退回补充侦查引导和说理必要的配套制约手段。[①] 另外，为了避免和防止检察机关退回补充侦查引导和说理轻描淡写、流于形式，建议建立公安等侦查机关认为退回补充侦查不当的可向检察机关刑事检察部门提出异议和复议的机制。

---

① 参见薛正俭：《审查起诉阶段退回补充侦查引导说理机制的完善》，载《人民检察》2020 年第 14 期。

## 第六章

# 补充侦查权的重要维度之二：退回补充调查[①]

随着《监察法》的颁布和《刑事诉讼法》的修正，补充侦查的格局发生了变化和调整。主要体现在：其一，在审查逮捕阶段，与普通刑事犯罪不同，监察委管辖范围内的职务犯罪案件则不存在退查的问题，而是直接作出是否逮捕、取保候审或者监视居住的决定；其二，在审查起诉阶段，对于属于监察委管辖范围内的职务犯罪案件，如果需要退查，路径是检察机关将案件退至监察委，此处的退查表述不再是“退回补充侦查”，而是被“退回补充调查”取而代之，而职务犯罪案件的退回补充侦查和自行补充侦查之前则分别属于检察机关的自侦部门

---

① 本章内容的基础为笔者发表于《北方法学》2020年第6期的《监检关系视野下退回补充调查与自行补充侦查》一文，融入本书时笔者进行了部分修改、完善和调整。同时，本章也是2018年度最高人民检察院检察理论研究立项课题“监察体制改革背景下的补充侦查实证问题研究”和2020年度最高人民检察院检察应用理论研究立项课题“检察机关自行补充侦查研究”的阶段性成果，课题负责人均为李宁。

和公诉部门。[①] 没有变化的是审判阶段相关规定，如若检察机关认为需要补查取证，提出延期审理建议时，人民法院可以同意，[②]即在审判环节，无论哪种类型案件，都仍由检察机关补充侦查。

尽管长期以来学界和实务界广泛关注补充侦查，纷纷建言献策，总体而言，现有论著缺乏对实践的解释力和指导力，补充侦查许多弊病一直未能解决。论及监察委管辖的职务犯罪案件退回补充调查和自行补充侦查，相较于普通刑事案件的“退回补充侦查与自行补充侦查”任择式立法规定而言，“退回补充调查原则与自行补充侦查例外”优先式规定在一定程度上表达了立法机关对监察委与检察机关之间的关系态度。进言之，监察委管辖的职务犯罪案件退回补充调查和自行补充侦查的主要问题本质在于监检之间的分工、配合、衔接，以及检察机关对监察委的制约问题，包括能否制约、如何制约等。

## 第一节　退回补充调查的总体状况及主要问题

笔者对我国东部某省的 A、B 以及西部某省的 C、D 共 4 个中等发展水平地级市的检察机关进行调查，摸查和统计退回补充调查和自行补充侦查的运行情况，进而对其利弊得失有一个较为客观公允的掌握和评价。基于转隶最迟截止时间是 2018 年 3 月底，数据统计口径设定为 2018 年 4 月 1 日至 2020 年 3 月 31 日，采取调阅内卷和数据报表、查阅电子卷宗和文书、随机访谈和发放问卷等形式开展调研。有效访谈 28

---

① 对于检察机关管辖的对司法工作人员刑讯逼供等 14 种罪名职务犯罪案件的补充侦查，因为相关侦查权归于检察机关内部的刑事执行检察部门，所以退回补充侦查由原先的反贪、反渎等自侦部门转为刑事执行检察部门进行，而自行补充侦查现在归为实行“捕诉一体”的刑事检察部门。

② 依据在于《刑事诉讼法》第 204 条以及最高人民法院《关于适用〈中华人民共和国刑事诉讼法〉的解释》第 273 条，实际上这常常是以牺牲程序正义为代价来换取对实体正义的恣意苛求。

名检察人员,发放问卷 60 份。[①] 调研涉及的内容为监察委管辖的职务犯罪案件退回补充调查和自行补充侦查的数量、实际适用情形、运行的成效和问题、监检衔接存在的障碍,等等。

## 一、退回补充调查的整体情况

A、B、C、D 等四个地级市检察机关共计受理监察委移送的职务犯罪案件 233 件,退回补充调查共计 8 次,累计需要解决 23 项问题,原因是有的退回补充调查涉及需要解决几项问题。申言之,8 份补充调查提纲,分别涉及的问题项数为 7、1、3(唯一的一份二次退回补充调查提纲涉及的问题项数,涉及的问题实际上属于第一次退回补充调查提纲已经罗列但是第一次退回补充调查期间没有解决的问题)、5、2、1、6、1,合计 23 项。通过笔者对以下五类情形的划分和有关情况的客观统计描述,可以对相关情况包括需要解决、已经解决、无法解决和尚未解决的退回补充调查事项有一个宏观的了解和把握。(1)退回补充调查出于事实不清或者证据不足的共计 10 项,部分问题涉及需要调取有关书证,包括基站信息、通话记录、银行流水、协议书、收据、账册、入所体检报告等;[②]部分问题涉及需要询问、讯问、鉴定、调取监控录像和行车记录仪、提取电子数据等。(2)可能遗漏罪行的情形有 4 项,退回补充调查后,监察委以调取书证、讯问犯罪嫌疑人、询问证人等方式开展补充调查,1 项遗漏 6 笔事实,2 项各遗漏 2 笔事实,还有 1 项确实无法查清存疑不认定。(3)可能遗漏同案犯的情形有 3 项,分别是遗漏同案行贿犯罪嫌疑人、遗漏共同受贿犯罪嫌疑人、遗漏滥用职权罪同案犯,退回补充调查后,1 人被一并补充

---

① 访谈和发放问卷调查均针对刑事检察部门检察人员,覆盖正副部门长、员额检察官、检察官助理。问卷明确仅供理论调研参考,可实名、也可匿名,尽管有的经过催促,但最终得以全部收回。

② 基站信息和通话记录证据种类上应当归入电子数据,在实务中,却往往将它们归为书证范畴,包括笔者实证调研的四个地级市也不例外,这实乃谬误,但是笔者本着尊重事实的态度,暂且如此记载和叙述,而对本章主旨有关的探讨及结论并无影响。

移送,1 人另案处理,1 人监察委认为不构成犯罪。(4)重要量刑情节证据不足的有 3 项,涉及自首、立功的认定,监察委开展补查取证,1 项检察机关认定自首,1 项不认定立功,1 项暂不认定立功(有关检举揭发数据统计当时仍未查清,相关结论阙如)。(5)退回补充调查提纲分别表述为“犯罪事实不清、证据不足,请补充调查”“请继续调查犯罪嫌疑人的受贿事实”“请补充调查收集犯罪嫌疑人主观方面的证据”的,有 3 项,其中 2 项是为了等待公安机关或者国家安全机关案件侦查终结移送一并提起公诉,情有可原,还有 1 项疑似“假退查”“借时间”。

A、B、C、D 等四个地级市检察机关对监察委管辖的职务犯罪案件开展自行补充侦查共计 13 次,关于自行补充侦查在相关司法实践中发挥的作用,笔者梳理总结出四个地级市如下几类较为突出的效果。第一,迅速补强证据,避免了程序回流和诉讼迟延。比如 A 市监察机关移送的张某挪用公款购买理财产品案,检察机关审查发现张某曾经受过行政拘留处罚,但卷宗中没有相关材料,于是自行补充侦查,直接向公安部门调取,没有因为退回补充调查而耽误诉讼进程。再如 B 市吴某玩忽职守案,缺少有关证明主体身份的证据,检察机关向组织部门调取。C 市检察机关在审查起诉期间通过讯问,了解到谢某记载受贿情况的日记本放在办公室橱柜,于是向谢某原单位调取。C 市检察机关向犯罪嫌疑人原单位调取证明谋利的书证、A 市调取户籍证明等,情况都基本相同。第二,自行补充侦查立竿见影,防止了证据灭失。比如 C 市监察机关办理的李某受贿案,行贿人和其朋友均证实在某银行向李某行贿,李某拒不承认当月曾经去过该银行,检察机关果断启动自行补充侦查,向银行调取了监控录像,推翻了李某的不实口供,该份证据因为调取及时未被覆盖。A 市检察机关调取行车记录仪录像也基本类似,而 C 市通过自行补充侦查,查封、扣押涉案财物,避免了赃款赃物被转移的风险。第三,在监检之间存在认识分歧时,自行补充侦查防止了退回补充调查的无功而返,坐实和补足了相关证据。比如,C 市监察机关将祖某贪污和滥用职权案移送审查起诉,检察机关经审查发现遗漏其他贪污事实,经联系和沟通,监察机关认为不可能获取充足证据,于是检察机关启动自行补充侦查,通过讯问祖某、辅以调取有关书证的方式补充了相关证据,对祖某追加了20余万元的犯罪金额,最终获得法院判决支持。A市检察机关因为和监察机关在证据标准上有分歧,遂开展自行补充侦查,达到预期效果。第四,获取新证据,破除了犯罪嫌疑人的翻供企图和侥幸心理。比如D市监察机关移送的杨某受贿案,杨某调查阶段供认不讳,但是在检察环节开始翻供,杨某爱人何某作为证人,在监察调查阶段,一直矢口否认和拒绝证明杨某受贿。检察机关开展自行补充侦查,对何某释法说理,动之以情,晓之以理,何某被感化,翔实交代了其知晓的杨某所有犯罪事实。杨某的企图不攻自破,之后,对受贿事实重新开始如实供述,积极配合司法机关,认罪态度也较好。

## 二、退回补充调查在实际运行中出现的问题

### (一)退回补充调查和自行补充侦查具体方式的选择顺位上比较混乱

在需要补查取证时,选择退回补充调查抑或自行补充侦查,无论是接受问卷调查者还是受访谈者都普遍感到困惑,特别是在不能确切划归哪一类时,优先选择何种方式观点不一。比如有检察官反映,监察委管辖和移送的职务犯罪案件,经审查犯罪事实不清需要补充证人证言的,此时优先适用退回补充调查还是自行补充侦查不甚确定。在退回补充调查和自行补充侦查两者之间何者优先适用问题上,从所有问卷来看,均为21人所主张,另有18人选择无法判断。可见该问题在实践中争议之大,具有较强的模糊性。而在访谈中,情况和问卷调查基本相同,但有3名检察人员认为理论上应当优先适用退回补充调查,而实践中应当优先适用自行补充侦查。有1名检察人员认为优先适用哪种方式是一个理念层面的问题,和法律的规定不是一回事。还有1名检察人员认为必

须具体问题具体分析,比如一些相对次要并容易获取的证据,则应优先适用自行补充侦查。

持应优先适用退回补充调查观点的检察人员,主要有以下几种认识:(1)在需要补充完善证据时,无论《监察法》还是《刑事诉讼法》,都明文规定"应当"退回补充调查,只有在"必要时"才"可以"自行补充侦查,谁是主、谁优先、谁为原则不言而喻;(2)对于普通刑事案件,法律规定是检察机关"可以"退回公安等侦查机关补充侦查,"也可以"选择自行补充侦查,法条如此表述都有人主张退回补查为优先,毋庸职务犯罪案件,因为"应当退回"比"可以退回"程度高得多;(3)检察人员应当秉持客观和公正的理念,做到有理有利有节,该退回补充调查时就退回补充调查,而退回补充调查一般更有利于补足证据和查清案情。而持优先适用自行补充侦查观点的检察人员主要基于以下几点:(1)自行补充侦查权没有在转隶过程中被"连根拔起""一并端走",实属万幸,检察机关应当倍加珍惜,争取将自行补充侦查做大做强做优,而且,最高人民检察院也多次发声,明确要求加大自行补充侦查的力度;[①](2)检察机关地位比较中立和超然,优先适用自行补充侦查有利于案件公平公正办理;(3)监察委一般不会允许或者容忍自己调查移送的案件被退回,为了处理好监检关系,自行补充侦查自然是首选。对于退回补充调查和自行补充侦查之间的区分标准以及各自适用范围,大家普遍表示不甚清楚,因为缺乏明确规定,让他们尝试区分各自的条件和情形时,极不统一,相互之间差异很大,在此不再列举。

---

① 参见《信号！最高检将把一批黑恶"保护伞"线索移交中纪委》,参见搜狐网 2019 年 1 月 17 日,http://www.sohu.com/a/289673809_137462;《最高检:职务犯罪退回补充调查和不起诉案件数量明显下降》,载央广网,http://news.cnr.cn/dj/20190222/t20190222_524518911.shtml;《最高检:重大案件侦查终结前核查讯问合法性》,载新浪网,http://news.sina.com.cn/sf/news/fzrd/2019-02-13/doc-ihqfskcp4746752.shtml。

### (二)存在应当适用退回补充调查而选择自行补充侦查之虞

过去,司法实务中自行补充侦查开展得非常少。于职务犯罪而言,因为负责自行补充侦查的公诉部门和承担退回补充侦查的自侦部门都归属于同一个检察院,难免发生混同现象。而在普通刑事案件需要补查取证之时,检察机关为了省时省事,同时出于侦查能力、装备和风险等方面的考虑,通常选择适用退回公安等侦查机关补充侦查。即便有自行补充侦查,也非常个别,和退回补充侦查的庞大数字相比,几乎可以忽略不计。几年间,A、B、C、D 四个地级市检察机关均没有对普通刑事案件开展自行补充侦查的情况,就是明证。[①] 现今,自行补充侦查似乎在监察委管辖的职务犯罪案件中发挥了较为突出的作用,对于如何看待这种和以往相比几乎"倒挂"的现象,有受访检察官一针见血地指出,要善于发现"热闹"背后存在的隐患和问题。果然,在面谈中听到了不少真实情况反映,发现了不少"真问题"。有的检察院心照不宣的"共识"是审查监察委管辖的职务犯罪案件过程中如果发现证据体系有欠缺,则一律自行补充侦查。也有检察院开会明确要求,监察委管辖和移送的职务犯罪案件原则上必须自行补充侦查。更有甚者内部发文禁止使用退回补充调查,职务犯罪案件不得退回补充调查。[②] 客观上我们也发现,有些主要犯罪事实如遗漏的罪行,系检察机关自行补充侦查后认定。有些影响量刑的

---

① 公安等侦查机关管辖和移送的普通刑事案件退回补充侦查率较高,一般在 20% 以上,笔者也对两年来普通刑事案件予以了统计和分析,四个地级市退回补充侦查率分别为 26.31%、28.12%、20.81%、25.78%。普通刑事案件补查中,存在退回补充侦查被滥用且质量低下、退回补充侦查成为"借时间"的工具和自行补充侦查极少运用等三大问题,这三个问题在其他诸多有关传统补充侦查实证调研文章中也能得到反映。参见丁彩彩、雷闪:《审查起诉阶段退回补充侦查实证分析》,载《中国检察官》2018 年第 19 期;杨永华、王秋杰:《审查起诉阶段案件退回补充侦查实证分析》,载《人民检察》2013 年第 20 期。

② 全国范围内部分检察院内部出台了禁止退回补充调查的文件,从一个极端又走到了另外一个极端,是对相互制约原则的违反。参见卞建林:《配合与制约:监察调查与刑事诉讼的衔接》,载《法商研究》2019 年第 1 期。

重要情节如能否构成自首，也是通过检察院询问证人、讯问犯罪嫌疑人、调取监控录像以及有关书证等证实。某案中一系列书证调取、询问、讯问，甚至还包括了直接委托鉴定和寻找新的证人谈话，通过该案承办检察官的审查报告，可以发现其为了自行补充侦查付出了很多辛勤劳动，让人敬佩和感动的同时，也难免让人心生疑窦，比如这些事情是否都是他的本职工作、有没有越权、会不会产生不良效应，等等，都值得反省和深思。一言以蔽之，自行补充侦查存在"越俎代庖"之虞，本应使用退回补充调查实现补查取证目的时，却不当地适用了自行补充侦查，存在隐忧和后患。①

（三）在一些具体问题上检察机关缺乏相应的对策机制

在退回补充调查和自行补充侦查中存在一些问题无有效应对机制，主要包括三类问题。

第一类问题如退回补充调查是否需要事先与监察委沟通的问题。沟通不是法定程序，但是不沟通可能存在隐患和风险。沟通后监察委不同意退回补充调查的，应如何应对？实践中出现了监察委以检察机关有自行补充侦查权为由，不同意退回补充调查的情况。对于退回监察委补充调查是否沿用原强制措施的，虽已出台了相关衔接办法，明确了应沿用原措施，但因为监察委没有羁押权，无法换押给监察委，造成了实践中难题。对于取保候审或者监视居住的犯罪嫌疑人在退回补充调查期间需要羁押的，能否逮捕或者留置存在困惑。如果退回监察委补充调查，监察委怠于补充调查的，如何处理亦无明文规定。对于监察委补充调查期间律师要求会见的，由于《监察法》未赋予调查期间被调查人有获得律

① 隐忧和后患主要有二：一是实行"捕诉合一"以后的检察机关刑事检察部门对于侦查工作并不专业和擅长，如若重大、复杂事项的补查工作由其来承担，质效和安全都将大打折扣；二是退回补充调查某种意义上是让监察委弥补之前在监察调查阶段工作的疏漏，这不应该由检察机关来"买单"，将案件退回让监察委补充完善较为自然合理，这也可以倒逼监察委监察调查时能够形成扎实、全面、严密的证据体系。

师法律帮助的权利,故监察委补充调查阶段也不会允许会见,但是,毕竟案件已经到了审查起诉环节,退回补充调查也应为审查起诉服务,如何向律师及其家属释法说理具有较大难度。

第二类问题如公诉人的主要职责是审查起诉工作,缺乏侦查知识、经验、能力,对于自行补充侦查感觉心有余而力不足,缺乏信心。侦查本身难度就比较大,加之检察院自侦等部门已经完成转隶,自行补充侦查可能不现实。自行补充侦查过程中,如何保障自身人身安全,如何应对信访、舆论、说情和干预的压力等也是难题。自行补充侦查的决定和批准主体都没有法律规定,启动自行补充侦查也不像退回补充调查有相关的法律文书。自行补充侦查没有纳入考核指标体系,不计入绩效,但是出了差错却要被追责,责、权、利不对等也是实践中存在的问题。

第三类问题如在发现罪行或者同案犯被遗漏时,是否一律退回监察委补充调查,检察机关能否自行补充侦查,在事实清楚、证据确实充分时又能否直接起诉,存在疑问。在补充调查过程中如若发现监察调查中存在以非法方法收集证据的情况,应如何处理?[①] 对于补查中发现监察调查中具有刑讯逼供等严重违法取证行为,有可能涉嫌犯罪的,应如何处理?对于监察委管辖范围内的其他公职人员职务犯罪,检察机关是否应有立案监督权和调查监督权存在争议。对于退回补充调查和自行补充侦查、退回补充侦查之间的关系,各自的性质,自行补充侦查是否具有侦查权的属性,和公诉权的关系,和直接补充调取证据材料、主罪主证复核的异同等都存在问题,尽管偏向理论,但对实务也有影响,如涉及有关文书表述、司法实务中能否直接适用侦查一般规定等。

---

① 有论者认为,退回监察委补充调查后,发现监察委在办理职务犯罪案件时程序错误或有瑕疵,应发出检察建议,但是该观点缺少法律或者制度依据。参见徐汉明、张乐:《监察委员会职务犯罪调查与刑事诉讼衔接之探讨——兼论法律监督权的性质》,载《法学杂志》2018 年第 6 期。

## 第二节　退回补充调查存在问题的原因剖析

尽管作为本章内容支撑的实证资料因为调研范围狭窄，难以周延所有相关问题，经验提升功能难免存在不足，但是作为实证调研样本所反映的具体问题却应引起高度重视。具言之，监察委管辖和移送的职务犯罪案件退回补充调查和自行补充侦查在运行之初，暴露出序位不清和选择困难、自行补充侦查存在过度适用倾向、退回补充调查阶段强制措施和律师介入争议较大等现象和现实问题。对于这些问题的根源和深层次原因，需从立法、价值、观念及实践等方面深入挖掘。

### 一、相关规定的模糊乃至空白造成了补查制度上的残缺

监察体制改革中，各级监察委相继成立，国家监察权成为立法、行政、司法以外的“第四种权力”。监察调查权是政务调查权、刑事调查权乃至党纪调查权的“化学反应”，而非简单的“物理相加”，所以，监察委是一个全新机构、是新生事物。[①] 对于监察委的运作程序，包括如何处理监察委和其他机关的关系，都必须健全相关法律制度。然而监察委成立伊始，一系列法律、解释、细则、规定、意见仍然处于酝酿、调研、论证或者起草阶段。在退回补充调查和自行补充侦查的问题上亦是如此，直接相关法律规定主要是《监察法》(2018)第47条第3款和《刑事诉讼法》(2018)第170条第1款，《人民检察院刑事诉讼规则》虽然也有所涉及和体现，但是相关表述极其概括和模糊。尽管《刑事诉讼法》和《人民检察

---

① 参见卞建林：《监察机关办案程序初探》，载《法律科学(西北政法大学学报)》2017年第6期；左卫民、安琪：《监察委员会调查权：性质、行使与规制的审思》，载《武汉大学学报(哲学社会科学版)》2018年第1期；张倩：《英国监察专员的类型、功能及启示》，载《政法论丛》2017年第4期。

院刑事诉讼规则》等司法解释对补充侦查作了一些规定,但是并不能简单地认为可以直接参照适用,理由如下:

其一,退回补充调查和退回补充侦查不具有性质相同或者包含和被包含的关系,退回监察委补充调查不能够被理解成广义上的退回补充侦查,根源在于调查和侦查不具有相同的属性,这可以从它们的主体、具体内容、立案及实施程序、强制手段和侧重点等方面都存在差异得到证成。[①] 质言之,退回补充侦查的理论甚或相关规定不能直接套用在退回补充调查上。比如,在实证调研中笔者发现有检察官退回补充调查提纲仍然表述为"补充侦查提纲",至于原因,要么是疏忽大意,要么是误认为退回补充调查和退回补充侦查性质完全相同。再如,普通刑事案件退回公安等侦查机关补充侦查时需要换押,而监察委对管辖范围内的职务犯罪案件不具有羁押权,这就容易造成前文所述的退回补充调查时强制措施具体衔接的困境。而且,在监察委补充调查期间,如需变更强制措施,作出变更强制措施决定的主体也应当和普通刑事案件区别对待,后文还会展开阐述。

其二,新旧《人民检察院刑事诉讼规则》都有关于补充侦查条件的规定,但是新修改的《人民检察院刑事诉讼规则》没有专门规定监察委管辖的职务犯罪案件补查的条件,从法理上讲,补充侦查条件的规定可以在监察委管辖的职务犯罪案件补查时参照适用,可是遗憾的是,补充侦查的条件也是含混不清的。原因在于,补充侦查条件的具体内容包括犯罪事实不清、证据不足,或者遗漏罪行、同案犯罪嫌疑人等,易言之,在此三种情形下可启动补充侦查程序,但是三种情形的表述都十分笼统,尤其是第一种情形"事实不清、证据不足"在实务中更多体现为无法量化的思维活动,是一种主观判断标准,而第三种情形的"等"字其实就是兜底条

① 参见陈小炜、吴高飞:《监察体制改革背景下自行补充侦查和退回补充调查关系论纲》,载《西南政法大学学报》2019 年第 3 期。

款“其他情形”，弹性极大，无形之中进一步加剧了模糊性和不确定性。参照适用条款缺乏明定性，加上职务犯罪案件的复杂性和独特性，发生诸如前文所述各种异化理解和适用现象在所难免，尤其是对于是否应当补查以及应当适用何种方式补查容易发生错误判断从而导致谬误发生。尽管新修改的《人民检察院刑事诉讼规则》就监察委管辖的职务犯罪案件规定了三种检察机关可以自行补充侦查的三种情形，但不足之处是自行补充侦查情形比较粗疏和狭窄，不够细化和清晰，尤其是没有将可能存在非法取证情形纳入自行补充侦查范畴，不利于对监察委的有效制约和人权保障以及案件的公平公正处理，而且对应当退回补充调查的具体情形没有作出相关规定。

其三，退回补充调查和自行补充侦查在实际运行过程中出现了很多新问题，没有先例可循，根据法理分析也不太容易得出精确的答案，难免会顾此失彼，甚至“南辕北辙”，而相关的具体细致规定阙如。笔者实证调研中所遇到、所发现的种种问题，都是明证，其中最具代表性和典型性的莫过于强制措施的衔接和协调，赞同恢复留置的能罗列出若干理由，貌似论证充分，实则不然，因为支撑沿用检察机关原采取的强制措施主张的理由亦有多条，根据两害相权取其轻以及两利相权取其重，选择继续使用检察机关原采用的强制措施应该更为科学，该观点更具优势，具体比较和权衡后文还将详细论述。[①] 还有一个适例就是退回补充调查阶段律师能否介入，也是争议颇大。这些“新问题”和“真问题”都亟待法律或者司法解释作出严密的规定，填补漏洞和空白，提供切实可行的操作指引和行动指南。

---

① 实事求是地说，笔者曾经主张在退回补充调查阶段变回和采取留置措施，但是，根据笔者进一步的深入研究，经过比较权衡，现认为沿用检察机关原采用的强制措施更合理、更优，这些符合认识发展的规律，详见本书第四章，参见李宁、陈小炜：《监察体制改革背景下补充侦查问题研究》，载《法治现代化研究》2019 年第 3 期。

## 二、退回补充调查和自行补充侦查的优缺利弊没有厘清

没有全面准确理清两者各自的优缺,是导致未能存利去弊,难以判断何者优先、难以科学区分两者之间的界限、难以准确作出选择以及其他许多具体问题的一大关键。[①] 基于理论剖析和实践考察,和退回监察委补充调查相比,检察机关自行补充侦查有其所长和优势。一是补查取证速度较快,效率较高。没有用单独的一个月去专门补充核实,不会发生诉讼迟延,也可以避免监察委补充调查后检察机关重复阅卷。对于比较容易灭失或者遭受转移的证据,自行补充侦查能够满足紧急性要求。职务犯罪嫌疑人可能因曾经担任某些职务,拥有一定人际关系资源,在证据存在漏洞和缺陷时,如不能快速补充完善,犯罪嫌疑人对抗性就会与日俱增。从这个角度观之,自行补充侦查迅捷优点也能够得到体现。二是方向更为明确,针对性更强。公诉人往往对证据情况有更全面的把握和认识,对于需要补充核实的内容和方向更加清晰、精准。自行补充侦查和审查工作同步推进,互相促进,自行补充侦查随时提供原料和素材,审查起诉也随时为自行补充侦查指明方向和目标,自行补充侦查有的放矢,稳扎稳打,有助于形成更为完备的证据链条和体系。自行补充侦查不仅可以增强检察机关审前主导,而且对实现诉中主导也大有裨益,对案件的重点、争点、焦点、难点等问题有更好的把握,从而在将来驾驭庭审现场。三是更能够形成心证,更有助于增强内心确信。职务犯罪案件的认定往往比较倚赖言词证据,而言词证据具有变化多端性,加之

① 没有理清优缺利弊,容易导致退回补充调查和自行补充侦查两者的混同,也就不能对症下药,分别有效改造和完善两种补查方式。所谓优缺利弊,存在一个角度的问题,考虑问题应当首先着眼于保证公正,并兼顾效率。当然,笔者并不否认,对于有些检察人员来说,更主要的原因并非不清楚退回补充调查和自行补充侦查哪个更好更优,而是出于个人动机、偏好,或者根本不明白哪些情况下应当退回补充调查,哪些情况下应当自行补充侦查。同时,上级检察机关也缺乏强有力的具体、准确分类指导。

调查程序的封闭性、强制力和行政色彩，其“证据三性”难免受到质疑。通过面对面交流，对谈话对象言谈举止和表情的观察及捕捉，有助于实现亲历性，对口供和证言形成更为准确的判断。而亲历性是自行补充侦查的根本优势和属性，有助于排除矛盾和疑点，退回补充调查无法企及和取代。[①] 如果退回补充调查，“纸面上的未必是真实的”，可能对建构证据锁链造成负面影响。四是自行补充侦查特定情况下呈现为制约监察委更为重要的方式。一切掌握权力的人，都倾向于滥用手中的权力，不用到极致不会罢休，必须约束和制约权力。[②] 监察委权力较大，监督制约更为必要，否则自身也会形成腐败。退回补充调查无疑是一种重要的制约手段，但是自行补充侦查有其独特效果。检察机关需要使案件符合庭审证据标准和要求，同时，由于他们地位相对超然，非法证据排除的态度和决心自然要超过监察委。[③] 而自行补充侦查就是排除非法证据的有效方法和途径，有助于纠正重大违法调查取证行为和防范冤假错案发生，并且可以倒逼监察委规范取证，能够体现和发挥法律守护人的作用。[④] 自行补充侦查除了补充有罪或者罪重的证据，还补充无罪或者罪轻的证据，让监察委补充罪轻尤其是无罪证据显属难事。在监察委拒绝退回补充调查或者怠于补充调查时，进行自行补充侦查起到补缺作用，而补缺也是一种制约。

---

① 参见秦敏、陈珍建：《自行补充侦查实务研究——以四川省简阳市人民检察院的办案为样本》，载《中国检察官》2019 年第 2 期。

② 参见[法]孟德斯鸠：《论法的精神》(上册)，许明龙译，商务印书馆 2012 年版。

③ 对于瑕疵证据排除规则和不可靠证据排除规则，分别的适例是最高人民法院《关于适用〈中华人民共和国刑事诉讼法〉的解释》第 89 条和第 90 条，它们与非法证据排除规则之间是并行不悖、互不重叠的关系。参见董坤：《中国化证据排除规则的范性梳理与反思》，载《政法论坛》2018 年第 2 期；董坤：《非法证据排除规则若干新问题释疑——以〈关于办理刑事案件严格排除非法证据若干问题的规定〉为分析场域》，载《兰州大学学报(社会科学版)》2018 年第 2 期。

④ 参见李建明：《刑事错案的深层次原因——以检察环节为中心的分析》，载《中国法学》2007 年第 3 期；刘静坤：《以审判为中心的诉讼制度改革之立法思考》，载《中国刑事法杂志》2019 年第 1 期；王守安、韩成军：《审判中心主义视野下我国刑事证明模式的重塑》，载《政法论丛》2016 年第 5 期。

和退回补充调查相比,自行补充侦查缺陷和不足主要包括如下几个方面,而这些内容在前文问题部分均有关照和呼应。第一,自行补充侦查的适用序位和优先性不及退回监察委补充调查。退回补充调查和自行补充侦查两者之间有先后顺序,原因在于职务犯罪案件政治性、政策性和敏感性都较强,经审查需要补充完善的,一般需要退回监察委补查取证,这也体现了保持监察调查权完整性的要求。[①]《监察法》和《刑事诉讼法》都规定,监察委移送的管辖范围内的职务犯罪案件需要补充核实时,检察机关应当退回监察机关补充调查,必要时才可以自行补充侦查。自行补充侦查的地位似乎就"矮了半截",在实践中应当坚持退回补充调查是主要的、优先的,而自行补充侦查只能是例外的、辅助的,对象主要为个别、简单、相对次要的事实和证据。第二,自行补充侦查可以利用的时间远远少于监察委补充调查。前文业已论述了自行补充侦查不另外单独占用专门的期限,有助于推进诉讼的有利一面,就像一枚硬币有正反两面,是优点同时也是缺点。因为,审查起诉期间不仅需要阅卷、提审、撰写一系列文书等,而且检察官常常同时有数个案件在手,此种情况下还需要额外完成自行补充侦查,容易引发时间紧张的症候,易言之,自行补充侦查挤占了审查案件的时间。而对于退回补充调查,监察委可以用专门的1个月去完成,时间比较宽松。第三,自行补充侦查有关的软件和硬件建设与实际需要之间,存在较大差距。自行补充侦查能力不足的现象比较普遍,在收集证据上,公诉人没有经历系统学习和培训,缺乏实践训练和经验积累,虽然擅长审查甄别案件事实和证据,但是因为侦查工作专业性非常强,所以在实施自行补充侦查过程中难免捉襟见肘,补充侦查的能力和技巧都有短板。而且,检察机关侦查设施、技术装

① 参见陈卫东:《〈刑事诉讼法〉最新修改的相关问题》,载《上海政法学院学报(法治论丛)》2019年第4期;中共中央纪律检查委员会法规室、中华人民共和国国家监察委员会法规室编写:《〈中华人民共和国监察法〉释义》,中国方正出版社2018年版;本书编写组编写:《〈中华人民共和国监察法〉案例解读》,中国方正出版社2018年版。

备、信息分析系统等相对薄弱和不足。第四，自行补充侦查的动力相对比较小，风险比较大。案多人少矛盾突出，检察官缺乏实施自行补充侦查的主动性和积极性，对案情的熟悉程度往往也不及监察机关调查人员。具体操作过程中，自行补充侦查规范性较弱，随意性较大，在和退回补充调查之间模棱两可时，检察官倾向于选择退回补充调查，会更省事省力。如若自行补充侦查，检察官的人身危险、信访的压力、当事人和证人的情绪波动、社会舆论、说情和干预等，各种风险都会急剧增加。

### 三、未将“以审判为中心”的理念落到实处

过去由于存在“侦查中心主义”，公安等侦查机关过于注重破案，证据意识不强，造成进入庭审的案件证据不扎实，不符合法定的证明标准，导致法院“定放两难”。诉讼制度改革确立了“以审判为中心”的理念，目标是实现庭审的决定作用，并通过庭审裁判，将证据裁判规则和无罪判决的压力传导给侦诉机关，倒逼执行证据裁判规则。[①]《监察法》明确规定，监察证据必须符合刑事审判证明标准和要求，可以认为这是将“以审判为中心”落到实处的概括规定。尽管《监察法》明确规定了监察机关应与审判机关、检察机关、执法部门互相配合，互相制约，但实践中仍出现了诸多问题，如对于监察委管辖的职务犯罪案件退回补充调查和自行补充侦查如何处理等。故在推动以审判为中心的改革之中，亟待采取切实措施真正树立和践行以审判为中心以及证据裁判主义理念，赋予检察机关一定的、必要的制约手段和配套措施。

---

① 参见陈卫东：《推进由“侦查中心”向“审判中心”转变的刑事诉讼程序改革》，载《人民论坛》2019 年第 29 期；李建明：《刑事错案预防视野下的刑事司法理念现代化》，载《法治现代化研究》2017 年第 3 期；陈学权：《论侦查终结、提起公诉与审判定罪标准的同一——以审判中心主义为视角》，载《苏州大学学报(哲学社会科学版)》2017 年第 2 期。

## 第三节 退回补充调查的发展向度探寻

透过退回补充调查和自行补充侦查在实际运行中的诸多问题和原因分析,结合监检关系,不难看出,监检之间关于两种补查方式的分工并不明确,在需要补查时检察机关配合监察委多,监察委配合检察机关少,在补查问题上监检之间存在诸多衔接不畅之处,在补查过程中检察机关对监察委制约手段也严重不足。[①] 规则应当符合逻辑地整合进逻辑自洽的体系之中,[②]针对监察委管辖的职务犯罪案件退回补充调查和自行补充侦查实际运行中存在的各种难题,应坚持公正优先并兼顾公平、实体正义和程序正义并重、高效反腐和保障人权并举、相互配合和相互制约并行,完善立法,健全机制,推动监检相恰。

### 一、科学划分退回补充调查和自行补充侦查的界限

根据《监察法》和《刑事诉讼法》的规定,按照文义解释,对于监察委管辖和移送审查起诉的职务犯罪案件,应以退回补充调查为原则,而以自行补充侦查为例外。[③] 至于为什么作出与普通刑事案件退回补充侦查和自行补充侦查任择性立法规定不同的规定,笔者揣测主要有三点理

---

① 参见詹建红、许晏铭:《论监察调查与刑事诉讼程序的衔接》,载《社会科学战线》2019 年第 8 期。

② 参见[美]罗斯科·庞德:《法律与道德》,陈林林译,商务印书馆 2015 年版。

③ 对于普通刑事案件,需要补查的,法律明文规定可退回补充侦查,也可自行补充侦查,对该规定,尽管学界批判较多,但是事实上不得不承认,法条暗含着两者是不分高低的关系。由于立法的高度概括和模糊,普通刑事案件退回补充侦查和自行补充侦查两者各自的范围和情形不明,之间的界限不清,各种问题和弊端接踵而来,尤其是在“也可以”的情况下检察机关几乎一概不予选择自行补充侦查,而作出退回补充侦查决定。这属于老生常谈的话题,也亟待从立法的根本上予以细化和完善,并辅以适当的制度和机制,此处不再赘言。

由：一是监察委具有鲜明的政治性，职务犯罪案件更为敏感，在需要补查取证时，应当保持、满足和体现监察委调查权的专业性、专属性和完整性，所以一般应当退回补充调查；二是为了实现检察机关对监察委的制约，监察委权力极大，如果仍然是任择性规定，监察委可能会借以推诿扯皮，监察体制改革中，没有赋予检察机关对监察委的监督权，如果法律再不赋予检察机关任何制约方式和措施，既不符合宪法和监察法的精神要义，也不利于对职务犯罪案件的公平公正处理，退回补充调查作为现行法律规定的检察机关有限的制约手段之一，弥足珍贵，有必要凸显出来；三是退回补充调查和退回补充侦查存在本质区别，是两个不同的概念，两者之间不能画等号，不存在包含和被包含的关系，退回补充调查也不能划入补充侦查的范畴，这可以从多个角度证成，而其中最为关键的是监察调查是违反党纪政纪调查和职务犯罪调查的综合，职务犯罪补查也应当尊重和恪守此点，只有以退回补充调查为原则，才能保证和满足监察委全面完整调查违法违纪和职务犯罪的需要，换言之，监察委补充调查兼具调查违法违纪和职务犯罪的复合维度，而公安等侦查机关补充侦查只是单纯针对刑事犯罪的单一维度。

尽管如此，退回补充调查应当说是一种万不得已的制度设计，程序返回时，诉讼被推迟，羁押被延长，收集证据有利时机有可能已经失去。然而，为查清事实和真相，有时确实需要像退回补充调查这样的回溯程序机制，但也只能“偶尔为之”。规则决定着是非，有时也会创造是非。[①] 因此，要恪守和保持谦抑、依法、适度，审慎科学地对待退回补充调查，少用慎用退回补充调查，坚决抵制和反对不经济、不合适的退回补充调查。基于上述分析，退回补充调查的适用范围应作一定限制，和自行补充侦查的启动条件、适用范围和具体程序等有一个相对明确和具体的区分，并写入法律或者司法解释，为司法提供科学、合理、实用的指南。笔者认为，退回补

---

① 参见[英]萨达卡特·卡德里：《审判为什么不公正》，杨雄译，新星出版社2014年版。

充调查应当仅限于一些主要犯罪事实和证据的补充核实,详言之,在具备如下五种情形之一时,一般应退回补充调查:(1)主要犯罪事实不清或者证据不充分的;(2)量刑的重要情节有待查明的;(3)罪行或者同案犯罪嫌疑人被遗漏的;[①](4)共同犯罪的情况下,没有查明犯罪嫌疑人的地位和作用的;(5)其他需要退回补充调查的情形,比如审查起诉阶段,被取保候审的犯罪嫌疑人潜逃,需要缉拿归案,这绝对属于"重大事项"。

监察委管辖的职务犯罪案件自行补充侦查的法定条件为"必要时","必要时"并不意味着排斥适用,更不意味着只能像"摆设"一样,一直处于备而不用、废而不用状态。而"必要时"的正确解读应是既不包办代替,也不推卸扯皮。进言之,我们应当树立积极充分和正确合理运用自行补充侦查的理念。然而,无论是新颁布的《监察法》,还是新修改的《刑事诉讼法》,都没有对"必要时"作出必要的解释或列举,也诚如前文所述,新修改的《人民检察院刑事诉讼规则》尽管规定了三种情形,但是仍然十分粗略,不够周全。笔者认为,如下几种情形可以作为自行补充侦查情形的必要注解:(1)简单、个别的非主要证据需要补充核实和完善的;(2)补查取证时间较紧,证据有灭失或者被转移风险的;(3)需要亲自察看现场的;(4)证词或者口供前后存在矛盾,并与其他证据发生冲突的;(5)监检之间在证明标准等方面有较大分歧难以调和的;(6)监察委怠于补充调查,一次退回补充调查无果,二次退回不可能实现补查取证目的的;(7)经过两次退回补充调查,没有达到补查取证目的的;(8)监察委非法收集证据,情节严重,可能需要非法证据排除,由其补充调查显属不合适的;[②](9)其他需要自行补充侦查的,该兜底规定以弥补前述未

① 遗漏罪行包括遗漏可能影响定罪或者量刑的同种数罪和异种数罪,参见聂友伦:《论罪行遗漏的处理模式》,载《中国刑事法杂志》2018年第5期。

② 《人民检察院刑事诉讼规则》第73条规定,非法取证需要排除非法证据的,可以退查或者不起诉,笔者认为该规定有缺陷,至少存在不周延问题,因为退查可能不利于纠正违法行为、弥补证据不足和案件公正处理时,以自行补充侦查更为合适。

尽事宜为趣旨。申言之,本着客观真实和司法公正的立场,在对自行补充侦查的必要性和可行性等指标准确评价基础上,激活自行补充侦查权的内生动力,用好用足自行补充侦查权。

有一个非常具体的实际问题同样值得探讨,即对于监察委管辖的职务犯罪案件审查起诉环节发现可能遗漏罪行或者同案犯的,如何应对和处置。退回监察委补充调查固然有据可查,因为恰恰是参照适用《人民检察院刑事诉讼规则》补充侦查条款三种情形中的第二种情形,而且退回补充调查本身就是原则,同时遗漏罪行或者同案犯属于重大情况。① 但是,也有学者表示反对,他们指出应当补充侦查或者调查的规定有违诉讼法原理,因为遗漏的罪行和同案犯理论上讲都必须重新立案侦查。这有一定的道理。但是从操作层面而言,必须遵守现行规定,否则只能寄希望于修改法律或者司法解释,而且根据现行规定,允许如此操作说明对诉讼效率进行了让步,这也是权力克减的一个体现,此为对立案侦查权或者立案调查权之克减。问题在于:有无其他处理方式和渠道?笔者认为,在审查监察委管辖的职务犯罪案件时发现可能遗漏罪行,事实不清、证据不充分时,在某些特殊情形下,检察机关亦可自行补充侦查,而对于遗漏同案犯,事实和证据都有薄弱和欠缺时,却不适合自行补充侦查,因为在审查监察委管辖和移送的职务犯罪案件时,必须同时遵守《监察法》和《刑事诉讼法》,职务犯罪案件原则上由监察委调查,学界和实务界也普遍认可监察委专门行使对"人"管辖权的观点;②根据《人民检察院刑事诉讼规则》第 356 条,对于普通刑事案件,检察机关发现遗漏罪行或同案犯的,如果犯罪事实清楚,证据确实充分,检察机关可以直接提起公诉,但是,毕竟监察委管辖范围内的职务犯罪案件与普通刑事案

---

① 参见纵博:《监察委员会调查权运行法治化的若干问题探讨》,载《宁夏社会科学》2018 年第 3 期;刘凡、刘鑫、王胜利:《监察机关职务犯罪调查与检察机关诉讼衔接机制研究》,载《皖西学院学报》2018 年第 6 期。

② 参见华小鹏:《监察权运行中的若干重大问题探讨》,载《法学杂志》2019 年第 1 期。

件存在巨大差异，对遗漏罪行可以参照适用，对遗漏同案犯却不适宜径直提起公诉，这也是基于对监察委"对人管辖权"的考虑。

## 二、推动退回补充调查的监检相恰衔接

退回补充调查的规定除了体现检察机关对监察委的制约，也体现了"监检衔接"和"法法衔接"。退回补充调查与监检职能配置及平衡密切相关，也和案件办理程序紧密相连。[1] 若不按照某种合理的形式性方法来对待愿景和问题，必将无法从事科学。[2] 退回补充调查也呼唤我们在监检衔接的问题上多作思考和努力，这同样也是对前文诸多具体衔接问题的回应和关照。

### （一）重视补充调查提纲的作用，增强明确性和操作性

补充调查提纲不能停留在原则性表述上，禁止和杜绝随意性，坚持规范化、细密化和程序化。[3] 应当加强补充调查提纲的引导性和说理性，紧紧围绕证据标准说明案件犯罪事实不清、证据不足之处，使监察委充分认识到退回补充调查的必要性。应当提高补充调查提纲的针对性及可操作性，明确补充调查的理由、目标、方向、方式和要求，避免出现宽泛和抽象的语言，如"××贪污案，请继续补查取证""请补查犯罪主观证据""请补充犯罪客观行为证据""请补充调查犯罪手段证据"等。建议将退回补充调查的有关指标纳入检察机关考核体系，定期和不定期进行抽查检查，适时开展补充调查提纲的评比评优，时机成熟时组织制作补充调查提纲业务竞赛，促进和推动检察人员更加重视和规范适用退回补充调查。

---

① 参见张云霄：《〈监察法〉和〈刑事诉讼法〉衔接探析》，载《法学杂志》2019年第1期。

② 参见[德]施塔姆勒：《现代法学之根本趋势》，姚远译，商务印书馆2016年版。

③ 譬如前文所述，笔者发现有检察官在起草退回补充调查提纲时还写的是"补充侦查提纲"，而非"补充调查提纲"，有失严肃和缜密，需要注意和警惕。

### (二)妥善处理退回补充调查强制措施的衔接

犯罪嫌疑人被逮捕以后,检察机关欲将案件退回至监察委补充调查,此时应当沿用逮捕还是恢复留置,存在较大争议。[①] 有论者主张变回留置,理由是退回监察委补充调查时犯罪嫌疑人又恢复为被调查人,和被调查人匹配的强制措施是留置而非逮捕,同时监察委只有留置权没有羁押权,不可能把犯罪嫌疑人换押给监察委,而由监察委留置为妥。[②] 该观点及其论证不无道理,但是相较而言,笔者认为,继续逮捕更为适宜。一是假如调查阶段留置期限业已用尽,这个时候意欲留置,时间问题将难以克服;二是退回补充调查是对审查起诉的配合,而且只是补充和添加部分犯罪事实和证据,在审查起诉环节不应因为监察委补充调查而变更强制措施;[③]三是法律规定了变更逮捕强制措施的条件和若干情况,退回补充调查不在规定的数种情形之列,此时强制改变逮捕措施将“师出无名”;四是退回留置措施将意味着程序倒流,而沿用逮捕方便快捷,还有助于保障被羁押犯罪嫌疑人的监管安全;[④]五是犯罪嫌疑人继续留在看守所,某种程度上能够比在留置场所得到更充分的权利保障,更助于保障人权。[⑤] 2018 年,国家监察委和最高人民检察院联合发布了《办理职务犯罪案件工作衔接办法》,明确规定了该种情况下应继续沿用原强制措施。虽然不恢复留置,只退案不退人,但是检察机关应将退回监察

---

① 有论者认为,将检察院退回补充调查定位为审查起诉阶段与《刑事诉讼法》主要将退回补充侦查定位为侦查阶段的立法相悖,从法教义学角度来看,退回补充调查定位为监察调查阶段,案件退回补充调查后,应当沿用刑事强制措施以及保障律师的辩护权,同时建立换押制度,完善补充调查之后的程序处理,特别是在看守所设置特定区域执行留置,参见谢小剑:《法教义学视角下退回补充调查的诉讼阶段定位》,载《法律科学(西北政法大学学报)》2023 年第 3 期。

② 参见朱福惠:《论检察机关对监察机关职务犯罪调查的制约》,载《法学评论》2018 年第 3 期。

③ 参见王飞跃:《监察留置适用中的程序问题》,载《法学杂志》2018 年第 5 期。

④ 如果重新回到留置程序,犯罪嫌疑人有可能要回到看守所以外的其他留置场所执行,监察委补充调查完毕后,需要再次履行逮捕程序,将犯罪嫌疑人送回看守所,过程烦琐,不经济也不安全。

⑤ 俞育标:《监检衔接下退回补充调查的应然定位与冲突化解》,载《武汉冶金管理干部学院学报》2023 年第 3 期。

委补充调查的情况告知看守所,在监察委需要讯问时,检察机关应当配合。[①] 当然,无论沿用逮捕还是恢复留置都将折抵刑期。

强制措施的衔接和协调还有一个值得研究的问题,即监察机关移送审查起诉的案件,检察院决定取保候审或者监视居住的,退回监察委补充调查时应采取何种强制措施?针对该问题,应当分两种情况分析:一种情况是如果犯罪嫌疑人能够遵守相关规定,不具有社会危险性的,应当继续沿用取保候审或者监视居住的强制措施;另一种情况是犯罪嫌疑人违反取保候审或者监视居住的相关规定,必须变更强制措施对犯罪嫌疑人严格控制,或者在补充调查中随着监察委的证据完善,发现取保候审或者监视居住已经与其人身危险性和社会危害性不相匹配的,则应当由监察委建议检察院变更强制措施,采取逮捕方式。

(三)建立跟踪和介入补充调查机制

建立检察机关介入监察委调查机制,有助于从源头上减少补查,特别是退回补充调查。而创设检察机关跟踪和介入监察委补充调查机制,对于建构完备的证据体系,减少非法取证行为,并帮助监察机关破解事实、证据、法律适用上的难题同样颇有助益。[②] 在退回补充调查期间,杜绝一退了之,应当加强跟踪问效,实时关注补充调查的进展,围绕存在的问题提出意见建议或者共商解决。对于重大、疑难、复杂、新型等职务犯罪案件,监察委可商请检察机关介入补充调查。[③] 介入的目的和作用是就证据的收集、固定及完善提出建议,就事实认定、证据审查和法律适用提出意见,使得监察委通过补充调查获取的证据既具备证据能力,又具

① 陈国庆:《刑事诉讼法修改与刑事检察工作新发展》,载《国家检察官学院学报》2019 年第 1 期。

② 参见王峣:《"以审判为中心"诉讼制度改革中的侦查工作》,载《法学杂志》2017 年第 2 期;刘伟:《如何实现刑事侦查的法治化》,载《政法论丛》2017 年第 4 期。

③ 参见叶萍、刘洋:《职务犯罪案件退回补充调查问题研究》,载《〈法治实务〉集刊 2023 年第 1 卷——检察工作研究文集》。

备证明力,同时符合证据形式和实质要件。但是如果监察委以人手紧张为由,要求检察人员参与办案,介入补充调查异化为“抽调办案”,值得警觉,此时检察官们就要注意,不得超越自身职责,不得出现在全程录音录像镜头里,不得在讯问或者询问笔录上签字。退回补充调查后,监察委如果超期重新移送甚或不移送,都于法无据。

## 三、正确合理适用自行补充侦查

监察委管辖的职务犯罪案件自行补充侦查之于监检关系,同样兹事体大。一方面,检察机关对于监察委移送案件的证据通过自行补充侦查进行查漏补缺,予以完善臻美,可谓是对监察委的配合,帮助监察委完备证据体系,最终使证据符合、满足审判的证据标准和要求,确保诉得出、判得下。另一方面,检察机关对于监察委移送案件的证据通过自行补充侦查进行检查和审视,对非法证据依法进行排除,对不符合证据标准的事实予以剔除,可谓是对监察委的制约,防止监察委非法证据、不可靠证据被作为合法、可靠证据进入审判环节,倒逼监察委依法规范全面取证,防范冤案错案。故而,应当正确合理使用自行补充侦查,让自行补充侦查恰如其分、恰到好处地发挥积极作用。

从世界范围看,检察机关侦查权较弱的国家都有增强其侦查权的趋势,包括指挥侦查和自行补充侦查。[①] 监察体制改革的大背景下,积极顺应以审判为中心的改革路线,特别是检察机关要摸索建立自行补充侦查机制,在实践基础上专门制定关于监察委移送的职务犯罪案件自行补充侦查的相关意见,对自行补充侦查的目的、原则、范围、条件、程序、措施、非法证据排除、制约和奖惩等方面作出细致、周密的规定。目前的情况是,正如前文指出,自行补充侦查启动的决定和审批主体不明确,也不像

① 参见黄定海、鄢斌、姚怡:《公诉环节自行补充侦查制度的运行障碍与完善——以W市J区检察机关实践情况为视角》,载《人民检察》2018年第5期。

退回补充调查那样有专门的文书。建议在检察机关统一业务软件系统设置自行补充侦查相关文书，由员额检察官决定启动，由分管检察长审批把关。自行补充侦查的决定应告知犯罪嫌疑人，保障其知情权。必须制定自行补充侦查提纲，明确方向、内容、计划、进度、方式、时限等，依照《刑事诉讼法》规定的侦查程序补查取证。[①] 自行补充侦查在案件审查报告中应有体现，包括自行补充侦查的内容、措施、过程、效果、对定罪量刑的影响和作用等方面。

自行补充侦查旨在围绕未查证清楚的具体问题或者次要犯罪事实，调取新证据，排除非法证据，使证据材料符合庭审裁判对证据质和量的要求，提高和确保案件处理质量及效率。自行补充侦查应坚持的原则是：①将自行补充侦查作为退回补充调查的例外和辅助；②自行补充侦查必须具有必要性、经济性、合理性和可操作性；③依法、及时、规范、有效开展自行补充侦查。开展自行补充侦查，主要包括如下五大类手段和措施：一是对证人开展询问，以及讯问犯罪嫌疑人等；[②]二是查询信息，调取书证、物证、监控视频等；三是委托具备鉴定资质的单位进行鉴定；四是恢复和提取电子数据、走访、现场勘验检查、组织辨认、开展侦查实验等；五是查封、扣押或冻结财产等。需要注意的是，检察机关不能够成为搜查、通缉、技术侦查和限制出境的执行主体。[③]

检察机关迫切需要加大引进和培养侦查人才的力度，重视对侦查

---

① 自行补充侦查权是公诉权派生的一项重要权能，本质上属于侦查权范畴，自行补充侦查权和机动侦查权、检察机关对司法工作人员 14 种罪名的侦查权一起成为检察机关得以保留的侦查权所有内容。

② 职务犯罪案件普遍没有被害人，即属于“无被害人的犯罪”，所以鲜有被害人陈述的证据形式。

③ 根据《刑事诉讼法》第 136 条的规定，为了收集犯罪证据、查获犯罪人，侦查人员可以对犯罪嫌疑人以及可能隐藏罪犯或者犯罪证据的人的身体、物品、住处和其他有关的地方进行搜查。根据最高人民检察院和公安部 2020 年联合印发的《关于加强和规范补充侦查工作的指导意见》，人民检察院自行侦查，适用《刑事诉讼法》规定的讯问、询问、勘验、检查、查封、扣押、鉴定等侦查措施，应当遵循法定程序，在法定期限内侦查完毕。

知识的系统学习培训,邀请教授和侦查业务专家把脉开方,讲授侦查学和犯罪心理学等,传授在保证自身安全的前提下怎样有效开展自行侦查,持续提升检察官的侦查能力。充分发挥自行补充侦查典型案例的示范和指导功能,达到触类旁通和举一反三的效果。在转隶中"转人员"的同时,往往并未要求"转资产",充分利用原自侦部门留下的现代化侦查设备。在"智慧检务"建设中考虑自行补充侦查的需要,完善硬件保障,实现科技强侦。[①] 在办理涉及面较广或者跨一定地区职务犯罪案件时,充分利用检察一体优势,在更大范围内调配检察力量。打破封闭化的各自为政,建立联动协作、联席会议和信息共享机制,祛除孤岛现象,注重和监察委、公安机关等单位的交流互动,寻求支持和配合,内部依靠技术和法警等部门力量,打造和形成自行补充侦查的强大合力。

申言之,自行补充侦查有关范畴的逻辑关系,一是监察委管辖的职务犯罪自行补充侦查和普通刑事犯罪自行补充侦查之间的关系,前者属于补充的侦查,原因是监察委管辖的职务犯罪案件不存在独立的侦查程序,后者属于对侦查的补充,是对审查起诉前侦查活动的弥补和完善。二是直接调取证据材料,其通常是指审查起诉中,发出调取证据材料通知书,即时调取一般性资料,性质上一般不属于侦查或者调查活动,如有关留置的文书没有附卷情况下可以直接补充调取。[②] 而且,在审查起诉期间商请监察委调查和提供某份证据,也应归为直接调取证据材料,比如请求监察委补充询问证人,此时询问主体仍然是监察委。直接调取证据材料能够较好地兼顾公平和效率,迅捷高效查明案件事实,应当提倡最为优先适用。三是主罪主证复核,往往是通过开展讯问或者询问进行证据复核,以核实口供、证言等,获取的谈话材料内容不是"从无到有",

---

① 参见朱孝清:《检察机关如何行使好保留的职务犯罪侦查权》,载《中国刑事法杂志》2019 年第 1 期。

② 再如,证据材料存在少量书写不够规范、错填漏填,容易立即补正;诉讼文书有瑕疵,需要进行必要的修改或者补充;违反法律程序但是程度较为轻微,可以通过补正或者说明弥补;等等。

而是“从有到有”。主罪主证复核如果可能突破一般的“从有到有”，实现“从有到新”，获得新的言词证据，此时同时应将其认定为自行补充侦查。

## 第七章

# 补充侦查权的重要维度之三：自行补充侦查①

监察体制改革背景下自行补充侦查是一个热点、重点、难点、争点问题，而职务犯罪案件自行补充侦查将来也有可能成为检察业务的又一个亮点。某种程度上，下文诸多内容可以说是检察机关的理解和实践、创新和探索，笔者作为项目负责人主持或者执笔了几个课题，其中就包括对自行补充侦查的研究和探讨，诚然，理解也不一定准确，思考还不是很成熟，权作为抛砖引玉、求教于方家。笔者拟围绕引言、自行补充侦查相关范畴的属性、相关法律规定、优势劣势、合理区分和监检衔接等六

---

① 本章内容的基础为发表于《西南政法大学学报》2019 年第 3 期的《监察体制改革背景下自行补充侦查和退回补充调查关系论纲》一文，作者是陈小炜、吴高飞，融入本书时笔者进行了部分修改、完善和调整。同时，本章也是 2018 年度最高人民检察院检察理论研究立项课题“监察体制改革背景下的补充侦查实证问题研究”和 2019 年度江苏省人民检察院检察理论研究立项课题“监察体制改革背景下的补充侦查实证问题研究”的阶段性成果，课题负责人均为李宁。另外，应江苏省检察官学院邀请，为江苏省检察机关业务骨干讲授“监察体制改革背景下自行补充侦查问题研究”课程。

大部分和大家进行探讨。[①] 换言之,笔者将针对实践、理论、立法、价值、应然、必然等六个方面进行论述。

## 第一节　楔子:两个职务犯罪自行补充侦查案例

**案例一**:2018 年 2 月,监察委将陆某涉嫌受贿案移送检察院审查起诉,检察院经审查发现缺少一份证明谋利的书证,同时部分赃款赃物未被扣押冻结,检察院决定不采取退回补充调查,启动自行补充侦查,调取了书证,对有关赃款赃物进行了扣押冻结。

**案例二**:2018 年 9 月,监察委将张某、祖某涉嫌贪污苗木补偿款案移送检察院审查起诉,检察院经审查发现本案可能遗漏其他贪污事实,于是启动自行补充侦查,通过讯问犯罪嫌疑人、调取协议书、收据等书证的方式补充了相关证据,最终对两人分别追加了 20 多万元和 4 万多元的犯罪金额。[②]

这两个案例看似简单,实际上涉及很多值得探讨的问题,比如,自行补充侦查和退回补充侦查、退回补充调查是什么关系;自行补充侦查的范围和条件是什么;自行补充侦查的手段和措施有哪些;自行补充侦查和证据复核、补充调取证据材料如何区分;等等,都值得我们深入思考和研究。

---

① "监检衔接"是监察程序和检察程序衔接的缩写和简称,而"法法衔接"是指监察法和刑事诉讼法的衔接、协调。新修改的《刑事诉讼法》为了程序分离需要,修改了侦查的概念,并在监视居住、会见、技术侦查相关规定中删除了"贪污贿赂案件",而增加的退回补充调查和强制措施的对接却体现了程序衔接。

② 需要说明的是,曾与监察委多次沟通该案,达成一致意见,由检察机关补查有关证据,增加有关事实。

## 第二节　自行补充侦查相关范畴的属性甄别

### 一、背景和前提：补充侦查格局的“变”与“不变”

众所周知，检察院反贪、反渎等部门转隶之前，补充侦查包括退回补充侦查和自行补充侦查。然而，随着转隶的完成，尤其是《监察法》的出台和《刑事诉讼法》的修正，补充侦查的格局、结构、内涵、外延还有相关表述都发生了变化和调整。主要体现在三个方面，一是审查逮捕阶段，对于普通刑事案件，检察院不批准逮捕的，不论转隶前还是转隶后，都可以通知公安机关补充侦查，但是，转隶后，监察委管辖的职务犯罪案件检察院决定不逮捕的，则不存在通知监察委补充调查的情况，作此判断的依据是新修改的《刑事诉讼法》第170条。[①] 关于涉及的具体条文内容，下文还会介绍和进一步解读。二是审查起诉阶段，转隶以前，职务犯罪案件侦查管辖权属于检察院，退回补充侦查和自行补充侦查都框定在检察院内部，只是分别归属自侦部门和公诉部门，转隶以后，监察委移送审查起诉的职务犯罪案件，在需要补充核实时，自行补充侦查仍然归属于检察院，但是如果退查，则跨单位转到了监察委，而且这里的退查表述也不再是“退回补充侦查”，而替换为“退回监察机关补充调查”。三是审查起诉阶段，因为根据新修改的《刑事诉讼法》，对司法工作人员14种罪名的职务犯罪侦查权原则上仍然保留在检察院，所以，相对应的退回补充侦查和自行补充侦查还是限于检察院内部，但是，根据顶层设计和相关制度安排，退回补充侦查职能已经转到刑事执行检察部门。

---

① 根据该条规定，对于监察机关移送审查起诉的已采取留置措施的案件，检察院应当对犯罪嫌疑人先行拘留，并在拘留后最迟14日内作出是否逮捕的决定，弦外之音就是，对于监察机关移送的职务犯罪案件审查逮捕，不可以通知补充调查。同时需要指出，“通知公安机关补充侦查”其实并不准确，因为侦查并未终结，“补充侦查”改为“继续侦查”更为妥当。

没有变动的是审判环节相关规定，因为根据《刑事诉讼法》，在审判阶段，检察院需要补充侦查，提出延期审理建议的，可以延期审理。也就是说，在审判阶段，无论是职务犯罪案件还是非职务犯罪案件，都毫无二致地仍然由检察院负责补充侦查。[①] 展言之，法院有时不经过审查，直接作出延期审理决定，法检之间制约不足，审判机关的中立性遭受侵蚀。犯罪嫌疑人只能听之任之，无法实现有效对抗和自我保护。这破坏了控辩平等，搁置了无罪判决，影响了司法公正。尽管辩护律师有调取证据权，但是相关规定比较严格，具体操作中处于相对弱势地位，控辩审“三角构架”呈现扭曲状态。刑事诉讼包括控诉、辩护和审判三大职能，奉行审判中立、控审分离和控辩平等三大理念。[②] 于是乎，对审判阶段允许补充侦查的质疑声此起彼伏。另外，补充侦查常常沦为“借时间”的工具，也颇受诟病，在审判阶段也不例外，案件不能及时审结，法院就会和检察院商量通过补充侦查以及延期审理来“借时间”，而不良后果是羁押期限大大延长，严重侵犯人权。针对这些问题，学界呼吁取消或者禁止审判阶段使用补充侦查，或者短期内至少赋予被告人补充侦查启动申请权、异议权，不无道理。

## 二、自行补充侦查和退回补充调查的属性差异：“侦查”和“调查”的博弈

监察体制改革和《刑事诉讼法》修改背景下，退回补充侦查和自行补充侦查仍然属于补充侦查范畴没有争议，问题是调查是不是侦查？退回

---

① 二审阶段能否补充侦查，学界存在争议，某种意义上，“各种说各有理”，具体参见郑永生、周红亚、魏韧思：《改革背景下检察机关补充侦查权的行使与完善》，载《犯罪研究》2019 年第 3 期；吴宏耀、范仲瑾：《检察机关补充侦查权的规范化运用》，载《人民检察》2018 年第 14 期。该争议最终还需要制度予以明晰。笔者建议明确规定不能在二审适用，如果二审事实不清、证据不足，则可以发回重审，重新回归到一审程序。

② 参见刘计划：《以审判为中心刑事诉讼制度改革中的几个认识问题》，载《苏州大学学报（哲学社会科学版）》2017 年第 1 期。

补充调查能否归入补充侦查？学术界有较大的分歧，陈光中、陈瑞华、陈卫东、熊秋红、秦前红、朱孝清、卞建林、刘艳红、左卫明、姚建龙、褚福民、魏晓娜等名家大家都加入到了论战中，在知网上可以搜到他们的相关文章。关于这次论战，说争得面红耳赤一点都不为过。但是，目前官方已经有了定论，定论就是调查不能等同于侦查，退回补充调查不能理解为广义的补充侦查，具体可以参见《〈中华人民共和国监察法〉释义》等权威部门的书籍和文件。调查和侦查存在本质区别，补充侦查和退回补充调查是两个不同的概念，互相不存在性质相同或者包容与被包容关系，否则，新修改的《刑事诉讼法》就不会在第170条第1款以“退回监察机关补充调查”替代“退回补充侦查”。[①] 具体而言，至少有如下四点理由可以作为支撑：一是从调查权角度看，它是政务调查权、刑事司法权甚至包括党纪调查权的“化学融合”，而非“物理相加”，调查权整体统一于监察属性，应当以整体性视角看待调查权，不能将本为一体的监察调查程序人为拆分成行政违法调查程序和刑事犯罪调查程序两部分，否则就违背了监察机关统一行使监察调查权的制度设计初衷。[②] 二是从立案角度看，调查立案和侦查立案也有较大区别，调查立案首先需要在监察机关内部走完七次审批的程序，然后还要经历外部审批程序，即报同级党委主要负责人批准，[③]调查立案也体现和折射出明显的政治考量以及监察委、监察调查程序的政治属性。三是从程序的角度看，监察委调查活动独立于《刑事诉讼法》，调查和侦查具体程序之间也有较大差异，调查程序总体更加严格，比如侦查只有在可能判处无期或者死刑时才必须同步录音录像，而监察调查所有讯问都必须全程录音录像，并且全程录音录

---

① 参见中共中央纪律检查委员会法规室、中华人民共和国国家监察委员会法规室编写：《〈中华人民共和国监察法〉释义》，中国方正出版社2018年版，第63页。

② 参见叶青、程衍：《关于独立监察程序的若干问题思考》，载《法学论坛》2019年第1期。

③ 参见中共中央纪律检查委员会法规室、中华人民共和国国家监察委员会法规室编写：《〈中华人民共和国监察法〉释义》，中国方正出版社2018年版，第187页。

像的“规定动作”扩大到搜查、查封、扣押等，再比如调查环节律师不得介入，也是由于监察委调查活动独立于《刑事诉讼法》，《监察法》和《刑事诉讼法》之间不存在从属关系，而且一套具有自身特质和自成体系的职务违法犯罪追诉体系正在形成。[①] 四是两者的侧重点不同，调查侧重源头控制和过程预防，强调关怀和感化，表现为常态化，侦查关注后期追责，注重查清犯罪事实，呈现特殊化。一言以蔽之，“调查”和“侦查”应当区别对待，不能混为一谈。所以，在现今语境下，补充侦查只包括退回补充侦查和自行补充侦查，不包括退回补充调查，换句话说，不应当将退回补充调查认为是广义的退回补充侦查，不能够将退回补充调查归入补充侦查范畴，而退回补充侦查仅仅包括退回公安等侦查机关以及检察院刑事执行检察部门进行补查取证。

全面理解和准确把握职务犯罪案件自行补充侦查以及退回补充调查性质，是深入辨析自行补充侦查相关问题的逻辑起点和理论基础。首先，自行补充侦查和退回补充调查都是检察权能，都必须由检察院作出决定才能启动，其他任何单位不得染指。其次，自行补充侦查权属于一项重要公诉权能没有争议，进一步追问，性质是审查起诉权还是侦查权，则有所争论，比如有观点认为自行补充侦查权是侦查性权力而非侦查权，也有观点认为仅仅是审查起诉权的自然延伸。[②] 笔者认为是侦查权，[③]因为侦查的本质特征就是收集和固定证据，而自行补充侦查获取的证据几乎囊括了所有证据形式，自行补充侦查采取的侦查手段和措施也几乎囊括了公安等侦查机关可以采取的所有侦查方式。而审查起诉主要是审查案卷，不会凭空增减案件重要事实和证据。只不过，自行补充

---

① 参见卞建林：《配合与制约：监察调查与刑事诉讼的衔接》，载《法商研究》2019 年第 1 期。

② 有论者认为，自行补充侦查权是公诉权和法律监督权的必然延伸，参见沈善文等：《提升职务犯罪案件自行补充侦查工作成效的思考》，载《中国检察官》2023 年第 23 期。

③ 大家不一定认同笔者的观点，笔者的观点也不一定准确，但是笔者希望给大家提供一种思考角度、一种思维方式，目的是抛砖引玉。

侦查缺乏传统侦查所具有的主动立案权,是一种不完整和非典型的侦查权。① 进一步而言,虽然检察院职务犯罪侦查部门已经转隶,但是侦查权并没有消失殆尽,自行补充侦查权就是很好的证明,自行补充侦查权、机动侦查权,以及新《刑事诉讼法》规定的对司法人员利用职权实施的非法拘禁、非法搜查、刑讯逼供等 14 种罪名的侦查,一道成为检察院保留的侦查权全部内容。② 而且,放眼全球,检察院侦查权偏弱的国家开始加强检察院刑事侦查权,两大法系国家都有相同的趋势,而域外加强检察院刑事侦查权的方式,主要包括赋予自行补充侦查权和指挥警察侦查权这么两种。③ 最后,论及退回补充调查,诚如前文所述,调查和侦查不能混为一谈,监察机关补充调查行使的自然是调查权,而非侦查权。④ 申言之,尽管转隶之前,为数众多的学者认为监察机关调查权兼具行政权和侦查权属性,但是,转隶以后,伴随着有关法律的出台和修改,监察机关、监察程序及调查权的独立性已被正式确认,只是学界纷争似乎并没有完全平息。⑤ 同时,值得指出的是,对于公安等侦查机关从事和执行的退回补充侦查,属于原侦查基础上的二次侦查,归于侦查权范畴没有争议。

---

① 参见王小光、米卿:《完善检察机关自行补充侦查制度的思考》,载《河南财经政法大学学报》2018 年第 6 期。

② 根据《刑事诉讼法》第 19 条规定,公安机关管辖的国家机关工作人员利用职权实施的重大犯罪案件的侦查权,一定条件下属于检察机关,学界称为机动侦查权,这也成为保留检察机关有限侦查权的重要“选项”。

③ 参见黄定海、鄢斌、姚怡:《公诉环节自行补充侦查制度的运行障碍与完善——以 W 市 J 区检察机关实践情况为视角》,载《人民检察》2018 年第 5 期。

④ 参见魏昌东:《国家监察委员会改革方案之辨正:属性、职能与职责定位》,载《法学》2017 年第 3 期。

⑤ 参见陈瑞华:《论国家监察权的性质》,载《比较法研究》2019 年第 1 期;洪浩:《刑事诉讼视域下的国家监察机关:定位、性质及其权力配置》,载《法学论坛》2019 年第 1 期。

## 第三节　自行补充侦查相关规定的梳理和解读

### 一、审查逮捕阶段的有关规定

根据《刑事诉讼法》第 90 条规定,检察院对于公安机关提请批准逮捕的案件进行审查后,如果不批准逮捕的,应当说明理由,需要补充侦查的,应当同时通知公安机关。

《刑事诉讼法》第 170 条第 2 款规定,对于监察委移送审查起诉的已采取留置措施的案件,检察院应当对犯罪嫌疑人先行拘留,并在拘留后最迟 14 日内作出是否逮捕的决定。

笔者的解读是:公安机关提请逮捕案件只能通知补充侦查,[①]不能自行补充侦查,而且没有时间和次数限制。而《刑事诉讼法》第 170 条第 2 款的弦外之音就是,对于监察委移送职务犯罪案件的审查逮捕,不存在通知补充调查这种情况。

### 二、审查起诉阶段的有关规定

根据《刑事诉讼法》第 170 条第 1 款和《监察法》第 47 条第 3 款的规定,检察院对于监察委移送起诉的案件,经审查,认为需要补充核实的,应当退回监察机关补充调查,必要时可以自行补充侦查。

根据《刑事诉讼法》第 175 条第 2 款的规定,检察院审查案件,对于需要补充侦查的,可以退回公安机关补充侦查,也可以自行补充侦查。

笔者的解读是:职务犯罪案件和非职务犯罪案件在审查起诉阶段,都是既可以退查,也可以自行补充侦查,退查均限二次,每次限一个月。

---

① 诚如前文所述,"通知补充侦查"其实并不准确,因为侦查并未终结,"补充侦查"改为"继续侦查"更为妥当。

只是，职务犯罪案件自行补充侦查的前提是“必要时”，而非职务犯罪案件相关表述是“也可以”，两种措辞程度上有较大差异。另外，自行补充侦查是在审查起诉期限内完成，没有另外单独的一个月去专门自行补充侦查。

### 三、庭审阶段的有关规定

根据《刑事诉讼法》第 204 条和第 205 条的规定，检察院发现提起公诉的案件需要补充侦查，提出建议的，法院可以延期审理，检察院应当在一个月内补充侦查完毕。

笔者的解读是：庭审阶段，补充侦查仅限于检察院自行从事补充侦查，而检察院不再退回监察委或者侦查机关，只是必要时，可以商请监察委支持，或者要求公安等侦查机关提供协助，[①]该阶段补充侦查也限两次。

根据 2021 年最高人民法院颁布的《关于适用〈中华人民共和国刑事诉讼法〉的解释》第 274 条第 1 款，审判期间，公诉人发现案件需要补充侦查，建议延期审理的，合议庭可以同意，但建议延期审理不得超过两次。

笔者的解读是，与 2012 年最高人民法院颁布的《关于适用〈中华人民共和国刑事诉讼法〉的解释》第 223 条第 1 款相比较，措辞由“应当同意”变为“可以同意”，意味着合议庭可以同意、也可以不同意，某种意义上反映了司法理念的更新，也说明最高人民法院对庭审阶段补充侦查的弊端已经有了较为深刻的认识。

---

① 可以要求提供协助的依据是《人民检察院刑事诉讼规则》第 422 条第 1 款，但是，司法实践中常常异化为直接交由公安机关补充侦查，结合庭审阶段补充侦查违背抗辩平衡原则以及存在侦查权僭越审判权的嫌疑等方面，有学者建议废除庭审阶段补充侦查，以人民法院庭外调查取而代之，参见韩旭：《庭审阶段补充侦查制度合理性省思——以审判中心主义为背景》，载《法商研究》2022 年第 1 期。

### 四、《人民检察院刑事诉讼规则》有关规定

根据《人民检察院刑事诉讼规则》第 342 条，人民检察院认为犯罪事实不清、证据不足或者存在遗漏罪行、遗漏同案犯罪嫌疑人等情形需要补充侦查的，应当制作补充侦查提纲，连同案卷材料一并退回公安机关补充侦查。人民检察院也可以自行侦查，必要时可以要求公安机关提供协助。根据该规则第 343 条的规定，人民检察院对于监察机关移送起诉的案件，认为需要补充调查的，应当退回监察机关补充调查。必要时，可以自行补充侦查。

笔者的解读是：《人民检察院刑事诉讼规则》仅规定了启动补充侦查的三种情形：一是事实不清、证据不足，二是遗漏罪行或者同案犯，三是其他情形；而对职务犯罪补查取证条件没有另行作出规定。笔者认为职务犯罪案件的补充核实可以参照适用普通刑事案件补充侦查的规定。进一步而言，三种情形的表述都十分笼统，没有具体化、明确化。尤其是第三种情形，即“其他情形”，明显属于一个弹性和兜底条款，无形之中加剧了模糊性和不确定性，容易助长异化适用现象的发生。

## 第四节　自行补充侦查和退回补充调查的优劣比较

在监察体制改革背景下，将职务犯罪案件自行补充侦查和退回补充调查进行比较和权衡，分析利弊，分别有哪些功和过，哪些得和失，有利于明确自行补充侦查和退回补充调查之间的区分和界限，也有利于把握自行补充侦查的努力方向和发展向度。

### 一、职务犯罪案件自行补充侦查是一个全新课题

2017 年最火的电视剧非《人民的名义》莫属，这部剧的热播使大家

对检察院的职能和办案流程有了更多、更深的了解。故事开篇，最高人民检察院反贪污贿赂总局侦查处处长侯亮平对部委某处处长陈德汉三次搜查，体现了检察院拥有一定的侦查权。随着反贪、反渎等部门转隶的完成，检察院职务犯罪自侦权几乎丧失殆尽，但是这并不代表检察院从此不再拥有侦查权。目前根据相关法律和顶层制度设计，检察院拥有三个方面的侦查权，前面笔者已有提及，此处再扩展介绍一下。一是对司法人员 14 种罪名的侦查权[①]，这在新修改的《刑事诉讼法》中能够觅得踪迹，也是最高人民检察院争取过来的，来之不易，应当倍加珍惜；二是机动侦查权，原《刑事诉讼法》规定在第 18 条，新修改的《刑事诉讼法》中变成了第 19 条，内容也有调整，具体表述是：对于公安机关管辖的国家机关工作人员利用职权实施的其他重大犯罪案件，需要由检察院直接受理的时候，经省级以上检察院决定，可以由检察院立案侦查，调整的内容体现在限定为公安机关管辖的有关案件，也就是说，不包括监察委管辖的有关案件；三是自行补充侦查权，换言之，检察院对于包括职务犯罪案件在内的所有刑事案件都有一定的侦查权，通过自行补充侦查权的行使，也能够维护和彰显"人民的名义"！

转隶前，职务犯罪案件退回补充侦查和自行补充侦查混同现象严重，因为原先职务犯罪侦查部门和公诉部门一样归属于检察院，所以，自行补充侦查在以往并不多，或者说公开宣传的案例很少，甚至找不到。自行补充侦查取得的"成果"是因为本单位自侦部门侦查不力，所以鲜见公开宣传报道。

转隶后，职务犯罪案件自行补充侦查受到空前重视，同时面临前所未有的机遇和挑战。面对监察委这样一个政治机关和专责机关，其案件移送过来，如果有问题，如果事实不清、证据不足，如果有非法取证、刑讯逼供，如果遗漏罪行或者同案犯，是不是退回监察委补充调查？有没有

① 学术界和实务界也有概括称之为专属侦查权的，这不够准确，只能说原则上由检察院管辖。

这个决心和勇气?即便退回了,监察委能否按照检察机关的要求补充调查,也是两说。这个时候自行补充侦查就发挥作用了,不仅可以避开退回监察委补充调查,同时也能解决退回补充调查解决不了的一些问题。转隶后,截至2019年12月,笔者所在地级市两级检察院职务犯罪案件自行补充侦查较少,为两位数,退回补充调查为个位数,就是明证。

## 二、职务犯罪案件自行补充侦查取得的实际效果

伴随着自侦部门的转隶,检察院职务犯罪案件侦查权几近丧失的同时,曾经有过职务犯罪案件自行补充侦查权也将一并失去的担忧和纷争。尘埃落定,自行补充侦查在监察体制改革和《刑事诉讼法》修改中,并没有被“连根拔起”。那么,在实践中,职务犯罪案件自行补充侦查权发挥了哪些作用,取得了哪些成效呢?客观情况是,至少没有像普通刑事案件自行补充侦查那样,没有呈现虚化、异化现象。笔者也做了一些调研,梳理总结出如下几类显著效果。[①]

第一,自行补充侦查较为迅捷地补强了证据,避免了程序回流和诉讼迟延。[②] 比如A市监察委移送的张某挪用公款购买理财产品案,检察院承办人审查发现张某曾经受过行政拘留处罚,但是案件卷宗中没有相关材料,于是启动自行补充侦查,直接向公安部门调取,一份简单易得的书证未因此退回补充调查,未影响和耽误诉讼进程。再如B市监察委移送的吴某玩忽职守案,犯罪嫌疑人吴某审批不严,导致严重后果发生,该案缺少有关证明主体身份的证据,检察官自行向有关组织部门调取。C市检察院在审查起诉期间通过讯问,了解到犯罪嫌疑人谢某记载受贿情况的日记本放在办公室橱柜里,于是自行向谢某所在单位调取。A市检

---

① 参见陈小炜:《监检关系视野下退回补充调查与自行补充侦查》,载《北方法学》2020年第6期。

② 参见沈善文等:《提升职务犯罪案件自行补充侦查工作成效的思考》,载《中国检察官》2023年第23期。

察院调取户籍证明、D 市检察院向犯罪嫌疑人原单位调取证明谋利的书证等，情况都基本相同。

第二，自行补充侦查立竿见影，防范了证据的灭失。比如 C 市监察委办理的李某受贿案，行贿人和其朋友均证实在某银行向李某行贿，李某拒不承认当月曾经去过该银行，检察院果断启动自行补充侦查，向银行调取了监控录像，推翻了李某的不实口供，该份证据也因为调取及时而没有发生被覆盖进而无法获得的不良后果。D 市检察院调取行车记录仪录像，效果基本类似。而 A 市检察院通过自行补充侦查，迅速查封、扣押、冻结涉案财物，避免了犯罪嫌疑人赃款赃物被转移的风险。

第三，在监察委和检察院存在认识分歧时，自行补充侦查防止了一次退回补充调查甚至二次退回补充调查的无功而返，坐实和补足了相关证据。比如 C 市监察委将崔某涉嫌受贿和滥用职权案移送审查起诉，检察院经审查发现本案可能遗漏其他受贿事实，经联系和沟通，监察委认为不可能获取充足证据，不应当认定。于是检察院启动自行补充侦查，通过讯问犯罪嫌疑人、辅以调取有关书证的方式补充了相关证据，对崔某追加了十几万元的犯罪金额，最终获得法院判决支持。A 市检察院因为和监察委在证据标准上有分歧，遂开展自行补充侦查，达到预期效果。

第四，开展询问和讯问，获取了新的言词证据，犯罪嫌疑人翻供企图和侥幸心理化为泡影。① D 市监察委移送的杨某受贿案，杨某在调查阶段如实供述，供认不讳，但是在审查起诉环节开始翻供，杨某爱人何某作为证人，在监察委调查阶段，一直矢口否认和拒绝证明杨某受贿事实。检察院开展自行补充侦查，对何某释法说理，动之以情，晓之以理，何某被感化，翔实交代了其知晓的杨某所有犯罪事实。杨某的企图不攻自破，之后，开始重新承认受贿属实，对受贿的前因后果、来龙去脉如实供

---

① 参见兰跃军、张跃：《检察机关自行补充侦查权的实施困境及纾解——兼论检察侦查权改革》，载《犯罪研究》2024 年第 1 期。

述,积极配合司法机关,认罪态度也较好。

## 三、自行补充侦查的优势

基于理论分析和实践考察,与职务犯罪案件退回补充调查作比较,不难发现自行补充侦查有其优点和所长,主要体现在以下六个方面。

其一,补充完善证据速度会更快,效率会更高。自行补充侦查需要在审查起诉期限内完成,没有另外一个月的期限去专门用于补查取证活动,也不会发生审查起诉期限重新计算的问题,有助于加快诉讼进程,有效防范了超期羁押,保护了人权。对于容易消失或者可能被转移的证据,自行补充侦查能够满足紧迫性要求,避免证据时过境迁,不复存在,降低证据灭失和失而不得的风险。同时职务犯罪是白领犯罪,是高智商犯罪,职务犯罪案件犯罪嫌疑人往往曾经身居要位,人脉较广,在证据体系有漏洞和薄弱时,如果不能快速完成补查取证,随着时间推移,犯罪嫌疑人侥幸心理和对抗能力都会增长,案件受到说情和不当干预的可能性也会增大,从这个角度看,自行补充侦查的迅速快捷优势也能够发挥作用。

其二,方向更为明确,针对性更强。案件承办人往往对证据体系有更加明确的认识,对于需要补充核实的内容和方向更加清晰。自行补充侦查和审查起诉同步进行,自行补充侦查随时为审查起诉提供原料和素材,推动审查起诉向纵深挺进,审查起诉也随时为自行补充侦查指明方向和目标,自行补充侦查能够有的放矢,稳扎稳打。完备的证据体系得以建构,环环相扣、无懈可击的证据链得以形成,不仅能够加强审前主导和过滤作用,还有助于实现诉中主导,对案件的重点、争点、焦点和难点问题有更好的把握,排除合理怀疑,得出唯一结论,便于在法庭掌握主动权,驾驭庭审现场,践行以审判为中心,确保案件诉得出、判得下。而诉中主导,是最高人民检察院主要领导在多次讲话中特别强调的。职务犯罪案件往往影响力较大,关注度高,检察院自行补充侦查的直接效果,乃至对审判的助力和效果，对检察形象和司法公信力的提升大有裨益。

其三，更能够形成心证，更有助于增强内心确信。职务犯罪案件更多依靠言词证据，言词证据容易受到调查主体、调查方式、调查环境的影响，被调查人基本权利容易被侵犯，进而容易造成虚假供述乃至冤案。监察委调查程序封闭性、强制力和行政色彩都非同一般，在律师和司法机关都无法介入的情况下，证据"三性"容易招致怀疑。[①] 想要补充言词证据，可以通过询问或者讯问，开展自行补充侦查，而职务犯罪案件一般不存在被害人，所以获取的证据通常只包含犯罪嫌疑人供述和证人证言。采取询问或者讯问方式进行自行补充侦查，通过面对面交流，观察谈话对象言谈举止，捕捉细微表情变化，对口供和证言的自愿性、真实性、合法性有更准确的判断，能够增强亲历性，形成内心确信，也有助于检察人员把控案件发展态势。由于调查的不公开性和封闭性，加之言词证据的变化多端性，所以，"纸上的未必是真实的"。如果监察委"炒错菜"或者"端错饭"，退回补充调查的话，不利于检察院及时发现和纠正，将会对构建证据体系产生不良后果甚至毁灭性后果。

其四，在非法证据排除方面，也更为有效。如果监察委可能是通过刑讯逼供非法取证的，就需要非法证据排除。但是，毕竟现有所有证据材料来源于监察委，倘若退回补充调查，无异于自证其错，效果必然不会好。在以审判为中心的诉讼制度改革背景下，检察院为了让自己审查起诉和提起公诉的案件符合庭审的证据标准和要求，同时基于自身地位的相对中立和超然，必然会认真审查案件，在产生可能非法取证的合理怀疑时，态度和决心自然要比监察委坚定坚决一些、干脆利落一些，也豁然洒脱一些，而自行补充侦查就是非法证据排除的有力抓手和有效手段。而且，检察院借助自行补充侦查弄清到底是否存在非法取证比退回监察

---

① 参见张中：《论监察案件的证据标准——以刑事诉讼证据为参照》，载《比较法研究》2019年第1期。

机关补充调查,更能够让当事人和社会接受、认可和信服。更进一步讲,检察院依法进行非法证据排除,可以倒逼监察机关依法规范取证,减少和避免非法取证,特别是减少和避免刑讯逼供引发的灾难性后果。

其五,某种意义上,自行补充侦查是制约监察委办理职务犯罪案件更为重要的手段。诚如孟德斯鸠所言,但凡有权力的人,都有滥用权力的倾向,不用到淋漓尽致绝不善罢甘休。[①] 监察委是一个“超级权力机构”,更加需要监督和制约,否则自身也容易产生腐败。退回监察机关补充调查也属于一种制约方式,但是制约的广度、深度和力度恐怕不如自行补充侦查,前文笔者所论及的非法证据排除方面就是适例。[②] 监察委调查环节,律师无权介入,如果退回监察机关补充调查,犯罪嫌疑人能否获得法律帮助法律没有规定,但是按照推理,律师介入也几乎没有可能,而检察院自行补充侦查相对透明和公正,相对客观和中立。自行补充侦查除了补充完善有罪、罪重的证据,也补充完善罪轻、无罪的证据,而让监察机关补充罪轻尤其是无罪证据难上加难。[③] 亦如前文所言,在监察机关怠于补充调查时,检察院自行补充侦查能够登场,起到补缺作用,弥补证据体系不足,做到不枉不纵,绝不让正义缺席。

其六,检察院对职务犯罪自行补充侦查权高度重视,态度自觉,也是一大优势。随着检察院内设机构改革的推进,最高人民检察院、省级检察院、地市级检察院相继成立专门的职务犯罪检察部门,县级检察院也至少成立了职务犯罪办案组。检察机关将对职务犯罪案件更加精耕细作,更加专业化和规范化办理职务犯罪案件。自行补充侦查也一转过去被检察机关冷落、排斥的地位,在职务犯罪案件办理中开始受到垂青和青睐。相应地,自

---

① 参见[法]孟德斯鸠:《论法的精神》(上册),许明龙译,商务印书馆2012年版,第166页。

② 参见任磊、刘安学、郭丽红:《审查起诉阶段自行补充侦查机制之完善》,载《人民检察》2024年第11期。

③ 参见兰跃军、张跃:《检察机关自行补充侦查权的实施困境及纾解——兼论检察侦查权改革》,载《犯罪研究》2024年第1期。

行补充侦查在职务犯罪审查起诉中的优势和作用也更加凸显。积极充分、正确合理地运用自行补充侦查,有时比退回补充调查更富有成效,更加有意义。在惩治职务犯罪中同时承担自行补充侦查职责,是检察院责任和使命之所在,也是赋予检察院维护公平正义的一把利剑。

## 四、自行补充侦查的劣势

根据理论和实践的双重考量,职务犯罪案件自行补充侦查和退回补充调查相比较,缺陷和不足也是显而易见的,至少包括如下内容。①

第一,自行补充侦查适用序位和优先性不及退回补充调查。②《监察法》和《刑事诉讼法》都明确规定,监察委移送的职务犯罪案件,检察院经审查,认为需要补充核实的,"应当"退回补充调查,只有在"必要时"才"可以"自行补充侦查。职务犯罪案件自行补充侦查在法律上的地位似乎"矮了一截",法律上的排序和实务中作选择时,应当坚持退回补充调查为主的、为优先的原则,而自行补充侦查只能作为一个例外,主要针对一些个别、简单、相对次要的事实和证据。换句话说,"退回补充调查"与"自行补充侦查"是有先后顺序的,考虑到监察委移送的案件政治性强,比较敏感,检察院审查后认为需要补充证据的,一般应当先退回监察委进行补充调查。③

第二,自行补充侦查可以利用的有效时间,没有退回补充调查充裕。前面,笔者谈了自行补充侦查必须在审查起诉期内完成,不另外占用专

---

① 参见陈小炜、吴高飞:《监察体制改革背景下自行补充侦查和退回补充调查关系论纲》,载《西南政法大学学报》2019 年第 3 期。

② 而对于一般刑事案件,需要补充侦查的,法律规定既可以退回补充侦查,也可以自行补充侦查,对此规定,尽管学界批判较多,但是事实上不得不承认,根据文义解释的原理,暗含着两者是并列平等的关系。

③ 参见中共中央纪律检查委员会法规室、中华人民共和国国家监察委员会法规室编写:《〈中华人民共和国监察法〉释义》,中国方正出版社 2018 年版,第 214 页。

门的时间,有助于推进诉讼进程,这是有利一面。但是,正如硬币有正反两面,优点常常同时也是缺点。因为,审查起诉期间既要审查案件,还要额外完成自行补充侦查任务,加之案多人少的矛盾比较突出,时间紧和任务重的矛盾加剧。而对于退回补充调查,《监察法》规定有专门的一个月去完成,时间相对宽松。

第三,自行补充侦查"技不如人"的现象比较普遍。这里的"技",主要是指取证的技能、技巧、能力等方面。在调查取证方面,公诉人没有受过系统的培训,也缺少实战经验,尽管擅长案件审查,但是在自行补充侦查面前变得没底气、不硬气,不自信,实施自行补充侦查过程中难免捉襟见肘、踌躇不前,这也掣肘了自行补充侦查的效率和效果。而监察委大量人员由检察院自侦部门转隶过去,对于调查工作,包括补充调查证据,自然轻车熟路,比公诉人搞侦查更胜几筹。当然,这里的"技不如人",除了检察院侦查人才匮乏,广义上,还应当包括侦查设施、技术设备、信息分析系统等方面都有薄弱和不足。所以,多措并举,多管齐下,多点发力,不断提升自行补充侦查的软件和硬件水平,建立大数据保障平台、丰富检察机关自行鉴定内容、引入先进的勘验检查设备,等等,都是形势所需,迫在眉睫。

第四,对于自行补充侦查,检察官主动性和积极性较小,且风险较大。在案多人少的巨大压力下,自行补充侦查需要挤占审查起诉的时间,检察官难免显得精力不济,缺乏自行补充侦查的主动性和积极性。比较而言,退回监察机关补充调查会更省事、省时、省力。自行补充侦查实际操作中的规范性和程序性也比较弱,没有相关的审批文书、流转文书和存档文书,也不需要制作补查提纲。[①] 在退回补充调查和自行补充侦查之间的界限模糊时,检察官倾向于选择退回补充调查,不难理解。当然,也有部分检察官认识存在误区,认为审查起诉阶段自行补充侦查

① 参见沈善文等:《提升职务犯罪案件自行补充侦查工作成效的思考》,载《中国检察官》2023年第23期。

是越权办案,这是要不得的。另外,职务犯罪案件犯罪嫌疑人往往智商高、人际关系广,如果进行自行补充侦查,检察官的人身安全、家属信访、犯罪嫌疑人和证人的思想波动和对抗情绪、社会舆论的压力,包括说情和干预,如此种种,不一而足,各方面的风险系数都会急剧上升。这里笔者仅提一点建议:检察院内部原来保障职务犯罪侦查的法警队伍,现在也应当作为配合自行补充侦查的重要力量。

## 第五节 自行补充侦查和退回补充调查的合理区分

### 一、作出区分的先决条件是经审查需要补充核实

职务犯罪案件退回补充调查和自行补充侦查的总前提是检察机关经过审查,认为需要补充核实。对于普通刑事案件的审查,《刑事诉讼法》规定了 5 点内容,《人民检察院刑事诉讼规则》细化拓展成了 13 点内容。关于监察委移送案件的审查内容,笔者建议大家参考最高人民检察院时任副检察长陈国庆发表在 2019 年第 1 期《国家检察官学院学报》的理论调研文章《刑事诉讼法修改与刑事检察》,是比较权威的。

至于职务犯罪案件审查的具体内容,首先,对监察委移送的案件不包含对留置措施是否适当等内容的审查,原因大概是留置为调查措施,不属于检察院的监督范畴,而且在检察院接收案件和审查起诉的时间段里,已经完成了留置与逮捕的对接和衔接,已经作出了是否逮捕、取保候审或者监视居住的决定。[①] 其次,审查的内容和《刑事诉讼法》规定的其他相关内容基本相同,主要包括:犯罪嫌疑人身份、犯罪事实和情节、犯

---

① 根据刑事诉讼原理,逮捕属于对诉讼对象基本权利的侵害,理应由法院决定,检察机关只有存在迟延危险时才能作为例外行使逮捕权,同时应当赋予犯罪嫌疑人充分救济权,参见[德]克劳思·罗科信:《刑事诉讼法》(第 24 版),吴丽琪译,法律出版社 2003 年版,第 276～279 页。

罪性质、证据材料是否随案移送、证据是否确实充分、文书是否完备、是否漏人漏罪行、是否属于不应追究刑事责任、有无附带民事诉讼、取证是否合法、涉案财物等。最后，根据职务犯罪的特点，审查过程中特别需要注意和重视：证明财产系违法所得的证据材料是否齐备、采取技术调查措施的决定书和证据材料有无移送，以及有没有应当排除非法证据的情形。

需要补充核实的条件是事实不清、证据不足，或者遗漏罪行、同案犯，或者可能非法取证等。对于补查具体方式的选择路径和顺序，根据《刑事诉讼法》，检察机关审查案件，对于非职务犯罪案件，认为需要补充侦查的，可以退回公安等侦查机关补充侦查，也可以自行侦查；而对于职务犯罪案件，认为需要补充核实的，应当退回监察机关补充调查，必要时可以自行补充侦查。根据文义解释，非职务犯罪案件在补充侦查和自行补充侦查之间的选择是并列的，是不分高下的；而职务犯罪案件，应当以退回补充调查为原则，以自行补充侦查为例外。这些内容，其实笔者前面已经阐述过，因为很重要，所以此处笔者再强调和重申一下。尽管如此，笔者认为仍然应当对退回补充调查作出一定的控制和限定，应当坚持依法适度的原则，而且要和自行补充侦查的适用条件、范围、程序等方面，有一个相对明确和具体的区分。

## 二、退回补充调查的适用范围和情形

退回补充调查同时具有补充性、法定性、逆向性和非常态性的特点。补充性体现在能够强有力地弥补证据漏洞，补充证据材料，完善证据体系；法定性体现在只有检察院有权启动，必须符合法律规定的适用条件才能适用；逆向性体现在引起原本已经结束的调查活动逆向运行，程序回转，案件重新回复到调查状态；非常态性则是指不正常、非常规，退回补充调查并非所有职务犯罪案件的必经程序，只能“偶尔为之”。

退回补充调查应当说是一种不得已而为之的制度设计，它就像一辆掉头极为困难的笨重卡车，程序倒转之日，诉讼推迟、羁押延长，取证的最佳时机有可能已经被贻误。话说回来，为了查明事实真相，有时确实需要像退回补充调查这样的回溯程序机制，与此同时，又会给犯罪嫌疑人带来较大的侵害，这就需要施加一定的程序制约。因此，要恪守谦抑理念，以审慎、科学的态度对待退回补充调查，少用、慎用退回补充调查，将退回补充调查适用的频率控制在较小范围之内，坚决抵制和反对不经济、不合适、没有可行性的退回补充调查。通过对目前检察院相关实践的考察和实证调研，退回补充调查并没有出现像退回补充侦查那样被无度滥用，也没有发现退回补充调查质量低下的严重问题。尽管如此，司法实践中还是要有忧患意识，要"居安思危"，同样要防止退回补充调查的异化和泛化适用。

基于上述分析，笔者认为，对退回补充调查的适用范围应当作出限定，并写入法律或者司法解释，为司法实践提供切实可行的操作标准和行动指南。笔者认为，应当仅限于一些重要事实、重要证据、重要情节的补充核实，具体而言，仅限于五种情形：(1)主要犯罪事实不清、主要证据不足的；(2)和定罪量刑有关的重要情节有待查明的；(3)遗漏罪行、同案犯的；[①](4)共同犯罪案件中，犯罪嫌疑人的地位、作用未查清的；(5)其他重要情形，需要退回补充调查的，比如审查起诉环节，被取保候审的犯罪嫌疑人潜逃，需要缉拿归案的，这绝对属于"重大事项"。

## 三、自行补充侦查的适用范围和情形

职务犯罪案件自行补充侦查的前提是"必要时"，而普通刑事犯罪案

---

① 关于遗漏罪行或者同案犯，尽管笔者在本书第四章"检察机关侦查权能之二：补充侦查权"中主张不将此种情形纳入补查取证的范畴，但是鉴于目前法律明确规定可以作为补查取证的情形，笔者暂且也将该情形归入退回补充调查的情形和范围，但笔者同时认为这是权宜之计。

件相关表述是“也可以”。“必要时”不代表排斥适用自行补充侦查，更不代表自行补充侦查只能像“摆设”一样，几乎处于废而不用、弃而不用的状态。[①] 关于“必要时”的正确态度、“正确姿势”应该是：“不该出手就不出手”“该出手就出手”，既不越俎代庖，也不推诿扯皮。[②] 进而笔者认为应当确立这样的理念：积极充分、正确合理运用自行补充侦查。遗憾的是，新出台的《监察法》也好，新修改的《刑事诉讼法》也罢，都没有对“必要时”作出具体的、“必要的”说明或者列举。笔者认为，主要有如下四类可以作为“必要时”的注解和参考。[③]

第一类是着眼于事实和证据方面，具体包括：(1)个别、简单的次要证据需要补查，容易查实的；[④](2)需要补充证据的时间较为紧迫的；(3)需要实地察看现场的。背后的逻辑和机理是：(1)个别、简单证据设计为自行补充侦查是基于检察机关能够胜任，即便检察官并不深谙侦查技巧，也不会感到棘手，如若需要补充大量证据或者复杂证据，不仅很难在审查起诉期限内完成，还需要占用大量时间而影响审查案件质量，则不适宜自行补充侦查；[⑤](2)紧迫证据由检察机关侦查，是因为情势紧急，

---

① 参见谢芳、钱小平：《监检关系法治主义建构的理论逻辑与优化方案》，载《南京大学学报(哲学·人文科学·社会科学)》2022 年第 5 期。

② 有些诸如需要补查复杂证据或者难度较大证据的场合下，并不适宜以自行补充侦查代替退回补充侦查或者退回补充调查来规避“程序倒流”以及压降“案—件比”，否则，案件质量就得不到保证。而且如果所有需要补查取证的情形都只能自行补充侦查、“案—件比”均需达到 1:1，刑事诉讼法中的退回补充侦查或者退回补充调查索性可以取消，参见桂梦美、苏志远：《补充侦查制度协同模式及其实践描画》，载《中国人民公安大学学报(社会科学版)》2023 年第 2 期。

③ 也有论者提出应当区分应当自行补充侦查和可以自行补充侦查，并概括出它们的各自情形，参见沈善文等：《提升职务犯罪案件自行补充侦查工作成效的思考》，载《中国检察官》2023 年第 23 期。

④ 与普通犯罪案件相比，监察委管辖的职务犯罪案件自行补充侦查更应当限定于非主要犯罪事实和情节，参见池通、赵卿：《检察机关自行补充侦查权适用研究》，载《江苏警官学院学报》2022 年第 4 期。

⑤ 参见李宁、陈小炜：《监察体制改革背景下补充侦查问题研究》，载《法治现代化研究》2019 年第 3 期。

证据有灭失或者被转移的重大风险;(3)需要实地察看现场,应当由检察机关自行补充侦查,原因是增强亲历性,形成严密的、相互印证的证据锁链,只是勘验勘查具有较强的专业性、技术性,也具有一定的危险性,必要时内部可以申请技术部门、警务部门予以支持,外部可以请求监察机关、公安机关给予协助。

第二类是着眼于主体方面,具体包括:(1)证言、口供前后不吻合,与其他证据有矛盾的;(2)监察委怠于补查取证的;(3)检察机关和监察机关在证据标准等问题上有重大分歧的。理由分别是:(1)职务犯罪案件对言词证据有很强的依赖性,而言词证据存在较强的主观性、易变性,在存在前后矛盾或者冲突时,自行补充侦查有助于洞明和捕捉言词证据,形成内心确信。(2)监察机关敷衍塞责、退而不查、查而不力、查而不清、查而不细,导致一次退查无果,没有再次退回补充调查必要的,检察官基于客观真实义务,应当启动自行补充侦查。(3)监察委认为犯罪事实清楚、证据确实充分,而检察院认为犯罪事实不清楚、证据不确实充分,经过沟通没有实质效果,适宜通过自行补充侦查完善证据,形成环环相扣、无懈可击的证据体系,确保案件质量,避免法庭审理环节陷入被动。

第三类是着眼于非法证据排除方面,监察机关在补充调查过程中程序违法,存在刑讯逼供、非法拘禁等非法取证行为,不宜再由其补查的。[①] 倘若检察机关审查起诉中发现监察机关以非法方法收集证据,退回补充调查很可能是无功而返的,因为监察机关不可能轻易承认自己取证违法,指望监察机关在退查中积极收集和提供自身严重违反法律程序的证据注定是枉然和徒劳的。

第四类是兜底条款“其他”,即其他需要自行补充侦查的情形,该兜底和弹性条款旨在填补上述未尽事宜。进一步讲,本着司法公正和客观

---

① 非法取证也存在界定难的问题,尤其是监察委调查取证的隐蔽性与现实困难性常常交织在一起,参见池通、赵卿:《检察机关自行补充侦查权适用研究》,载《江苏警官学院学报》2022 年第 4 期。

真实的原则,在对自行补充侦查的必要性和可行性进行科学评估的基础上,激活自行补充侦查权的内生动力,充分和积极行使补充侦查权。[①]

申言之,笔者认为有必要厘清自行补充侦查和补充调取证据材料、主罪主证复核之间的关系。补充调取证据材料一般是指审查起诉过程中,通过发出调取证据通知书的方式,调取一般性资料,性质上一般不属于侦查活动,如有关留置的文书没有附卷移送的情况下可以直接补充调取。另外,在审查起诉期间,商请监察委调查和提供某份证据,也应该属于补充调取证据材料。比如请求监察委补充询问证人,因为该种情况下询问主体仍然是监察委而非检察院,应当认定为补充调取证据材料,而非自行补充侦查。主罪主证复核一般是通过询问或者讯问,核实犯罪嫌疑人供述、证人证言等,获取的谈话材料内容不是从无到有,而是从有到有。如果主罪主证复核可能突破一般的从有到有,实现从有到新,获得新的言词证据,此时主罪主证复核同时应当认定为属于自行补充侦查。

## 第六节　自行补充侦查及退回补充调查的监检衔接

新修改的《宪法》和《刑事诉讼法》都确立了这样的原则:监察委在办理职务违法犯罪活动中应当和检察院相互配合,相互制约,笔者觉得当务之急,还涉及相互衔接的问题,包括“监检衔接”和“法法衔接”。应该说,自行补充侦查和退回补充调查对监检之间的相互配合、相互制约和相互衔接最有典型意义,除了体现相互配合和相互制约,还需要我们

① 中共中央纪律检查委员会法规室、中华人民共和国国家监察委员会法规室编写的《〈中华人民共和国监察法〉释义》(中国方正出版社 2018 年版)以及有关内部文件指出了检察院可以自行补充侦查的三种情形:一是证人证言、犯罪嫌疑人供述和辩解、被害人陈述的内容中主要情节一致,个别情节不一致且不影响定罪量刑的;二是书证、物证等证据材料需要补充鉴定的;三是其他由检察机关查证更为便利、更有效率、更有利于查清案件事实的情形。

在相互衔接的问题上多一些思考,多一份努力。[①]

## 一、因势而谋出台有关制度

2016 年 10 月,《关于推进以审判为中心的刑事诉讼制度改革的意见》发布,该意见明确指出检察机关要完善补充侦查制度。过去因为“侦查中心主义”的存在,办案人员对法庭审判不够重视,导致进入庭审的案件达不到法定证明标准,造成法院“定放两难”。诉讼制度改革把“以审判为中心”作为“牛鼻子”,就是要实现庭审的决定性作用,并通过庭审裁判倒逼侦查机关和检察机关遵守和执行审判证据规则(或者说是证据裁判规则)。现在,《监察法》明确规定监察证据应当符合刑事审判关于证据的要求和标准,这可以认为是在落实以审判为中心的概括性规定。当务之急就是,要防止“侦查中心主义”转移到查办职务犯罪案件领域。

目前,我国自行补充侦查以及退回补充调查相关法律规定比较宏观,比较模糊,没有实施细则,缺少具体规定。监察体制改革的大背景下,我们要积极适应以审判为中心的诉讼制度改革,尤其是要积极探索自行补充侦查机制,在实践基础上专门制定关于职务犯罪案件自行补充侦查的相关意见。[②] 应当对自行补充侦查基本原则、适用范围、启动程序、侦查措施、非法证据排除等方面作出细致、周密的规定,促进自行补充侦查工作规范化、专业化、科学化。目前的情况是,自行补充侦查是由承办检察官决定,或者由什么级别领导决定、甚或不同案件是否区别对待,并不明了,启动自行补充侦查也不像退回补充调查那样有专门的文

---

① 有论者指出,自行补充侦查存在制度供给不足、自行补充侦查权行使积极性不高、侦查措施适用方面存在短板、侦诉联合取证机制不够顺畅等问题,参见任磊、刘安学、郭丽红:《审查起诉阶段自行补充侦查机制之完善》,载《人民检察》2024 年第 11 期。

② 或者出台相关规定。规定和意见的区别之一在于规定需要经过检察委员会讨论决定,而意见检察长或者分管检察长可以直接签批印发。

书。建议各地结合实际情况进行摸索,形成好的经验和做法。同时建议自行补充侦查在审查报告中要有体现,包括自行补充侦查的内容、措施、过程、效果、对定罪量刑的作用等方面,体现检察贡献度。我们还要积极适应和融入司法责任制改革,加大员额检察官依法大胆行使自行补充侦查权力度,体现司法办案亲历性要求,切实增强责任担当。争取若干个阶段性胜利,力促指控质量和司法公信力的持续提升,探索可复制、可推广的经验。

## 二、审查发现可能有遗漏罪行或者同案犯的具体处理

这是一个非常具体的问题,笔者认为专门予以讨论,很有"必要"(属于"必要时"的情形)、也很有意义。职务犯罪案件审查起诉环节发现可能遗漏罪行或者同案犯,退回补充调查当然可以,亦无问题,因为《人民检察院刑事诉讼规则》明确了补充侦查的适用范围,退回补充调查可以参照适用。只不过也有学者站出来反对,说其违反诉讼原理,遗漏的罪行和同案犯都必须重新立案侦查,有一定的道理,但是既然法律如此规定,还是必须执行,除非法律修改。

问题是,有没有其他处理方式和通道呢?有人可能会有肯定回答,因为如果犯罪事实清楚,证据确实充分,检察院可以直接提起公诉,根据是可以参照《人民检察院刑事诉讼规则》第 356 条的规定。但是毕竟职务犯罪案件不同于普通刑事案件,对遗漏罪行的职务犯罪案件可以参照适用,对遗漏同案犯的职务犯罪案件恐怕不能径直提起公诉。原因在于,对于职务犯罪案件的审查起诉,要同时依照《监察法》和《刑事诉讼法》,《监察法》明确规定职务犯罪由监察委管辖,学界和实务界也普遍认同监察机关行使对"人"的管辖权的观点。

接着前面的话说,遗漏罪行或者同案犯退回补充调查以后,需要追究刑事责任的,监察委应当在一个月届满前补充调查终结时,重新制作起诉意见书,一并移送检察院审查起诉。如果不能在补充调查中完成调

查工作,遗漏的同案犯或者罪行应当另案处理,检察院可以先行对原案中证据充分的罪行或者同案犯提起公诉。此处还有一个特殊情况,那就是如果对于遗漏的罪行或者同案犯监察委不具有管辖权如何处理?该问题也不难解决,因为根据《〈中华人民共和国监察法〉释义》的阐释,触犯的罪名分别属于监察机关和其他单位管辖的多个罪名的,应当以监察机关为主调查,其他单位协助,所以不存在主罪名管辖单位一并侦查的问题。只不过,如果监察委在补充调查一个月期限内,不可能补充调查完毕,笔者认为监察委将另案转至其他具有管辖权的单位立案侦查更为妥当。

有必要作出补充的是,笔者认为,在审查职务犯罪案件过程中发现可能遗漏罪行的,在某些特殊情况下,检察院也可以自行补充侦查;对于遗漏同案犯,基于监察委"对人权"的考虑,不适宜自行补充侦查。与此同时,需要注意的是,法律并没有赋予检察机关对监察委的法律监督权,此处不再展开论述。

## 三、以善使巧劲和善用外力助推自行补充侦查

检察院亟待加强侦查人才的培养,可能的情况下,将以前从事过反贪反渎、具有丰富办案经验的检察干警吸收和充实进来。要重视侦查知识和技能的学习培训,定期和不定期邀请专家教授和侦查业务专家"把脉开方""传道授业解惑",讲授在保证自身安全的前提下如何进行规范化自行补充侦查,持续提升检察干警的自行侦查能力。

在办理涉众型、跨区域职务犯罪案件时,依托检察一体化机制,在全市、全省乃至全国范围内跨级别、跨区域调配检察力量。[①] 打破封闭化的

① 在数字革命时代和大数据战略背景下,自行补充侦查亦需借助技术的力量,通过构建数据智能模型等方法,助力自行补充侦查深入有效开展,参见左军、张少利、宋文博:《数字检察视野下的自行补充侦查——以J区检察院大数据法律监督模型实践为例》,载《第五届全国检察官阅读征文活动获奖文选》(2024年)三等奖。

“各自为政”，建立联动协作和联席会议机制，注重和监察委、公安机关的交流和互动，寻求他们的支持和配合，共同打造自行补充侦查合力。注重经验积累与分享，建立精品案例库，对典型案例予以提炼升华，定期和不定期发布，发挥示范指导作用，让类案引导的“疏淤导流”效果最大化释放。

## 四、明确自行补充侦查手段并借鉴普通犯罪案件相关经验

具体案件，具体对待，具体处理，灵活运用各种方式开展自行补充侦查工作，主要包括以下五大类手段和措施：一是寻找关键证人或前往证人作证场所开展询问，以及讯问犯罪嫌疑人等；二是查询信息，调取书证、物证、监控视频、电子数据等；三是自行委托司法鉴定中心或其他具有鉴定资质的机构开展鉴定；四是恢复手机数据，进行勘验、检查、走访、组织辨认、侦查实验等；五是查封、扣押、冻结等。检察机关不能成为搜查、通缉、技术侦查和限制出境的执行主体。①

前文已经提及，对于职务犯罪案件过去因为侦诉是一家几乎找不到自行补充侦查的案例，现在因为转隶时间短，自行补充侦查的典型案例自然还比较少。但是，基于案例教学的极端重要性，我们可以从其他类型案件自行补充侦查实践中学习有关经验和做法，达到举一反三、触类旁通的效果。《人民检察院刑事诉讼规则》规定检察院在实施自行补充侦查时，可以适用侦查的相关程序和措施。自行补充侦查获取的证据几

① 根据《刑事诉讼法》第136条的规定，为了收集犯罪证据、查获犯罪人，侦查人员可以对犯罪嫌疑人以及可能隐藏罪犯或者犯罪证据的人的身体、物品、住处和其他有关的地方进行搜查。根据最高人民检察院和公安部2020年联合印发的《关于加强和规范补充侦查工作的指导意见》，人民检察院自行侦查，适用《刑事诉讼法》规定的讯问、询问、勘验、检查、查封、扣押、鉴定等侦查措施，应当遵循法定程序，在法定期限内侦查完毕。根据《刑事诉讼法》第150条和第155条的规定，对于技术侦查，检察机关只能在一些特殊案件中经过严格批准程序才能适用，但是执行主体仍然是公安机关。而通缉只能由公安机关决定和实施。

乎囊括了所有证据形式，自行补充侦查采取的侦查手段和措施也几乎囊括了公安机关可以采取的所有侦查方式。职务犯罪案件自行补充侦查概莫能外，侦查手段和证据形式也一切皆有可能，都可以效仿和采用。

（一）调取书证物证的案例

**典型案例**：A 涉嫌在其租住房先后 5 次容留 B 吸食毒品，在侦查阶段共有八份供述，前三份为有罪供述，其中一份系在看守所的供述，之后翻供，在审查起诉阶段辩解被刑讯逼供。虽然该案经退回补充侦查，但公安机关未按要求进行补充侦查，且侦查人员存在非法取证的可能，承办人决定自行补充侦查。一是调取入所体检材料及提审记录。经查，A 入所时脸部、背部、手腕等全身多处软组织挫伤，而且其入所后第一份笔录并没有公安机关的提审记录予以佐证，讯问笔录记录的地点和实际讯问地点不一致。二是核实辨认笔录真实性。向见证人 C 询问取证，核实 A 辨认作案地点有关笔录的真实性，发现该见证人是公安机关的协勤人员，并不具备见证人资格。三是要求公安机关说明情况。要求侦查人员对 A 的伤情作出书面说明，其书面说明 A 身上的伤痕系被抓捕过程中，反抗强烈，在地上滚动所致。根据自行补充侦查获得的证据，虽不能认定公安机关刑讯逼供，但不能排除合理怀疑，且确认侦查行为存在严重违法。据此，排除 A 的有罪供述及辨认笔录等非法证据，证据链被切断，证据体系不完整，检察院决定对 A 作存疑不起诉。并针对违法侦查行为发出纠正违法通知书，获得采纳，延伸了侦查监督效果。

该案给我们的启示和思考：该案自行补充侦查主要采取了调取书证的方式，调取了入所体检报告，要求公安机关出具了书面说明，同时以询问证人等方式辅之,认定不能排除合理怀疑,不能排除非法取证可能性,最终排除非法证据,作出存疑不起诉。书证的种类还包括通话记录、通话基站信息、银行流水、支付宝或者微信转账记录等。除了书证,查封、扣押、冻结涉案财物也不容忽视。书证和物证均属于客观证据,与主观证据以及其他客观证据比较而言,相对容易获得,证明效力也比较高,在职务犯罪案件的自行补充侦查中,也应当高度重视。

(二)主罪主证复核的案例

**典型案例**:售假案件出现"幽灵抗辩"。[①] 2014 年 A 以 4 万元购进 1911 双假冒耐克注册商标的鞋子。2017 年经群众举报,警方现场扣押了未销售的 1902 双假鞋。涉案金额如何认定?价格认证中心按被侵权的真品市场中间价格,经鉴定未销售的鞋子价格为 113 万余元。而三名证人证明,他们分别向 A 购买过 3 双假鞋,每双价格 49 元。如果采信证人证言,按照相关司法解释,未销售的 1902 双按实际销售价格认定,涉案金额为 9 万余元,未达到该罪名立案追诉标准的 15 万元,即不构成犯罪。[②]

退查无果启动自行补查。在审查起诉阶段,承办人拟好退回补充侦查提纲,要求公安机关补充侦查。但退回补充侦查的结果是,不但没有取得对抗证言的相反证据,证人的辨认笔录反而补强了证词。面对全案证据,检察官别无他法,初步拟写了不起诉的审查报告,提交检察官联席会议。会上,正反两方交锋激烈,最后进入僵局,谁也说服不了谁。由于案件涉及罪

① 所谓"幽灵抗辩",是指在刑事诉讼过程中,针对有罪控告,犯罪嫌疑人为了达到减轻或者免除自己的罪责的目的,而提出的难以查证的抗辩。

② 参见张仁平、林颖慧:《涉案金额是 9 万还是 113 万》,载今日头条 2018 年 1 月 6 日,https://www.toutiao.com/article/6511442087500579336/。

与非罪,会议将承办人拟不起诉的意见报请该院检察长。“这个案件的难点和疑点在于:三个证人证言能不能采信?证词是真是假,我们何不自行补充侦查,亲自去听听证人怎么说?”检察长要求承办人启动自行补充侦查程序。

发现证人证言存在疑点。承办人迅速通知并询问了三名证人,一问就发现其中有蹊跷:在立案侦查阶段,证人对三四年前买假鞋的过程的证言,与A的供述高度吻合,但证人在回答所购买鞋子的数量、码数、颜色、价格,以及与A如何取得联系的细节上,均与之前所作出的证言存在差异。“为何会不一致?”承办人问。“因为做笔录的时间太久了,记不清楚了。”证人回答。“半年前做的笔录,现在就记不清,为何三四年前的事记忆犹新?”承办人又问。面对承办人反问,三名证人无法作出合理的解释。发现证人证言有疑点,承办人进一步追查证人与A的联系情况。结果从电话清单中发现,三名证人作证前后,均与A有较频繁的通话。据此判断,此前双方言词高度吻合的背后有串通之嫌。承办人结合自行补查的内容,综合全案排除了证人证言,以鉴定意见认定的价值定案。庭审过程较为顺利,A在补充侦查收集的证据面前,当庭承认全部犯罪事实,对于检察院指控的涉案数额表示无异议,“幽灵抗辩”就此土崩瓦解。最终,A因犯销售假冒注册商标的商品罪被判3年,缓刑4年,并处罚金。

该案给我们的启示和思考:该案自行补充侦查采取了询问证人方式,并配合以调取电话清单,最终推翻侦查阶段证人证言,进而认定销售假冒注册商标的商品罪成立。该案中询问证人不是从无到有,而是从有到有,属于证据复核,又因为同时实现了从有到新,所以应当同时认定为属于自行补充侦查。

(三)勘验复勘现场的案例

**典型案例**:在某起强奸案中,检察官通过复勘现场的方法了解到案发地点系公共场所,犯罪嫌疑人的行为构成公共场所当众强奸妇女,故认定该行为具备加重情节,建议量刑由 3 年升格为 10 年,最终该建议获得法院支持。还有一起交通肇事案,检察官通过现场勘查等方式核实证据,发现案发路段并不具备行驶条件,不应认为是道路,最终该案被改变定性为过失致人死亡罪。

上述案件给我们的启示和思考:第一个案例通过复勘现场认定系公共场所强奸,第二个案例通过现场勘验否定道路的成立,进而认定过失致人死亡罪。勘验和复勘有利于增强亲历性,甚至取得实质性关键证据,职务犯罪案件自行补充侦查有时也可以借鉴适用。

(四)依托先进技术的案例

**典型案例**:A 用刀把前来催债的 B 刺死,在审查起诉阶段,A 的辩护律师提出是救护人员没能及时救助导致 B 死亡。由于没有证据充分证明 A 对 B 的伤害是 B 死亡的原因,检察官决定启动自行补充侦查。检察官带领公安机关办案小组前往医院调查取证,核实 120 救护车的出诊时间和相关医护人员资质,调取 B 的诊疗记录、医院的视频监控资料等,并把这些材料委托某医学会进行鉴定。鉴定意见显示,B 被 A 刺穿了大腿动脉和静脉,抢救成功率极低,虽然 120 医护人员在 B 入院前的急救过程中存在过失,但是与 A 的死亡没有明确因果关系。开庭时,检察官指出 B 的死亡是 A 故意伤害的结果,而医院的不规范行为降低了 B 的生还可能性,建议法院在量刑作为从宽情节予以考虑，该建议获得法院支持。[①]

该案给我们的启示和思考：检察机关系通过调取监控和委托鉴定等方式，认定犯罪嫌疑人故意伤害致人死亡案存在从宽情节。除了监控和鉴定，先进技术还包括侦查实验、恢复电子数据等，[②]这些在职务犯罪案件自行补充侦查中也可以运用，而且可能会获得意外的收获和惊喜，取得意想不到的效果。

## 五、重视退回补充调查提纲的作用以及增强其明确性和可操作性

其一，退回补充调查提纲不能停留于原则性表述，必须详细具体。退回补充调查提纲应当坚持规范性、明确性、指导性，实现细致化、程序化、责任化。这里笔者要说一点，笔者发现有地方的退回补充调查提纲还写的是“补充侦查提纲”，不严肃、不严谨、不规范，也要不得，需要注意和警惕。

其二，要增强退回补充调查提纲的说理性。围绕证据标准说明案件事实不清、证据不足之处，使监察委及其调查人员充分认识到退查活动的必要性。

其三，要增强退回补充调查提纲的可操作性。退回补充调查提纲要有的放矢，所查事项以完善证据体系为指引，明确补查方向、方式、时限、目标和要求，待补事项要具体、细化、分类，防止出现外延宽泛和内容抽象的语言，以便于监察委更准确地把握补充调查方向和内容。

其四，建议将退回补充调查的有关指标纳入考核体系。适时开展补充调查提纲的评比评优，时机成熟时，组织制作补充调查提纲业务竞赛，

---

① 参见卢志坚、万晓东、臧宏年：《江苏宿迁：自行补充侦查 90 余起案件提升监督质效》，载最高人民检察院官网，https://www.spp.gov.cn/dfjcdt/201801/t20180106_208281.shtml。

② 参见卞建林、李艳玲：《论我国补充侦查制度的发展与完善》，载《法治现代化研究》2021 年第 1 期。

促进和推动大家更加重视退回补充调查、更加规范退回补充调查、更加实化、优化退回补充调查。

## 六、应当建立介入调查和补充调查机制

在传统侦检关系中,检察院负责审查批捕和审查起诉,在侦查阶段不参与到案件中,仅在审查起诉环节对证据进行书面审查,常认为侦查是侦查机关的事情,自身做好审查工作即可。长期实践导致检察院缺少发挥捕前、诉前引导侦查的意识,侦查取证能力因无从发挥而日渐消退。在我国,既不能实行大陆法系的"检警一体"模式,也不能实行英美法系的"检警分离"模式,而应该根据我国检察机关的性质,结合我国司法体制的特点,将侦检关系定位为"检察引导或指导侦查"模式,更为适宜。对证据收集、事实认定、法律适用、程序问题提出意见,引导侦查活动,提高办案质量,服务于指控犯罪需要,同时实现效率和公平,并兼顾实体公正和程序公正。职务犯罪案件补充调查也不例外,一方面,调查人员水平和业务素质参差不齐,收集案件证据的能力存在不足和短板;另一方面,一些职务犯罪案件具有疑难复杂性,使调查结果具有很强的模糊性,所以应当建立相关机制以弥补缺陷。对于监察委调查的职务犯罪案件,相对应的,我们暂且称相关机制为介入调查和补充调查机制。

建立检察院介入监察委调查机制,对于建构完备的证据体系,减少非法取证行为,帮助监察委破解事实、证据、法律上的难题都大有裨益,有助于从源头上降低退回补充调查发生的概率。介入调查的范围是重大、疑难或者复杂的职务犯罪案件,介入的目的和作用是就证据的收集、固定和完善提出建议,就事实认定、证据审查和法律适用提出意见。介入的启动程序是监察委向检察院发出商请提前介入函,邀请检察院派员提前介入。但是有一点要引起我们的警觉,那就是,有时监察委会以人手紧张为由,要求检察人员参与办案,提前介入调查异化为"抽调办案"。这个时候检察官们就要注意了:你们不得逾越检察职责,不得出现在同

步录音录像的镜头中,不得在讯问笔录、询问笔录上签名。

同时,笔者建议建立跟踪和介入补充调查机制,这对于证据的补充调查也颇有助益。在退回补充调查期间,杜绝一退了之,要加强跟踪问效,实时关注监察委补充调查的情况和进度。通过介入补充调查,提供有关收集和固定证据的建议,使得监察委通过补查获取的证据同时具有证据能力和证明力。退回补充调查后,监察委如果不按期重新移送或者撤回案件,都是于法无据的。对于敷衍塞责、退而不查、查而不力、查而不清、查而不细等怠于补充调查的行为,《刑事诉讼法》规定的纠正违法通知书和检察建议两个监督措施,能否用在监察案件中呢?存在争议。有观点认为同样适用,笔者认为应当予以明确,建议赋予检察院相关权力。笔者认为也有必要补充一点,《宪法》和《监察法》都明确规定,监察委和检察院之间是相互配合和相互制约的关系,相互配合和相互制约不是仅仅"喊在嘴上",而要体现在实际行动上,尤其是相互制约要落深落细落小落地。

## 七、建议补充调查阶段允许犯罪嫌疑人获得律师帮助

获得律师帮助是保障犯罪嫌疑人权利的重要手段,也是担保口供真实性、防止权力滥用的有效措施。监察委调查阶段不允许律师介入,不利于保护被调查人合法权益,不利于防范刑讯逼供和冤假错案的发生,故而,遭到大部分学者的反对。[①] 但是《监察法》最终没有规定被调查人调查阶段享有律师帮助权,同时调查活动不执行《刑事诉讼法》,这样,调查阶段不允许律师介入木已沉舟。现阶段,我国反腐败形势严峻,调查活动又具有自身的特殊性,为了抵制各种干扰、保守办案秘密和迅速突

---

① 我国侦查制度总体呈现较强审问式侦查色彩,侦查主体地位和权力突出,犯罪嫌疑人权利受到诸多限制,而这在监察委调查中表现更为明显,参见左卫民、周长军:《刑事诉讼的理念》,北京大学出版社 2022 年版,第 43 页。

破案件,不允许律师介入调查,似乎也情有可原。但是,在监察委补充调查阶段,应当赋予犯罪嫌疑人获取律师帮助的权利。监察体制改革不能只转移权力,不转移权益,应当将被调查人的合法权益一并考虑,限制权力滥用,切实做到高效反腐和保障人权的有机结合、深度融合。而且,到了补充调查阶段,对于律师而言,案件已经失去保密价值,因为根据《刑事诉讼法》,审查起诉阶段,辩护律师享有会见、阅卷、核实证据等多项权利。既然律师在审查起诉环节已经阅卷,那么就无须再行保密,允许律师介入补充调查恰如其分,而且益处颇多:能够最大化维护犯罪嫌疑人合法权益,能够让监察委在补充调查过程中充分听取律师意见,也能够促进监察委依法进行补充调查活动,提高补充调查质效。然而,这恐怕只是理想,只是“一厢情愿”,因为调查阶段不允许律师介入,而补充调查阶段没有是否允许介入的相关规定,补充调查阶段不会让律师介入也就属于“同理可证”的内容了。所以,建议在法律或者司法解释中明确作出规定,允许律师在退回补充调查阶段介入案件,提供有关帮助,让犯罪嫌疑人享受到律师的帮助,让犯罪嫌疑人在法律框架范围内切实保护自身权益。

**第八章**

# 检察机关侦查权能之三：机动侦查权

监察体制改革背景下，检察机关大部分职务犯罪侦查权被转隶至监察委，根据随后修改的《刑事诉讼法》，检察机关的侦查权并没有被完全剥夺，直接立案侦查权、自行补充侦查权和机动侦查权成为重新配置后的检察机关侦查权的基本内容。尽管机动侦查权属于检察机关现有侦查权格局中的一个重要组成部分，[①]但从近几年的司法实践看，总体而言，机动侦查权并未受到检察机关的应有关注和重视，基本处于"备而不用"状态。基于此，笔者拟在厘清机动侦查权的前世今生、根本属性、价值取向等基本问题的基础上，挖掘、剖析对机动侦查权适用形成掣肘的现实问题及其原因，论述司法强化适用和立法适度扩张机动侦查权的理论依据，进而提出

---

① 也有观点将检察机关自行补充侦查认定为机动侦查权行使的方式之一，笔者认为有待商榷，混淆了自行补充侦查权和机动侦查权的区别和界限，参见张智辉：《检察侦查权的回顾、反思与重构》，载《国家检察官学院学报》2018 年第 3 期。也有观点认为，检察机关侦查权能只包括直接侦查权和补充侦查权，忽略了机动侦查权亦属于检察机关侦查权范畴的事实，参见吴常青：《检察侦查权监督制约机制研究》，法律出版社 2017 年版，第 9 页。

对机动侦查权进行改造、完善和扩张的思路和建议。

## 第一节　检察机关机动侦查权的基本逻辑

对检察机关机动侦查权的历史沿革和背后机理进行梳理和分析，有助于认清和把握其发展脉络，对预测和规划其未来发展走势也大有裨益。对于机动侦查权的性质、价值进行深入探讨，有助于精准辨别其与侦查权、法律监督权等范畴的关系，能够对其意义和优势有一个全面、充分的认识。

### 一、立法流变：适用范围的急剧减缩

#### （一）第一阶段：无穷大的检察机关机动侦查权

检察机关机动侦查权的雏形始于1951年，根据是最高人民检察署发布的相关规定。[①] 1979年首部《刑事诉讼法》第13条规定，人民检察院认为其他刑事案件需要自己直接受理的，可以直接立案和侦查，这是最早的检察机关机动侦查权的表述。然而，因该表述的模糊和宽泛性，特别是检察机关动用该项权力无需任何条件、不受任何制约，司法实践中恣意滥用和泛化适用机动侦查权的现象屡见不鲜。[②]

#### （二）第二阶段：无限小的检察机关机动侦查权

1996年修正《刑事诉讼法》时，对检察机关机动侦查权进行了修改

---

① 根据1949年12月《中央人民政府最高人民检察署试行组织条例》相关规定，检察机关是唯一侦查机关，故而，当时不存在机动侦查权的概念。根据1951年9月《中央人民政府最高人民检察署暂行组织条例》相关规定，检察署和公安机关一样，有权对反革命和其他刑事犯罪案件进行立案侦查，此乃检察机关机动侦查权的雏形。

② 应该说，在1996年之前，检察机关机动侦查权对于及时惩治犯罪、保障法律监督权的实效、维护法律尊严和实现司法公平正义亦曾发挥过积极作用，参见张洪峰、程在望：《对刑事诉讼法中机动侦查权的探讨》，载《中国西部科技（学术）》2007年第2期。

和调整,该法第 18 条规定,[①]国家机关工作人员利用职权实施的其他重大刑事犯罪,在需要由检察机关直接受理时,经省级以上检察机关决定,可以由检察机关直接立案和侦查。自此,检察机关机动侦查权规定从没有任何限制走向受到多重限制的极端,设置的条件用严苛来形容一点都不为过,存在矫枉过正的意味。[②] 2012 年,《刑事诉讼法》第二次修正,检察机关机动侦查权相关规定未作变动。[③]

### (三)第三阶段:被进一步限缩的检察机关机动侦查权

监察体制改革之后,2018 年《刑事诉讼法》第三次修正。根据新《刑事诉讼法》第 19 条规定,检察机关机动侦查权的案件范围被进一步限缩,确定为公安机关管辖的国家机关工作人员利用职权实施的重大刑事犯罪案件,暗含着对监察委管辖的案件检察机关不享有机动侦查权,某种意义上是对监察体制改革后权力重组的及时回应和调适。

### (四)三个阶段不同的理论研究侧重点

基于上述历史叙事描述,学界针对机动侦查权在不同阶段围绕不同重点展开深入探讨。[④] 1996 年之前的研究重点是设计相应配套举措,防

---

① 该条款同时规定了检察机关直接立案侦查的职务犯罪案件种类,即贪污贿赂犯罪,国家机关工作人员的渎职犯罪,国家机关工作人员利用职权实施的非法拘禁、刑讯逼供、报复陷害、非法搜查的侵犯公民人身权利的犯罪以及侵犯公民民主权利的犯罪,其大部分在监察体制改革背景下被划至监察委立案调查。

② 有学者认为,法律作出如此苛刻的规定,实质上剥夺了检察机关的机动侦查权,从此检察机关机动侦查权某种意义上仅具有宣示意义,参见赵伟初:《缺失与补正:我国检察机关侦查权研究》,载《中共乐山市委党校学报》2008 年第 3 期。

③ 需要注意的是,检察机关机动侦查权和直接立案侦查权具有不同的案件范围,适例是曾经轰动一时的雷某因为涉嫌嫖娼被警方采取强制约束措施后死亡案,在该案中,涉案公安民警属于国家机关工作人员,2016 年 6 月 1 日检察机关以玩忽职守罪对其立案侦查,玩忽职守罪当时属于检察机关直接受理和立案侦查案件范围,现在转至监察委管辖,特殊情况下,检察机关也可以直接管辖,但无论如何,根据我国《刑事诉讼法》的规定,都不可能属于检察机关机动侦查权的规制范围。

④ 参见刘为军、漆晨航:《机动侦查权的解读与实化:回归权力本位的研究思路》,载《甘肃政法大学学报》2022 年第 2 期。

止权力滥用和失控。21 世纪初，伴随着《刑事诉讼法》对机动侦查权的压缩和严格限制，从功能主义视角出发，研究重点转为如何激活检察机关机动侦查权和提升法律监督刚性。2018 年监察体制改革后，重点内容变为以适应国家权力结构重大调整和重新平衡检察机关权力配置为旨趣，研讨如何科学发展和完善检察机关机动侦查权。

## 二、属性辨析：行政权、司法权抑或法律监督权

《刑事诉讼法》中并没有关于检察机关机动侦查权这一术语的表述，检察机关机动侦查权属于学理上的概括和形象称谓，[①]涉广义和狭义之分，广义上的检察机关机动侦查权，是指检察机关在履行法律监督职责过程中，根据实际情况和需要，对有关案件行使自由裁量权进行立案和侦查的权力。[②] 狭义上的检察机关机动侦查权，是指检察机关根据法律所赋予的扩权，对特别情形下的特定案件视具体情况所行使的一类侦查权力。毋庸置疑，检察机关机动侦查权属于侦查权的范畴，是一种较为特殊的侦查权，特殊之处主要体现在案件范围极为狭窄以及启动程序极为严格。[③] 但是，在针对具体案件开展侦查工作时，检察机关机动侦查权所依据的法律规定、行使权力程序、犯罪嫌疑人权利义务、可以采取的强制措施等方面，总体而言，与普通侦查权并不存在显著差异。

关于检察机关机动侦查权的属性，理论上形成了“行政属性说”“司法属性说”“法律监督属性说”三种观点。“行政属性说”认为，检察机关

---

① 机动侦查权的上位概念是侦查权，机动侦查权亦是由一般侦查权衍生而出，根据我国《刑事诉讼法》第 108 条第 1 项，侦查是指公安机关或者检察机关根据法律规定，收集证据、查明案情以及采取强制性措施。

② 也有学者将检察机关机动侦查权和检察机关直接侦查权概括为检察机关立案侦查权，参见池通、赵卿：《检察机关自行补充侦查权适用研究》，载《江苏警官学院学报》2022 年第 4 期。

③ 根据我国 2018 年新修改发布的《人民检察院组织法》第 20 条，人民检察院具有八项职能，第一项是对有关案件行使侦查权，可见检察机关侦查权在我国属于检察机关第一职权、位居第一序列。

机动侦查权与其他侦查权一样，目的在于追诉犯罪和维护社会稳定，而非出于保障人权，[①]启动方面具有主动性，[②]而非被动、[③]居间、中立和终局的，[④]追求和注重效率，具有明显行政化色彩。[⑤] 而其他侦查权主要为公安机关等其他侦查机关所依法享有，公安机关等其他侦查机关在我国普遍被认为属于行政机关序列。"司法属性说"认为，国家权力可以分为立法权、司法权和行政权等三种权力，检察权属于司法权，作为检察机关侦查权一部分的机动侦查权也理所当然地应当被归入司法权。且根据《刑法》第94条规定，司法工作人员是指具有侦查、检察、审判或者监管职责的工作人员，既然侦查权的享有主体是司法工作人员，机动侦查权属于侦查权，那么机动侦查权属于司法权不应当存在疑义。[⑥] "法律监督属性说"认为，机动侦查权具有极强的补充性、兜底性和监督性，当公安机关在侦查权行使方面存在不作为或者乱作为的情况时，检察机关将"拔剑而出"，适用和启动机动侦查权，对相关案件进行立案和侦查，体现对公

---

① 有论者认为机动侦查权兼具惩罚犯罪和保障人权双重价值追求，笔者表示赞同，参见娄力斌：《我国检察机关机动侦查权探究——以新旧刑诉法机动侦查权条款变化为切入点》，载《山西省政法管理干部学院学报》2019年第1期。

② 实际上，具有主动性还是被动性是一个相对和动态的概念，比如检察权以公诉职能为依托，以惩治犯罪为目的，以法律监督为职责，所以检察权和审判权相比具有较强的积极性和主动性，但不能据此就认为检察权属于行政权。

③ 而且，检察机关机动侦查权实际上具有一定的被动性，其行使依赖于监督权和侦查权，参见邱伯友、刘康：《检察侦查权若干问题浅析——以监察体制改革试点为背景》，载《2018第二届全国检察官阅读征文活动获奖文选》。我国《刑事诉讼法》对检察机关机动侦查权的功能定位在于适时予以监督，寻求个案的正义，而非主动行使权力，也非对所有的特殊案件进行大包大揽，参见董坤：《检察机关机动侦查权研究——从2018年修改的〈刑事诉讼法〉第十九条第2款切入》，载《暨南学报（哲学社会科学版）》2019年第1期。

④ 实际上，检察机关对某些刑事案件作出的不起诉决定一定程度上反映了终局性，参见陈瑞华：《刑事诉讼法》，北京大学出版社2021年版，第390～396页。

⑤ 参见陈卫东主编：《司法公正与司法改革》，中国检察出版社2002年版，第110～118页；陈永生：《论侦查权的性质与特征》，载《法制与社会发展》2003年第2期。

⑥ 参见但伟、姜涛：《论侦查权的性质》，载《国家检察官学院学报》2003年第5期。

安机关的制约矫正和校偏纠差。[①] 而且，我国检察权具有法律监督权的特征属性，检察机关机动侦查权属于我国检察权的内容之一。[②]

笔者认为，“行政属性说”和“司法属性说”均有偏颇，即便是学界亦存在的“兼具行政和司法属性说”同样并不全面。我国检察机关的宪法定位是法律监督机关，检察权的准确属性定位就是法律监督权，机动侦查权是检察机关侦查权的一部分，侦查权和公诉权等都属于法律监督权的重要组成部分。[③] 故而，我国检察机关机动侦查权从根本上说属法律监督权，在刑事诉讼过程中实现个案的正义和公正处理。进言之，我国检察机关机动侦查权相关条文规定凸显了其和法律监督权之间的密切关系和紧密衔接。[④] 需要注意的是，即便其他一些国家的检察机关机动侦查权不具有法律监督属性，也不能影响我国机动侦查权隶属于法律监督职权。[⑤]

质言之，从纵向角度观之，在第一阶段，即 1979 年《刑事诉讼法》中的检察机关机动侦查权，具有较强的主动性，追求严厉打击犯罪和积极维护社会秩序，诉讼的高效率成为其第一目标，故而行政权色彩较为浓厚。在第二阶段，即 1996 年《刑事诉讼法》修正后的检察机关机动侦查权，体现了一定的被动性和谦抑性，非不得已则不为之，主要发挥补充、

① 参见万毅：《一个尚未完成的机关：底限正义视野下的检察制度》，中国检察出版社 2008 年版，第 53 页。

② 有论者认为如果将检察机关机动侦查权认定为法律监督权，容易使公安机关为避免法律监督不利评价，而对行使机动侦查权的检察机关采取抵触情绪和其他不合作态度，进而认为检察机关机动侦查权从根本上而言仍然是侦查权，而不属于法律监督权的下位概念，笔者认为该论述存在逻辑混乱的情况，用一种客观、实然、必然的结果状态去否定检察机关机动侦查权的法律监督属性，不能自洽，参见刘为军、漆晨航：《机动侦查权的解读与实化：回归权力本位的研究思路》，载《甘肃政法大学学报》2022 年第 2 期。

③ 与其他机关侦查权相比，在我国，只有检察机关侦查权具有监督属性，检察机关侦查权是最具有刚性的法律监督职权，这种具有“杀手锏”意味的职能是其他法律监督职能无法媲美的。

④ 参见上海市松江区人民检察院课题组：《监察体制改革背景下检察侦查权运行机制研究》，载《犯罪研究》2019 年第 6 期。

⑤ 比如瑞典，在某个案件管辖权方面，检察机关和警察机关存在争议，无法协商一致时，检察机关有最后决定权，瑞典检察机关机动侦查权并不具有法律监督属性和功能。

兜底的作用,因而司法属性得以透视和呈现。到了第三阶段,即2018年《刑事诉讼法》修正,该法修正的背景是监察体制改革,尽管检察机关侦查权并没有因为自侦部门转隶而丧失殆尽,但是仅存的机动侦查权等侦查权弥足珍贵,对体现和保障检察机关法律监督职能意义重大,此时检察机关机动侦查权的法律监督属性最为明显。

厘清法律监督权和检察权的关系问题,对于深入理解检察机关机动侦查权的属性至关重要,对此,存在"一元说"和"二元说"的观点,前者认为,法律监督权和检察权在我国具有等质性,两者之间可以画等号,后者认为,我国检察权包括公诉权等职权和法律监督权。[①] 笔者较为赞同"一元说"观点,主要原因在于,我国《宪法》和《人民检察院组织法》都确定了检察机关的法律监督机关属性,如果认为公诉权等职权在法律监督职权之外,那么公诉权即超出《宪法》规定的范围,公诉权即面临违宪的风险。事实上,检察机关行使公诉权,在审查起诉过程中如果发现侦查活动违法、存在非法取证、遗漏罪名或者同案犯等情形,可以通过立案监督、侦查监督、制发纠正违法通知书、提出检察建议等监督方式予以纠正;而在提起公诉后,出席法庭支持公诉,对审判活动具有了亲历性,如果发现审判人员违法、裁判错误等,则可以通过抗诉、制发纠正违法通知书、提出检察建议等监督方式予以纠正。批准逮捕权、直接立案侦查权和机动侦查权等也是相似的道理,都应当归入法律监督权范畴。[②]

申言之,反贪和反渎职等检察机关大部分自侦权转隶至监察委,并非对法律监督职能的削弱,相反有利于凸显和强化法律监督职能。[③] 职

---

① 参见张伟:《"法律监督"新解》,载《民主与科学》2021年第2期。该文中提倡和主张法律监督诉讼论,颇具创新意义,也能够自圆其说、不无道理。

② 批准逮捕权在行使过程中能够发现监督侦查活动的线索,直接立案侦查权的行使是基于在诉讼过程中实行法律监督时发现的司法工作人员相关渎职犯罪线索,机动侦查权的行使则主要是对公安机关相关立案侦查权进行监督的结果。

③ 无论是"公诉权说",还是"内生价值说",甚或"权力格局说",均主张该核心结论和观点,参见平凡、刘志刚:《法律监督体系与监督能力现代化进程中的检察监督》,载《河北法学》2022年第11期。

务犯罪自侦权的转隶固然是出于整合反腐败力量的需要,能够形成统一高效的反腐败体系,但是对检察机关"既当运动员又当裁判员"相关质疑的破题具有重要意义。应该说,在对职务犯罪的立案侦查与法律监督职能定位之间存在一定的差距,对国家机关行为的违法性监督与对职务犯罪分子的贪污或者渎职行为立案侦查不能等量齐观,而且职务犯罪的查处主要是针对"人",而法律监督着眼于"事",所以原先检察机关对职务犯罪的立案侦查充其量是一项法律监督属性较弱的职能,将其剥离不会对检察机关法律监督属性造成侵害。[①] 相反,因为原先对职务犯罪的侦查属于检察机关的一项极其重要的业务,检察机关自然会投入大量时间、人力、物力、财力,难免挤占了办理其他法律监督属性较强业务的资源。职务犯罪自行侦查权转隶后,检察机关会将精力转至法律监督的主责主业,无疑对于回归、强化和凸显检察机关法律监督宪法定位颇有助益。质言之,检察机关机动侦查权的立法适当扩张和司法强化适用将成为加强检察机关法律监督的重要举措。

## 三、功能价值:存在乃至适度扩张的前提条件

如前所述,检察机关机动侦查权在我国《刑事诉讼法》中经历了三次变更,从一个侧面反映出检察机关机动侦查权制度所存在的争议。长期以来,对于我国检察机关机动侦查权的存废问题,争执不断。主要有两种观点,一种观点是"坚持或者完善说",另一种观点是"限制或者废除说"。[②] 前一种观点主要是基于机动侦查权具有重要补充和监督作用,对公安机关能够形成一定的鞭笞和倒逼,有助于实现公平和正义,后一种观点主要是基于机动侦查权在事实上基本没有发挥作用,该类案

---

① 参见卞建林:《检察机关侦查权的部分保留及其规范运行——以国家监察体制改革与〈刑事诉讼法〉修改为背景》,载《现代法学》2020 年第 2 期;王海军:《"法律监督"概念内涵的中国流变》,载《法学家》2022 年第 1 期。

② 参见张敬:《检察机关机动侦查权分析及完善路径》,载《湖北警官学院学报》2022 年第 1 期。

件数量微乎其微,而且也有容易造成管辖权混乱以及我国检察机关侦查力量和能力较为薄弱的考虑。笔者认为,机动侦查权属于检察机关侦查权能不可或缺的重要组成部分,自身具有查漏弥补和倒逼督促公安机关积极和正确履职的重要价值,是检察机关法律监督坚强有力的重要工具,体现检察机关法律监督职能与侦查权的深度融合,能够使法律监督真正“长牙带刺”。

一是倒逼功能。检察机关机动侦查权对公安机关具有一定的倒逼和震慑作用,这是检察机关法律监督权的预防效果,预防公安机关应当立案不立案,或者立案后应当侦查不侦查等情形。公安机关应当立案不立案,或者立而不侦、消极侦查、以罚代刑的,将可能面临检察机关的立案监督或者侦查监督,如果公安机关还固执己见,那么就将面临检察机关机动侦查权的启动,这种情况下某种意义上是对公安机关的否定,所以公安机关会在无形的压力和威慑下,积极作为和履职,竭力防止和避免对自身不利的后果和相关评价。[①] 譬如犯罪嫌疑人或者被害人是公安机关干警或其近亲属,或者是在当地有一定影响的政府官员,公安机关为了防止检察机关机动侦查权的启动,树立自身公信力,避免公众质疑,往往会主动提级管辖或者指定其他合适的公安机关管辖。申言之,机动侦查权尽管可能处于“备而不用”的状态,但是在客观上犹如高悬公安机关头顶的一把监督利剑,发挥着潜在的倒逼和规范的重要作用和效果。[②]

二是监督功能。检察机关机动侦查权发挥着纠错的作用,纠正错误

---

① 参见董坤:《检察机关机动侦查权研究——从 2018 年修改的〈刑事诉讼法〉第十九条第 2 款切入》,载《暨南学报(哲学社会科学版)》2019 年第 1 期。

② 尽管法律的生命力体现于实施,但是,正如 2010 年《关于办理刑事案件排除非法证据若干问题的规定》详细规定了非法证据排除规则,2012 年修改的《刑事诉讼法》正是从立法层面确定了非法证据排除规则,但是从司法实践来看鲜有真正排除非法证据的情况,但是该规则的重要意义是不言而喻的,该规则对刑讯逼供等非法取证行为具有极大的警示和威慑效力,检察机关机动侦查权同理。参见吴常青:《日本检察侦查权监督制约机制及其启示——以邮费优惠案为例》,载《中国刑事法杂志》2013 年第 4 期。

或者违法行为是监督的核心语义，[①]除了倒逼公安机关自行纠错，检察机关对相关案件开展立案侦查，亦是纠正公安机关错误的重要形式，这是检察机关法律监督权的核心效果之一。检察机关机动侦查主要适用于公安机关在立案侦查方面的不作为或者乱作为，[②]具体而言，根据《刑事诉讼法》第19条的规定，对于公安机关管辖的国家机关工作人员利用职权实施的重大犯罪案件，公安机关应当立案不立案或者怠于侦查、滥用侦查权、不正确行使侦查权时，检察机关启动机动侦查权、进行立案侦查，这对实现社会公平正义、维护法律权威等方面具有巨大推动和促进作用。[③]

三是补充功能。检察机关机动侦查权还能够弥补检察机关制发纠正违法通知书、提出检察建议、立案监督、侦查监督等手段强制性不足的缺陷，这是检察机关法律监督权的延伸效果。主要原因在于纠正违法通知书和检察建议缺乏程序性规定和法律的约束力，收到纠正违法通知书和检察建议的公安机关等单位常常置之不理。至于立案监督和侦查监督，尽管法律赋予了检察机关相关职能，但不时会遭遇公安机关等侦查机关的抵触和拒绝，在其仍不立案、仍不积极侦查或者仍然违法开展侦查工作时，检察机关会陷入无门境地。机动侦查权就是坚强有力的后盾，具有较强的刚性、强度和张力，能够对上述相对疲软手段形成强大反

---

① 参见程衍：《论监察权监督属性与行权逻辑》，载《南京大学学报（哲学·人文科学·社会科学）》2020年第3期。

② 有学者认为，检察机关机动侦查权的适用范围主要包括公安机关不宜立案侦查和公安机关不愿立案侦查两种情形，参见董坤：《检察机关机动侦查权研究——从2018年修改的〈刑事诉讼法〉第十九条第2款切入》，载《暨南学报（哲学社会科学版）》2019年第1期。笔者认为这两种情形可以概括为不作为，另外乱作为等情况也应当囊括进来。有学者认为，机动侦查权仅限于在公安机关应立案而未立案时行使，笔者同样认为这种观点是片面的、狭隘的，参见张智辉：《检察侦查权的回顾、反思与重构》，载《国家检察官学院学报》2018年第3期。有学者认为，检察机关侦查权还应该包括立而不侦，笔者认为该见解仍然不够全面，参见刘为军、漆晨航：《机动侦查权的解读与实化：回归权力本位的研究思路》，载《甘肃政法大学学报》2022年第2期。

③ 参见王祺国：《试论检察侦查》，载《法治研究》2021年第6期。

制,否则检察职能向后拓展和延伸就会流于形式,法律监督就不可能真正落地见效。[①]

申言之,检察机关拥有机动侦查权在全球范围内具有普遍性,从某个侧面说明检察机关机动侦查权有其存在的重要意义和价值。相关做法值得我国学习和借鉴。在大陆法系国家,比如德国和日本等国家,检察机关一般而言对所有刑事案件均具有侦查权,警察机关只是对检察机关刑事侦查起辅助作用。[②] 在英美法系国家,检察机关对某些特殊案件享有侦查权;在英国,检察机关可以直接立案侦查的案件主要包括可能判处极端刑罚的案件、政府部门提交请求起诉的案件、检察机关认为应当由自己起诉的案件;在美国,检察机关可以侦查的案件主要包括公司管理人员犯罪案件、警察腐败案件、特别重大贪污贿赂犯罪案件。

四是保障功能。检察机关机动侦查权也是我国公诉权的内在要求和应有之义,而公诉权存在的重大价值就是让每一个犯罪分子都受到国家的制裁和惩罚。之所以规定由国家来追诉犯罪,主要是因为犯罪行为不仅仅侵害了被害人个人的合法权益,也侵害了社会稳定秩序和人类共同利益。在应当追究犯罪但是公安机关没有立案侦查时,检察机关主动开展立案侦查,发现并证明相关犯罪事实,使实施犯罪的人接受法律追究。相反,如若我国检察机关没有机动侦查权,现代公诉制度的追诉主义理念就有可能落空。[③] 检察机关机动侦查权的根本目的在于"规训",即追诉和惩罚犯罪,行使权力主体的变化并不会改变侦查权行使的核心

---

① 当然,这也并不意味着检察机关机动侦查权的适用范围需要无限扩大,也不代表没有其他的救济方式方法,比如当发现公安机关干警在办案中存在违法违纪乃至渎职犯罪的时候,可以向监察委移送相关线索,建议监察委立案调查和处理。

② 从严格意义上讲,大陆法系国家检察机关对所有刑事案件行使侦查管辖权意味着"机动性"丧失,但是此处主要想表达和强调检察机关立案侦查具有法律赋权的广泛性和正当性,以及适用的自主性和常态化。

③ 参见张智辉:《检察侦查权的回顾、反思与重构》,载《国家检察官学院学报》2018 年第 3 期。

要旨。[①] 从该意义上说，检察机关机动侦查权是国家追诉主义和公诉权的题中之义和必然要求，可以保证刑事诉讼有效进行和刑事诉讼价值目标得以实现，这是检察机关法律监督权的终极效果。

## 第二节　检察机关机动侦查权受限的问题聚焦

一般而言，权力具有天然的扩张性，然而，检察机关在反贪、反渎职等部门转隶后并没有热衷于行使机动侦查权，从官方披露的数据和信息看，近些年来全国范围内检察机关机动侦查权的行使寥寥无几，[②]检察机关机动侦查权条文陷入“僵尸条款”“沉睡条款”“休眠条款”的尴尬境地，这与检察机关机动侦查权的谨慎制度设计、配套措施缺乏等方面密不可分。[③] 举其要者，分述如下。

### 一、案件范围受限之维

检察机关机动侦查权具有鲜明的补充性和兜底性，案件具体范围受公安机关管辖、国家机关工作人员、利用职权、重大犯罪的限制。机动侦查权的适用排除四类机关管辖的犯罪案件，分别为公安机关管辖的一般

---

① 参见[法]米歇尔·福柯：《规训与惩罚》，刘北成、杨远婴译，生活·读书·新知三联书店2012年版，第351～353页。

② 2023年是检察机关机动侦查权浓墨重彩的一年，取得了较大成效和起色。为了“激活”检察机关机动侦查权，最高人民检察院通过开展调查研究和组织座谈研讨、举办相关业务培训班、编发典型案例等多种方式，推动全国检察机关积极、充分、准确运用该项权能，全年共计办理机动侦查案件110件176人，案件类型涉及敲诈勒索、虚假诉讼、洗钱等26个罪名，所有省份实现机动侦查办案“全覆盖”、办案事故“零报告”，参见单鸽：《检察侦查，在稳步推进中开拓创新——检察机关推进司法工作人员相关职务犯罪侦查工作》，载《检察日报》2024年2月20日，第1版。

③ 另外，立案监督和侦查监督，包括制发纠正违法通知书、提出检察建议等，也挤占了检察机关机动侦查权的适用空间和可能。

案件、检察机关直接立案侦查案件、监察委管辖的案件、海关和国家安全机关等其他侦查主体管辖的案件。根据立法原意,检察机关机动侦查权主要针对个别重大犯罪案件,比如地方党委负责人利用职权实施盗窃、诈骗、贩卖毒品或者敲诈勒索等犯罪,而不是某类犯罪案件。① 从司法实践看,目前,屈指可数的适用机动侦查权的案件集中于公安机关工作人员利用职务便利通过黑社会性质组织实施贩卖毒品、走私等犯罪活动。② 总之,无法否认,实践中客观存在着需要启动但是由于法律规定的适用范围过于狭窄无法启动的尴尬局面。

## 二、启动程序受限之维

机动侦查权的启动必须由省级检察院或者最高人民检察院决定,比如基层检察院发现相关案件线索,欲立案侦查,至少必须经过本级、地级市一级和省级三级检察院的审查和同意,程序异常复杂和冗长。③ 逐级上报和漫长的等待批准耗时费力,这个过程中犯罪嫌疑人很有可能会乘机逃匿,案件的证据随时间推移而变得难以收集,对基层检察机关的立案和侦查十分不利。根据有关学者的调研,对于下级检察院行使机动侦查权的申请,省级以上检察院进行审查批准极为慎重,为了避免引发公众质疑乃至网络舆情,司法实践中相关申请大多数都没有被批准,某种意义上检察机关内部自缚手脚,进一步降低了机动侦查权的适用率。④

---

① 参见胡康生、李福成主编:《中华人民共和国刑事诉讼法释义》,法律出版社 1996 年版,第 20 ~ 26 页;王祺国:《检察侦查工作现代化的价值目标与基本路径——以浙江检察侦查工作为视角》,载《人民检察》2023 年第 9 期。

② 参见陈国庆:《刑事诉讼法修改与刑事检察工作的新发展》,载《国家检察官学院学报》2019 年第 1 期。

③ 有观点认为,机动侦查权报批无须逐级进行,笔者认为根据我国现行检察体制设计,该理解存在谬误,参见张敬:《检察机关机动侦查权分析及完善路径》,载《湖北警官学院学报》2022 年第 1 期。

④ 参见董坤:《检察机关机动侦查权研究——从 2018 年修改的〈刑事诉讼法〉第十九条第 2 款切入》,载《暨南学报(哲学社会科学版)》2019 年第 1 期。

适例就是山东省济南市人大常委会原主任段某和爆炸、受贿和巨额财产来源不明案，济南市人民检察院本可以立案侦查，对爆炸罪适用机动侦查权，对后两罪并案侦查，但是半路上“拐了弯”，爆炸罪先于2007年7月10日变更为由济南市公安局立案侦查，后于同月被变更管辖为由山东省公安厅立案侦查。[①]

## 三、侦查措施受限之维

我国《刑事诉讼法》没有赋予检察机关采取所有行使机动侦查权所必需的侦查手段，相关制度设计非常粗疏，未对机动侦查权的行使作出明确规定。原先，技术侦查的适用范围可以分为两类，一类是公安机关管辖的危害国家安全犯罪、恐怖活动犯罪、黑社会性质的组织犯罪、重大毒品犯罪或者其他严重危害社会的犯罪案件；另一类是人民检察院管辖的重大贪污贿赂和利用职权实施的严重侵犯公民人身权利的犯罪案件。2018年《刑事诉讼法》修改时，对第二类进行了限缩，仅保留了利用职权实施的严重侵犯公民人身权利的重大犯罪案件。当然，这种体系性变更主要源于检察机关大部分职务犯罪侦查权的转隶。[②] 如果检察机关启动机动侦查权，对国家机关工作人员利用职权实施的诸如贩卖毒品、敲诈勒索、洗钱、虚假诉讼等严重危害社会的犯罪，则不能采取技术侦查手段，对案件的侦破将十分不利。另外，检察机关行使机动侦查权与行使直接立案侦查权、自行补充侦查权一样，也不能采取通缉的措施。

## 四、司法资源受限之维

以司法责任制和员额制为重要内容的司法体制改革，大幅提高了法

---

① 参见《2007，大案警示录》，载新浪网，https://news.sina.com.cn/o/2007-12-10/133013052573s.shtml。

② 参见喻海松：《刑事诉讼法修改与司法适用疑难解析》，北京大学出版社2021年版，第26~30页。

院和检察院的专业性和专业化水平，但是由于具有办案资格的人数减少，案多人少的矛盾和窘境进一步加剧。反贪、反渎职等部门转隶之后，大量侦查人员和侦查设备流失。而且，检察机关数据资源、信息技术等总体而言也较为贫乏。尽管监察体制改革背景下，法律给检察机关留下了一部分侦查权，但是司法资源的不足导致检察机关行使机动侦查权等侦查权能的积极性和主动性大大减弱。进言之，自检察机关机动侦查权创设以来，在检察机关内部，到底由哪个内设部门来行使该项权力也不明确，鲜有对此作出专门规定的规范性文件。

## 第三节　有效行使检察机关机动侦查权的理论依据

检察机关机动侦查权具有重要意义和价值，但是立法的缺陷、理念的落后、实践的不力等因素，造成应当启动没有启动、需要启动无法启动、极少行使和适用的现状。对检察机关机动侦查权进行强化适用和适度扩张迫在眉睫，能够支撑该命题的理论基础至少包括法律监督理论、检警关系理论、信赖法益理论、权力扩张理论等。

### 一、法律监督理论

立案监督和侦查监督是我国检察机关法律监督权能的重要组成部分，在发现公安机关存在应当立案而不立案，或者立案后怠于侦查、违法侦查、以罚代刑等情形时，通过制发要求说明不立案理由通知书、立案通知书、纠正违法通知书，提出检察建议等进行监督，属于检察机关行使法律监督权的重要形式。但是，这不能成为否认检察机关机动侦查权具有法律监督属性的理由，恰恰相反，也诚如前文所述，检察机关机动侦查权具有极强的法律监督属性，亦可以囊括进广义的立案监督和侦查监督范畴,而且是立案监督和侦查监督极为重要和有效的方式和途径。[①] 在检察机关大部分自侦权因为转隶而丧失导致检察机关失去重要利器和后盾以及其他监督手段较为"疲软"的背景之下,检察机关机动侦查权的法律监督属性得到凸显,立法和司法的适当扩张有助于检察机关履行法律监督职能,有助于在公安机关渎职的情况下,不让犯罪分子逃避刑事追究,进而维护法律统一正确实施。

## 二、检警关系理论

检警关系是刑事诉讼重要范畴,受到世界各国的普遍重视,放眼全球,主要有两种类型,大陆法系国家为"检警一体",检察机关领导和指挥警察机关侦查,对警察机关立案侦查形成管控,追诉效率大大提高,英美法系国家为"检警分立",分工比较明确,"各管一段"。在我国,检察机关和公安机关之间的关系遵循分工负责、互相配合、互相制约的原则,国情决定了不可能对现有体制推倒重来实行"检警一体",但应当对警察机关侦查活动予以一定引导和管控,譬如对部分特殊案件同时赋予检察机关和公安机关都享有管辖权具有可行性和必要性,而适度强化和扩大检察机关机动侦查权无疑是有力的举措和抓手,能够有效化解检察机关对公安机关制约手段匮乏、制约强度不足的问题。

## 三、信赖法益理论

重大犯罪往往具有严重人身危险性和社会危害性,如果公安机关本应该立案侦查但是却出于种种原因放任不管,将有违公民的期待,将对国民信赖的法益造成极大的侵蚀。国家机关工作人员本应是人民的公仆,应更加遵纪守法、起到模范带头作用,公民对国家机关工作人员在遵

---

① 参见谢澍:《检察机关侦查权的监督性及其体系化进路》,载《中国刑事法杂志》2022 年第 3 期。

守法律方面往往会有更高的期许和盼望,基于此,如果国家机关工作人员利用职权实施重大犯罪,更为社会和国民心理所不容,此时公安机关如若存在应当立案却不立案或者立案后怠于侦查,检察机关直接立案和侦查,亦能满足社会公众的相关期盼。从深层次而言,国家机关工作人员利用职权实施重大犯罪,不仅对被害人的权益造成严重侵害,而且对国家长足发展所依赖的公信力造成极大破坏,检察机关机动侦查权在公安机关不宜立案或者不愿意立案等情况下作为后备力量得以动用,对案件的公正处理、国民信赖法益的保护和满足将起到极大的促进作用。

## 四、权力扩张理论

权力的积极扩张需要具备两个方面的条件:一是该项权力具有优点,存在正价值;二是该项权力设计方面自缚手脚、阻滞较多,运行方面不够通畅。[①] 言说检察机关机动侦查权的立法和司法现状,无疑符合权力扩张理论的适用条件。详言之,检察机关机动侦查权具有法律监督的属性和功能,可以监督公安机关纠正应立案而不立案或者立案后怠于侦查等错误,在公安机关拒不纠错的情况下可以发挥补充作用,同时能够保障公诉权的行使。然而,检察机关机动侦查权的法律、制度、机制相关设置存在诸多局限,都使该权力的行使陷入障碍叠加、困难重重的境地,只有在积极权力观以及积极治理观的指导下致知力行,检察机关机动侦查权受限的困境才将得到改善和破局。

---

① 参见董向东:《限权与扩权:新刑诉法视野下的侦查权配置》,载《山东警察学院学报》2012 年第 5 期;许浩、赵曾行:《检察机关"扩权"视野下检察权之保障》,载《政法学刊》2012 年第 6 期。

## 第四节　检察机关机动侦查权有效行使的基本方案

一方面，检察机关固然不应滥用机动侦查权，毕竟机动侦查权是一种非常规、非常态的措施手段，应当坚守必要性和谦抑性、后发原则，非必要和特殊情况下不得发动。[①] 另一方面，应从司法和立法两个方面对检察机关机动侦查权进行规范和打造，不应该让检察机关机动侦查权长期处于“备而不用”甚至“废而不用”的状态，而应当积极充分、正确合理运用机动侦查权，[②]从制度角度而言，应当在原有机动侦查权相关规定的基础上进行优化、调整乃至重新构造，[③]目的是更好地实现检察机关法律监督职能，促进司法公平正义。

### 一、确定和遵循科学的指导原则

马克思曾说，不受思想指导和推崇的行动，只不过是行尸走肉——没有灵魂的躯体。[④] 是故，应当从检察机关机动侦查权的应然定位出发，以科学正确的指导思想为引导，强力持续加大适用机动侦查权的力度，并设计适度扩张该项权能的具体制度方案。

第一，必要性原则。检察机关机动侦查权的主要目的是监督和制约

① 参见张敬：《检察机关机动侦查权分析及完善路径》，载《湖北警官学院学报》2022 年第 1 期。

② 笔者并不否认，在处理机动侦查权等检察机关侦查权与公安机关等侦查机关侦查权关系问题上，应当遵循公安机关侦查权优先和在前，检察机关侦查权补充和在后的原则；同时笔者主张，通过开展调查研究和组织座谈研讨、举办相关业务培训班、编发典型案例、优化考核机制等多种方式，推动检察机关积极、充分、准确运用该项权能。

③ 检察权能的扩张应当坚持谦抑性，在没有充足理由时不要改变法律，即除非非改不可，参见[法]孟德斯鸠：《论法的精神》（下册），张雁深译，商务印书馆 2005 年版，第 340 ~ 343 页。

④ 参见中共中央马克思恩格斯列宁斯大林著作编译局编译：《马克思恩格斯全集》（第 12 卷），人民出版社 1962 年版，第 616 ~ 619 页。

公安机关在立案侦查问题上的恣意，检察机关一旦行使机动侦查权，在某种意义上具有开启刑事诉讼的效果。[①] 检察机关机动侦查权制度设计的初衷并非要将其推到一线，也并非让检察机关和公安机关承担相同的侦查职能。检察机关机动侦查权具体运用时，仍然只能作为一种例外和非常态化手段，本身就犹如一把悬挂在公安机关头顶的“达摩克利斯之剑”，总体仍然应该发挥引而不发和有备无患的兜底状态。[②] 但是，一旦符合或者满足检察机关机动侦查权的相关条件，检察机关即应当在必要性审查基础上，以积极主动姿态正确、合理、充分行使该权力。

第二，明确性原则。如果检察机关机动侦查权启动设置的条件含糊不清，则会存在权限不清晰的问题，既可能造成越权的情形，也可能导致推诿的后果。比如，何时可以启动，是否需要以检察机关提出公安机关应当立案侦查或者积极正确开展侦查工作而公安机关拒不接受作为前置条件；又如，条文中的“可以”是强制性规定还是选择性规定，如果是选择性规定，那么如何作出肯定或者否定的选择；再如，条文中的“重大犯罪案件”如何理解和界定，也极其模糊。上述疑问均有待在明确性原则的指导下，通过立法或者司法解释的形式予以明晰。

第三，比例性原则。比例性原则是指两种或两种以上的制度、权力、事物等在配置上应当符合一定的比例，否则会导致失衡，造成与初衷和良好愿景的背离。[③] 一般而言，比例性原则强调权力设置应当遵循一定的界限，超越一定的边界则会侵蚀另外一种权力，导致公平正义不彰，当

---

① 参见黄延钦：《论检察机关的机动侦查权》，载《重庆工商大学学报(西部论坛)》2008 年 S1 期。

② 参见袁志尧：《检察机关机动侦查权制度及其适用的检视与完善》，载《四川警察学院学报》2023 年第 6 期。

③ 比例性原则原本是行政法上的基本原则，包括适当性原则、必要性原则和狭义比例原则，狭义比例原则又称比例性原则、相称性原则、均衡原则，即行政权力所采取的措施与其所达到的目的之间必须合比例或相称。本书借用了行政法比例原则中的狭义比例原则即比例性原则，并予以了一定创新性的变通处理和援用。

然,除了不能超过一定的比例,如果比例过低也违背该原则。公安机关立案侦查权和检察机关机动侦查权概莫能外,机动侦查权如果权限过大,会对公安机关立案侦查权形成破坏和不良影响,但是,如果其权限过于弱小,也不足以与公安机关立案侦查权形成抗衡和制约。[①] 本书从上述正反两个方面对比例性原则相关理论进行援引和说明,检察机关机动侦查权亟须扩张,但扩张要适度,需要遵守一定的边际和界限,应当杜绝和避免检察机关机动侦查权无穷大和无限小两个极端。[②]

## 二、对检察机关机动侦查权进行完善的举措建议

在正确的理念和原则指导下,短期之内,主要着眼于司法实践,通过多种举措,用足用好机动侦查权,如开展调查研究和组织座谈研讨、举办相关业务培训班、编发典型案例、优化考核机制、加大人力物力财力投入、加强相关软件和硬件设施建设(包括信息化、数字化建设)等,推动检察机关积极、充分、准确该项权能。从长远看,通过完善立法,对检察机关侦查权进行改进和打造,此乃治本之策。两者形成合力,才能真正实现有效行使机动侦查权的根本目的、终极目标。

### (一)对"重大犯罪案件"等予以明确

关于机动侦查权条文中的"重大犯罪案件"如何理解和把握,语焉不详,司法实践中容易产生困惑,如果不能准确作出判断,则会导致检察机关应当启动机动侦查权未启动,或者检察机关不应当启动机动侦查权却启动。1998 年最高人民法院《关于处理自首和立功具体应用法律若干问

---

① 比如适用对象方面,检察机关机动侦查权不应当针对所有案件,但是,一些涉及较为重要法益或者具有其他较为特殊情况的案件则应当囊括进其规制范围。一言以蔽之,亟待适当扩大检察机关机动侦查权适用范围和情形,并科学廓清适用界限和标准。

② 而且,检察机关机动侦查权的行使对社会关系和相关人员产生重大影响,所以亦需要健全完善对其进行监督制约的制度机制,此亦为恪守比例性原则的题中之义。

题的解释》规定“重大案件”的标准是可能判处无期徒刑以上刑罚或者在省、自治区、直辖市或者全国范围内有较大影响的案件。2016 年最高人民法院、最高人民检察院《关于办理贪污贿赂刑事案件适用法律若干问题的解释》将“重大案件”的标准确定为可能判处 10 年有期徒刑以上刑罚或者在省、自治区、直辖市或者全国范围内有较大影响的案件。2017 年最高人民法院、最高人民检察院《关于适用犯罪嫌疑人、被告人逃匿、死亡案件违法所得没收程序若干问题的规定》明确了“重大案件”的标准,主要是在省、自治区、直辖市或者全国范围内有较大影响的案件,或者是犯罪嫌疑人、被告人逃匿境外的案件。上述三个司法解释分别对“重大犯罪案件”的标准进行了明确,但存在一定的差异性。笔者准备先对违法所得没收程序中的“重大犯罪案件”标准作如下探讨和评判。

之所以确定“较大影响标准”,一是由于刑罚标准不可行。将略低于可能判处的 10 年有期徒刑的刑罚排除违法所得没收程序中“重大犯罪案件”的范围进而不适用该程序,不符合立法原意,也不利于反腐败的深入推进。二是由于数额标准不具有科学性。① 如果将未逃匿境外的数额标准设置为低于逃匿境外的数额标准,存在鼓励外逃的嫌疑。如果设置为同一标准,譬如,60 万元人民币的标准,对于境内违法所得在 40 万元至 60 万元的案件,如果不启动违法所得没收程序不具有合理性,对于境外违法所得在 70 万元左右的案件,毋庸境外没收困难重重,耗时耗力,即便能够最终追缴 70 万元,但可能都抵销不了办案的成本。

“较大影响标准”是不得已而为之的选择,而且,其本身也存在着一定缺陷。一是违背管辖原则,因为省、自治区、直辖市或者全国有较大影响的案件根据管辖原理应当由高级人民法院或者最高人民法院管辖,而

① 参见刘文峰:《犯罪收益独立没收程序研究》,中国政法大学出版社 2016 年版,第 370 ~ 376 页。

非由中级人民法院管辖;[①]二是省、自治区、直辖市或者全国有较大影响的标准本身具有含糊性和不确定性,什么案件具有较大影响,何种案件不具有较大影响,有时殊难判断,容易陷入主观化倾向。

笔者认为,目前,可以对重大犯罪案件的标准进行适当改造,考虑到可能被判处10年以上有期徒刑刑罚或者犯罪数额达到一定标准,但是尚未达到在省、自治区、直辖市或者全国有较大影响的相关案件确有没收违法所得的必要性,建议将重大犯罪案件标准设置为选择性情形,即建议规定,符合下列情形之一的,应当认定为属于重大犯罪案件:(1)犯罪嫌疑人、被告人可能被判处10年以上有期徒刑刑罚的;(2)犯罪数额达到100万元人民币以上的;(3)在省、自治区、直辖市或者全国范围内有较大影响的。

综上,笔者认为可以通过司法解释的形式对机动侦查权条文中的"重大犯罪案件"标准进行明确,确定可能刑罚、犯罪金额和社会影响的选择性标准,并且对诸如自首立功、贪污贿赂、违法所得没收程序等司法解释中的"重大犯罪案件"标准进行修改和统一化处理。

检察机关机动侦查权相关条文中有"可以由人民检察院立案侦查"的表述,其中使用了"可以"的语词,意味着省级以上检察机关可以批准,也可以不批准,有一定的随意性和主观性,导致有失严肃性和确定性,也意味着相关案件既可以由检察机关立案侦查,也可以由公安机关立案侦查。用语的含糊和不确定造成权限划分的混乱不堪,容易导致争夺立案权或者互相推诿两种极端情形的发生。所以,建议将"可以"更改为"应当",将柔性、模糊的语言变为刚性、明确的表达。

此外,为了厘清和明确检察机关机动侦查权与立案监督的关系,建议规定,检察机关在发现公安机关应当立案而不立案时,应当通知公安机关说明情况,说明的理由不能够成立的,应当通知公安机关立案,仍然

① 参见张吉喜:《违法所得没收程序适用中的相关问题研究》,载《现代法学》2019年第1期。

不立案的或者立案后又撤案、怠于侦查、久侦不决的，检察机关应当发出纠正违法通知书或者检察建议书，公安机关仍不整改的，检察机关应当根据法律规定的条件和程序行使机动侦查权。检察机关行使机动侦查权以及后续案件判决等情况，可以作为公安机关相关人员渎职和追究其刑事责任、行政责任抑或纪律处分的依据。至于在不适宜由公安机关立案侦查或者公安机关违法侦查取证时，也建议作出类似的具化规定。

### （二）将审批制改为备案制

检察机关机动侦查权属于侦查权，启动侦查权的条件是符合立案标准即发现犯罪嫌疑人或者犯罪事实，而且检察机关机动侦查权与公安机关等的侦查权相比，并没有对犯罪嫌疑人等诉讼主体产生更多的不利和负面影响，再单独设置过于严苛的审批程序与现代侦查程序诉讼理念严重背离。[①] 立于此，检察机关机动侦查权的启动就不应当额外再设置过多条件和过高门槛，相关条文中的审批条件造成烦琐的审批流程，不符合现代诉讼理念，也容易引发侦查取证最佳时机的贻误。故而，笔者建议将审批制变更和改造为备案制，只要符合立案侦查的条件，任何检察机关均有自主决定权，都可以直接决定启动机动侦查权，同时规定将立案以及案件侦查办理情况报上级检察机关备案审查。当然，为了防止步子一下子迈得太大，权宜之计是可以将“经省级以上人民检察院决定”改为“经上一级人民检察院决定”，主要原因有：一是适用机动侦查权的案件范围限于重大犯罪案件，基层人民检察院无权管辖，应当由设区的市级人民检察院行使立案侦查权，上述修改并没有改变必须至少经过省级检察院同意的前提。二是祛除了是否需要报经最高人民检察院同意的疑虑，简化了不必要的程序，而且更加明确、可行、科学。三是如此规定同时也可以起到化解到底是需要层层上报还是直接上报省级以上人民

① 参见刘为军、漆晨航：《机动侦查权的解读与实化：回归权力本位的研究思路》，载《甘肃政法大学学报》2022 年第 2 期。

检察院批准相关争议的作用。

### （三）扩大适用机动侦查权的案件范围

尽管机动侦查权的权力分配和制度设计存在目的正当性，检察机关机动侦查权应当适用于极其特殊的情况，只应局限于公安机关负责侦查案件将无法保证查清案件事实以及公正依法处理的情形。但是，法律规定的适用检察机关机动侦查权的案件范围过于狭窄，亟待适当予以扩大，回应现实之需。

一是疑难复杂案件，除了引导侦查等手段之外，建议赋予检察机关对疑难复杂案件有自主决定是否受理的主导权力。瑞典等国家的做法值得我国学习借鉴，在瑞典疑难复杂案件主要由检察机关侦查，①德国等国家也有类似的规定。② 同时建议借鉴瑞典赋予检察机关对该类案件在实施及时介入、引导侦查、重点监督等仍然不奏效的情况下，可以决定改变管辖和自行开展立案侦查。当然，疑难复杂案件也包括存在较大争议的新类型案件。③ 随着经济社会迅猛发展，科学技术日新月异，犯罪手段和类型层出不穷，尤其是智能化、网络化、信息化犯罪形式不断翻新，这些犯罪具有迷惑性和隐蔽性，对于是否立案侦查，容易产生不同观点，建议明确赋予检察机关对该类犯罪的机动侦查权，检察机关通过其他监督手段也有可能实现打击该类犯罪的目的，但是检察机关行使机动侦查权高效迅捷，某些案件如果不赋予检察机关行使机动侦查权进行直接立案侦查，就很有可能造成证据灭失或者社会危害性不断扩大等不利情形的发生。

二是检察机关在诉讼监督过程中发现诸如公安机关立案、侦查，法院审判，看守所和监狱执行，民事、行政和公益诉讼案件中存在的司法工

---

① 参见《瑞典诉讼法典》，刘为军译，中国法制出版社 2008 年版，第 4 ~ 8 页。

② 参见《德国刑事诉讼法》，李昌珂译，中国政法大学出版社 1995 年版，第 76 ~ 79 页。

③ 参见刘为军、漆晨航：《机动侦查权的解读与实化：回归权力本位的研究思路》，载《甘肃政法大学学报》2022 年第 2 期。

作人员职务犯罪线索，应当行使立案侦查权。这样诉讼监督才能彰显刚性和力量，才能更加及时和有力地对该类司法工作人员职务犯罪行为重拳出击，否则，检察机关还要将相关线索转至其他相关机关，效率和公正都可能将得不到应有的保证。[①]

三是公安机关不适宜管辖的所有案件，主要包括公安干警犯罪的，公安干警或者其近亲属和案件有其他利害关系的，此时如果由公安机关立案侦查可能会影响案件公正处理，倘若由检察机关进行立案侦查，将更加有利于刑事诉讼中立、客观和公正价值的实现。有管辖权的公安机关不适宜从事侦查工作的适例是某个公安机关的主要负责人为犯罪嫌疑人，[②]仅对与该主要负责人存在利害关系的公安民警适用回避制度仍然不够，需要对整个公安系统实施回避，此时检察机关机动侦查权须能及时"补位"和开展立案侦查工作，这样才能确保侦查的公平公正。

四是可能判处死刑的案件，对于该类案件建议规定由检察机关和公安机关共同立案侦查。在现场勘验、讯问、搜查等重要侦查活动中，检察机关和公安机关联合共同开展侦查活动，审慎、全面、及时、依法侦查，将冤假错案发生的概率降至最低。

当然，适用检察机关机动侦查权的案件范围也不适宜过度扩张，不可能包罗万象、包打天下，必须坚持监督性、有限性、可控性和补充性的原则和理念，[③]否则会造成管辖权的混乱以及招致检察机关随意插手案件的嫌疑和不利评价，有失法的安定性和检察机关公信力。

### （四）赋予机动侦查权完整的侦查手段和措施

检察机关机动侦查权与公安等其他机关侦查权具有同源性，应当对

---

① 参见邱伯友、刘康：《检察侦查权若干问题浅析——以监察体制改革试点为背景》，载《2018第二届全国检察官阅读征文活动获奖文选》。

② 再如某个在本地有重要影响的政府官员利用职权从事犯罪活动，因为公安机关较容易受到政府部门的不当干涉，此时不适宜由公安机关对其进行立案侦查。

③ 参见张智辉：《检察侦查权的回顾、反思与重构》，载《国家检察官学院学报》2018年第3期。

检察机关机动侦查权赋予公安等其他机关侦查权所能使用的一切侦查手段和措施，[①]并且检察机关可以共享信息和数据资源。对于公安机关已经采集的宾馆登记信息、视频监控、DNA、指纹、足迹、通话记录、微信聊天记录等，赋予检察机关在行使机动侦查权时共享和利用权，否则检察机关机动侦查权对所侦查对象的支配权威无从谈起。同时，基于检察机关人力和物力等各方面条件的限制，应当增加规定公安机关在检察机关行使机动侦查权时具有配合和协作的义务，保障检察机关机动侦查权的顺利运行。

截至目前，全国28个省级院以及部分地级市检察院业已成立专门的检察侦查部。不久之前，最高人民检察院专门成立了检察侦查部门，在刑事执行检察厅加挂检察侦查厅的牌子。[②] 剩余的检察院对司法工作人员14个罪名的侦查权归于刑事执行检察部门，机动侦查权一般也由其负责。随之而来的问题是，虽然刑事执行检察部门负责对监管场所工作人员有关职务犯罪侦查具有一定的便利条件以及侦查经验优势，但是其本身对监管场所刑事执行活动的法律监督任务已经非常繁重，同时司法工作人员相关职务犯罪广泛发生于民事诉讼、行政诉讼和刑事诉讼中，领域广、范围大，这种情况下由刑事执行检察部门统一承担检察机关侦查权不具有合理性和科学性。考虑到基层检察院人数较少，内设部门编制数有限，侦查力量和能力较为薄弱，而且现行《刑事诉讼法》配置给检察机关侦查权的相关案件数量较少，基层检察院再重新单独设置一个专门的侦查部门不合理、不现实，存在挤占和浪费司法资源的嫌疑。建议明确规定保留的直接立案侦查权和机动侦查权由设区的市级检察院统一行使，有条件的设立专门的侦查专门部门，条件尚不成熟的成立侦

---

① 参见刘为军、漆晨航：《机动侦查权的解读与实化：回归权力本位的研究思路》，载《甘肃政法大学学报》2022年第2期。

② 参见《最高人民检察院检察侦查厅正式挂牌成立》，载最高人民检察院网，https://www.spp.gov.cn/xwfbh/wsfbh/202506/t20250624_699069.shtml，最后访问日期2025年6月24日。

查办案组。[①]

应避免同一部门同时负责监督、侦查甚至起诉,若由各个发现线索的刑事检察部门开展机动侦查工作,具有熟悉案情的便利,有助于提高办案质量,也有助于提高效率,但是存在的最大不足就是监督和侦查合二为一,甚至自行起诉,将会陷入"自监自侦自诉"的怪圈和不利局面,存在较大弊端。提起公诉权和机动侦查权由检察机关相对独立部门行使,有利于开展内部监督和实现客观公正。

笔者建议学习比利时等国家做法,明文规定检察机关在行使机动侦查权时可以调动警察机关及其警员力量支持自身开展侦查工作。[②] 因为根据我国法律规定和机构设置情况,检察机关和公安机关互不隶属,检察机关在开展侦查工作时无权直接调配使用公安机关相关资源。应当明确规定在检察机关启动机动侦查权之后,公安机关应当将先前侦查所获得的证据材料移交检察机关,为检察机关节约一定的司法资源,也避免重复劳动和投入,促进加快办案进程,并且规定检察机关对警察机关侦查资源拥有适时调配的权力。公安机关先前为侦办案件所建立的数据库资源,亦具有重要价值,建议规定公安机关应当授权检察机关访问,由公安机关为检察机关提供接入端口,当然,该类数据资源的使用仅限于检察机关行使机动侦查权的场合。

### (五)对机动侦查权的行使进行监督

完善检察机关机动侦查权相关立法,重要考虑之一就是"激活"检察

① 对于检察机关保留的直接立案侦查权,根据目前的制度设计,原则上由设区的市级检察院立案管辖,但也未取消基层检察院立案侦查权,依据主要是2018年最高人民检察院《关于人民检察院立案侦查司法工作人员相关职务犯罪案件若干问题的规定》第2条,参见王建平、高翼飞:《〈关于人民检察院立案侦查司法工作人员相关职务犯罪案件若干问题的规定〉理解与适用》,载《人民检察》2019年第4期。

② 参见陈卫东主编:《刑事立案与侦查:外国刑事诉讼法有关规定》(下),中国检察出版社2017年版,第466页。

机关的机动侦查权，避免检察机关的侦查权彻底丧失，防止法律监督没有任何抓手和利器从而导致权威和实效丧失殆尽。[①] 然而，任何权力的行使都必须遵循一定的规则和边界，检察机关机动侦查权也不例外，为了防范检察机关滥用或者怠于适用机动侦查权，[②]阻断和免受“成果主义”和“无过即功”不当思潮的侵蚀和干扰，[③]亟待健全相配套的监督体系，对机动侦查权进行全方位、全链条、全过程制约和督促。

一是上级检察机关强化审查。审批制具有极强的监督制约效果，转为备案制后不代表上级检察机关对下级检察机关行使机动侦查权不再有任何约束。在下级检察机关将有关机动侦查权行使的手续、材料报上级检察机关后，上级检察机关应当及时和全面审查，在发现下级检察机关受理立案侦查不符合机动侦查权启动条件时，应当责令终止侦查，并要求将案件转至有侦查权的有关侦查机关。

二是公安机关享有申请复议和复核权。在检察机关动用机动侦查权对有关刑事犯罪案件立案之后，如果公安机关对检察机关适用机动侦查权有异议，那么，相对应的同级公安机关可以向检察机关提出复议申请，在对复议结果仍然不服的情况下，可以向行使机动侦查权开展立案侦查的检察院的上一级检察院提出复核申请。复议复核期间，不中止或者暂停检察机关的侦查活动。

三是诉讼参与人有权提出申诉。应当赋予诉讼参与人申诉权，在检察机关动用机动侦查权对有关刑事犯罪案件立案后，如果犯罪嫌疑人、被害人、诉讼代理人或者辩护人等诉讼参与人对检察机关适用机动侦查

① 参见李振杰、唐益亮：《改革视域下检察机关机动侦查权之重构》，载《山西省政法管理干部学院学报》2017 年第 3 期。

② 滥用的情形有违规插手案件、为了考核加分等，怠于适用可能出于“惰性”或者不会、不敢、不愿等。

③ 参见吴常青：《日本检察侦查权监督制约机制及其启示——以邮费优惠案为例》，载《中国刑事法杂志》2013 年第 4 期。

权有异议,该类诉讼参与人既可以向行使机动侦查权开展立案侦查的检察院提出申诉,也可以向其上一级检察院提出申诉。同样,在诉讼参与人提出申诉期间,不中止或者暂停检察机关的侦查活动。

全面的监督制约可以确保检察机关侦查权不被滥用,在正确的轨道上被有效行使。除了上述监督制约和救济手段外,检察机关机动侦查权还应当受到其他诉讼环节特别是审判监督的制约和控制。健全完善科学的业务质效考核评价机制,将机动侦查权的行使情况纳入指标体系,原则上每机动立案侦查一个案件可以给予一定的赋分,但同时对于滥用机动侦查权,只注重惩罚犯罪不尊重人权的应当扣分,情节严重的,除了考试时应予以扣分,还应当追究相关人员相应责任。另外,检察机关也不可能与世隔绝,也不可避免地受到地方党委等单位和个人的过问干预和说情打招呼,检察机关机动侦查权也存在相同问题,所以独立行使机动侦查权是至关重要的。

## 第九章

# 与检察机关侦查权相关的其他问题

有学者认为，除了特定案件侦查权和补充侦查权等，检察机关侦查权能还包括参与侦查权，[①]如指挥侦查权和引导侦查权等。[②] 尽管笔者对该观点并不苟同，但无法否认的是，诸如引导侦查、侦查监督等与检察机关侦查权具有较大的关联，字面上都包含“侦查”二字，折射出几者之间具有一定程度的相同机理和原理，对引导侦查和侦查监督等问题进行研究和探讨，反过来对检察机关侦查权的理解、运用和发展都具有重要的意义。此外，法律监督公信力、内设机构改革等，这些问题和范畴与检察机关侦查权存在着千丝万缕的联系，对其深入开展研讨，对检察机关侦查权的准确运用和科学发展亦大有裨益。

---

① 参见张智辉：《检察侦查权的回顾、反思与重构》，载《国家检察官学院学报》2018 年第 3 期。

② 参见邓思清：《检察权研究》，北京大学出版社 2007 年版，第 160 ~ 216 页。

## 第一节　检察机关引导侦查的重要价值和发展向度①

检察机关引导侦查发轫于检察事业鲜活的司法实践，根源于刑事诉讼制度的变革和催生。该概念产生于20世纪80年代，其提出以形成侦诉合力和强力打击犯罪为趣旨。党的十八届四中全会明确提出完善对限制人身自由司法措施和侦查手段的司法监督以及加强对刑讯逼供等非法取证行为的源头预防，这成为深化检察机关引导侦查的重要政策依据。

### 一、检察机关引导侦查的意义和价值

检察机关引导侦查一般是指检察机关适时适度介入侦查活动，对证据的收集、提取、调取、固定、审查、运用等方面提出意见和建议，帮助侦查机关确定侦查方向，并对侦查活动进行监督的一种法律行为，其理论基础应当是公诉职能和侦查监督的综合说。② 检察机关引导侦查的内涵和外延包含但不限于对侦查活动的监督，而此处的侦查监督是与侦查同步的监督，而不是普通意义上的事后监督、被动监督和静态监督，是对侦查活动监督的必要延伸和拓展。检察机关引导侦查的直接目的在于加强对侦查的引导，实现破案抓人，使侦查工作依法和有序有力推进，根本目的是确保侦查获取的证据同时满足质和量的要求，有序衔接审查起诉

① 本节内容的基础为发表于《人民检察》2021年第11期的《检察机关引导侦查的发展向度》一文，融入本书时笔者进行了部分修改、完善和调整。同时，本节也是笔者主持的2021年度江苏省人民检察院检察理论研究立项课题“退回补充侦查引导和说理机制研究”的阶段性成果。

② 学界对引导侦查的理论基础争论颇多，除了综合说，还有公诉职能说、侦查监督说、法律监督说、配合和制约说等观点，这些观点或者比较片面孤立，或者没有抓住根本和实质，而综合说比较全面、科学、合理。

和审判工作。有观点认为检察机关引导侦查仅限于侦查阶段，笔者认为该观点过于狭隘和片面，[①]应当将批准逮捕或者不批准逮捕后以及退回补充侦查后的引导均囊括进来。尽管有观点认为检察机关引导侦查存在弊端和不足，[②]但是笔者认为检察机关引导侦查作为新生事物，符合国际刑事诉讼发展潮流，是完善新时代中国检察制度的有益探索和有效举措，也是构建我国新型侦诉关系的重要抓手和契机。[③]

（一）效率价值

效率是诉讼活动追求的价值目标，也是衡量法律制度是否科学合理的重要标尺。全国检察机关改革工作会议曾指出，检察机关通过引导侦查工作，使证据得到依法全面固定，力争指控弹无虚发，而“弹无虚发”主要就是效率价值。检察机关引导侦查能够实现侦检之间人员、技术、设备、思路的互补，可以节约诉讼资源，缩短办案周期，提高诉讼效率。检察机关引导侦查有助于自身提前熟悉案情和证据情况，为审查批准逮捕及审查起诉工作奠定基础和做好准备，加速诉讼进程。检察机关引导侦查能够降低侦检两机关的错误成本，侦查机关的错误成本主要体现在不捕率、不诉率以及撤案数，检察机关的错误成本主要是法院的无罪判决。违法侦查行为隐蔽性强，事后难以发现和查证，检察机关引导侦查能够卓有成效地弥补这个缺陷。检察机关引导侦查能够降低伦理成本，减少犯罪嫌疑人、被害人以及社会各方的不满情绪，增强对侦检两机关的信任度。

---

① 参见王倩倩：《检察引导侦查：发展历程、运行困境及完善进路》，载《中共山西省委党校学报》2020 年第 6 期。

② 参见杨传强：《浅析侦监部门介入引导侦查工作》，载《科海故事探索（科技探索）》2011 年第 11 期。

③ 有学者认为，检警一体和检警分立各有利弊，从配合与制约的原则出发，我国建构新型检警关系应走第四条道路，即检察引导侦查，参见高一飞等：《司法机关配合与制约关系论》，法律出版社 2021 年版，第 14 页。

（二）秩序价值

检察机关审查证据和适用法律的优势与侦查机关侦查取证和固定证据的优势在检察机关引导侦查的推动下形成叠加，帮助侦查机关在收集证据、事实认定、适用法律和程序规范等方面的疑点和弱点问题的补充完善，提高逮捕和起诉的准确率，使国家追诉权得到有效行使，有力打击和惩治犯罪，保护社会秩序的安宁稳定和长治久安。侦查环节是刑事舆情的高发期，检察机关适时介入引导侦查取证，促进案件办理质量提高，可以降低公众焦虑，恢复社会秩序，取得较好法律效果和社会效果。[①]而且，一旦酿成冤假错案，一个家庭将遭遇巨大打击，也将造成极其恶劣的社会影响，在过往，亡者归来或者真凶显现并不鲜见。当然，通过引导侦查控制侦查权，防止侦查权的滥用和盲目扩大，也暗含着维护司法秩序和社会秩序的内在需要，这也是检察机关引导侦查对于常规的整体监督、事后监督、被动监督、书面监督和静态监督弊端克服和化解后的优势呈现。

（三）公正价值

在侦查过程中，若证据收集不合法、不全面、不客观真实，侦查机关容易走向不枉不纵的反面，对公正价值的侵蚀也是显而易见的，特别是公安机关预审部门被取消后，问题更加明显和突出。[②] 在共同犯罪或者不同案件中，证据充分的，犯罪嫌疑人将被追究刑事责任，而侦查不力时证据可能不充分，犯罪嫌疑人将被放纵，也会造成不公允。检察机关引导侦查机关有助于侦查机关及时、依法、全面取证，防止证据灭失或者被转移、隐藏，有助于弥补事后书面审查的缺憾，增强检察机关亲历性，刑

① 参见崔凯：《提前介入引导侦查取证应走向规范化》，载《检察日报》2019 年 8 月 27 日，第 3 版。

② 在很多国家和地区的刑事诉讼法中，有“违法即无效”的相关规定，参见林钰雄：《严格证明与刑事证据》，法律出版社 2008 年版，第 3 ~ 12 页。

事案件能够得到公平公正处理，公正价值和司法公信力能够得到彰显。检察机关乃因对侦查机关等的不信任而产生，[①]客观实践也表明，检察机关引导侦查打破了原有的侦检封闭式工作格局，减少了错捕错诉和漏捕漏诉，帮助侦查机关转变和克服程序虚无主义思想，助推实体正义和程序正义的同时实现。

（四）人权价值

现代刑事诉讼中，犯罪嫌疑人不再单纯是刑事诉讼追诉的客体，一转成为刑事诉讼的主体之一。检察机关除了批捕和审查起诉等环节对侦查活动进行事后审查，一般不对具体侦查行为同步审查，比如，勘验、检查、鉴定、拘留、取保候审和监视居住等，都由侦查机关自行决定和执行。[②] 侦查机关侦查案件过程中，如果未能做到犯罪事实清楚、证据确实充分，关键证据难以弥补的结果就是，对案件的定罪量刑造成毁灭性打击，犯罪嫌疑人无法被绳之以法，被害人的合法权益难以修复，刑法所保护的法益难以维护，被害人的人权将会遭受恣意侵犯。而检察机关引导侦查能够克服流水作业式诉讼的弊端，帮助侦查机关侦查过程中获得的证据兼具证据能力和证明力，有利于犯罪嫌疑人得到及时和依法处理，免遭刑讯、欺骗或者引诱，对其人权的保障颇有助益，也有利于被害人的心理上、精神上乃至物质上得到慰藉、恢复和弥补，被害人的人权也得到重视和保护。在追诉犯罪的同时，保护无辜实际上也是人权保障的重要内容。

## 二、检察机关引导侦查存在的主要问题

尽管全国各地对检察机关引导侦查进行了一定的理论和实践探索，

---

① 参见林钰雄：《检察官论》，法律出版社 2008 年版，第 36 页。

② 参见陈瑞华：《刑事诉讼的前沿问题》，中国人民大学出版社 2000 年版，第 325 页。

取得了一定的成效,但是与规范化、统一化和制度化尚有较大距离。至于深层次原因,与传统的“侦查中心主义”和“各自为政”观念存在重大关联,与立法上过于谨小慎微造成制度上呈现近乎空白有密切关系,同时与司法实践中过于重破案、重实体、重主观等各种异化现象均有直接联系。亟待认真梳理、把脉开方、对症下药,推动检察机关引导侦查的科学化、规范化和法治化。

(一)介入引导相关制度和规范残缺

本书所述的“介入引导”,特指刑事案件发生后或者立案后,侦查机关提请批准逮捕前,检察机关提前介入和引导侦查。然而,在案发后或者立案后,检察机关能否第一时间介入存在依据不足的问题。因为根据我国《刑事诉讼法》第 87 条,侦查机关要求逮捕犯罪嫌疑人的,在必要的时候,检察机关可以派员参加侦查机关对于重大案件的讨论,该条规定暗含着在提请逮捕前,检察机关并不能派员参加侦查机关有关活动。尽管《人民检察院刑事诉讼规则》规定,检察机关根据需要可以派员参加侦查机关对于重大案件的讨论和其他侦查活动,并对侦查机关违法行为进行监督,该司法解释对刑事诉讼法有所扩张,比较符合检察机关引导侦查的精神内涵和实际需要,但是应当转化为立法才具有正当性,同时该规定也存在启动时机和程序不清晰、案件范围不明确、方式手段不周延等缺点。换言之,案发后或者立案后检察机关能否立即介入的明确性和正当性都存在疑问。虽然全国为数不少的检察院和同级公安机关会签了相关文件,但是会签文件的科学性和可操作性也存在疑问。在实际操作中,各地开展情况极不均衡。由于缺少规范性程序的制约,引导侦查的检察人员一般都不会将介入情况提交部门讨论,当个人作出的引导侦查意见和建议存在错误时,侦查机关也无权向检察机关申请复议。

(二)侦查机关对批捕引导不够重视

本书所述的“批捕引导”,特指刑事案件被批准逮捕或者被不批准逮捕后，移送审查起诉前，检察机关予以引导侦查。侦查机关在刑事案件捕前因为需要倚赖检察机关的批捕职能，故而对检察机关的提前介入和引导侦查会给予较高程度的重视。[①] 一旦检察机关作出批准逮捕决定，有些侦查人员对检察机关在继续引导侦查中提出的意见和建议就不再那么乐于接收，反应比较冷漠甚至有抵触情绪，根源在于他们不同程度存在“一捕了之”和“以捕代侦”的错误思想观念。还有些刑事案件检察机关作出存疑不批准逮捕决定，同时也会给予一定的引导侦查，但是侦查机关不当地认为人都放了不用再查，查了也是徒劳，对于检察机关的引导侦查置之不理，怠于补充侦查。当然，需要指出的是，侦查机关有时也存在过于依赖检察机关引导侦查的问题，动辄请教检察机关，徒增检察机关工作压力，侦查机关的能动性大大减弱。

### （三）检察机关对起诉引导的主观能动性和制约手段均不足

本书所述的“起诉引导”，主要是指在退回补充侦查阶段的引导侦查，同时也包括审查起诉过程中补充调取证据材料的引导侦查。[②] 检察机关起诉引导主要存在以下问题：一是退回补充侦查提纲不清晰、不明确。补查事项、方式、目的等往往不够明确和具体，缺乏合理性和可操作性，甚至有的补充侦查提纲笼统地表述为“请查明犯罪嫌疑人的主观方面”“本案犯罪事实不清、证据不足”或者“请查明本案的犯罪行为”，不能很好地起到引导和指导侦查工作有效进行的作用。[③] 二是存在一退了之的现象。在补充侦查过程中，侦查机关不及时反馈补查情况，检察机

---

① 但是，也有不少侦查人员内心是排斥的，认为检察机关引导侦查中提出的意见不一定正确和中肯，是对正常侦查工作的不当干涉，是外行引导内行。

② 广义的检察机关引导侦查包括对退回补充侦查的引导和监督，笔者赞同和坚持“广义说”，相关论述参见陈小炜、吴高飞：《监察体制改革背景下自行补充侦查和退回补充调查关系论纲》，载《西南政法大学学报》2019 年第 3 期。

③ 当然，其间也有不少属于“借时间”的情况，即在审查起诉阶段检察官不能及时审结案件，于是退回补充侦查，这样退回补充侦查本身最长可以延缓一个月，之后审查起诉期间又重新计算。“借时间”容易侵害人权，应当杜绝和禁止。

关不适时跟踪问效，两机关之间缺少必要的交流、互动和商讨，检察机关对补充侦查缺乏必要的情况了解和引导、指导，补查效果难免不尽如人意。三是监督制约手段乏力。侦查机关对退回补充侦查存在抵触情绪，敷衍了事、退而不查、查而不清、查而不力较为常见，甚至退回不重报或者撤案，而退回不重报和撤案处理都于法无据，包括在退回补充侦查中发现的违法收集证据情形，法律赋予检察机关的手段是发出纠违通知或者提出检察建议，纠违通知和检察建议都存在刚性制约不足的问题，在侦查机关不理会和不采纳时，往往手足无措。

## 三、检察机关引导侦查的发展向度

应当从理念、立法、制度、机制等多个维度和层面，打造检察机关引导侦查的系统工程，尤其是结合"捕诉一体"新机制的连贯性和一体化优势，建构科学合理的检察机关引导侦查框架体系。详言之，包括如下几点完善建议和对策。

### （一）培育检察机关引导侦查的正确指导思想

检察机关应当树立正确科学的理念，并以此为总纲和统领，指导引导侦查实务，引导侦查方能行稳致远，最大化发挥正面效应，为刑事诉讼的顺利推进提供支撑和动力。

第一，借鉴域外经验和尊重我国国情相结合。大陆法系实行检警一体模式，我国是成文法国家，和大陆法系具有天然的亲近性。[①] 我国所倡导的引导侦查吸收了检警一体的合理因素，有助于侦查、审查逮捕和审查起诉的相互衔接，有助于审前程序一体化的实现，有助于形成侦检合力，同时对我国现行政治体制架构和司法权力分配也不会造成损害和破

---

① 参见[德]克劳思·罗科信:《刑事诉讼法》，吴丽琪译，法律出版社2003年版，第102～106页。

坏。有论者建议我国建构领导和指挥侦查的机制体制,[①]笔者认为并不契合我国国情,和现行司法体制无法兼容。同时由于我国检察机关除了具有控诉犯罪的职能,还承担了西方国家所不具备的法律监督职能,对侦查活动具有司法审查的权力,所以我国检察机关引导侦查具有复合属性,而非检警一体的简单复制。

第二,惩罚犯罪和保障人权并重。在检察机关引导侦查过程中,不能一味强调打击和惩治犯罪,应当彻底扭转“重打击、轻保护”的局面。保障人权对检察机关引导侦查的要求主要就是,防止和纠正违法取证行为,从重视言词证据转向注重实物证据,从“由供到证”转向“由证到供”,从“两个基本”转向“确实充分”。在民主化和人性化呼声日渐高涨的今天,应当坚持追诉犯罪和保护无辜并举,既要防止只讲惩罚犯罪也要避免只谈保障人权,切实通过检察机关引导侦查解决案件侦查质量不高的问题,努力减少赢了侦查、输了诉讼的风险,杜绝和防范冤案、假案和错案的发生。

第三,相互配合和相互制约并行。配合主要体现在侦查机关及时通知和主动邀请检察机关引导侦查,检察机关积极主动履行引导侦查职能,侦查机关对检察机关提出的科学合理意见及建议及时采纳。但是,应当谨防检察机关引导侦查异化,避免嬗变为联合办案,这将和引导侦查的设立初衷相背离。权力都有被滥用的倾向,没有不受制约的权力。[②]检察机关引导侦查的制约作用体现在两个方面,一是公诉引导侦查,这主要是权力制衡;二是侦查监督,这体现了权力监督。[③] 质言之,重控诉、轻监督的观念应当转变为控诉和监督并重。

---

① 参见张森锋:《对检察机关地位和职权的再认识》,载《福建政法管理干部学院学报》2002年第2期。

② 参见[法]孟德斯鸠:《论法的精神》(上册),许明龙译,商务印书馆2012年版,第180~218页。

③ 参见汪聪聪:《检察引导侦查的若干问题》,载《人民法治》2019年第8期。

第四,坚持以审判为中心和庭审证据规则。在抗辩式越来越被强调和重视的今天,检察机关引导侦查同样应当坚持和贯彻以审判为中心和庭审证据规则,积极引导侦查机关重视客观证据的收集,合法全面收集证据,充分发挥诉前主导和审前过滤作用。引导侦查必须严格执行庭审证据标准和规格,避免满足于“有证据证明犯罪事实”的浅层次证据证明目标,确保刑事案件诉得出、判得下。

(二)健全完善介入引导的法律和制度规定

介入引导具有诸多价值,契合我国宪法对人民检察院法律监督机关的定位,能够防非法取证行为于未然,能够在第一时间引导和指导侦查机关及时、依法、全面取证,能够同时满足惩罚犯罪和保障人权,也能够推进侦诉一体以及侦诉审一致性终极目标的实现。[①] 只有将检察机关介入引导写入法律,介入引导才能落到实处,才能获得较好遵守的保障。笔者建议在《刑事诉讼法》中加上一条,即检察机关有权对侦查活动进行引导和监督,侦查机关应当予以配合。同时应当在《刑事诉讼法》中明确侦检两机关在检察机关引导侦查中的权责,检察机关应当被赋予参与侦查权、调阅案卷权、提出建议权和纠正违法权,同时秉持客观公正义务,坚持适时引导、适度引导、正确引导,并且侦查机关应当具有积极接受引导侦查义务、采纳吸收合理建议义务和及时纠正违法行为义务等。

介入引导的对象应当明确规定为公安、海关和国家安全等机关管辖范围内的重大、疑难、复杂案件。[②] 检察机关介入引导的启动应当明确为两种方式,包括依申请和依职权。在符合检察机关引导侦查条件时,侦查机关应当主动提出申请,由检察机关根据法律规定决定是否启动。因为侦查活动本身是一个封闭的体系,所以应当畅通检察机关获取侦查案件的渠道,让检察机关享有对侦查信息的知情权。笔者建议建立案件通

---

① 关于介入侦查的职责定位,不应当是提高破案率和批捕率,而应当是引导侦查和监督侦查。

② 对于监察委管辖的重大、疑难、复杂职务犯罪案件,适宜定位为检察机关介入调查。

报制度和信息共享平台，通过案件通报或者浏览查阅信息平台，检察机关可以根据案情决定是否依职权启动引导侦查。介入引导的方式包括察看案发现场、听取案件介绍、提出意见和建议等。

介入引导的内容包括案件的管辖、证据的收集、证据的提取、证据的固定、证据的保存、证据的排除、证据的完善、证据的审查、证据的运用、法律的适用、文书和材料的齐备、诉讼程序的遵守等方面。建议检察机关针对重大、疑难、复杂案件的共性和个性分别制定相应的介入引导索引，比如故意杀人案，应当引导侦查机关保护案发现场和及时勘查勘验，重视死亡原因的鉴别和抓捕的策略方法，注重客观证据的收集，并注意排除第三人作案或者其他同案犯存在的可能性。再如毒品案件，应当引导侦查机关及时提取指纹和DNA，对扣押的几袋毒品不得混同鉴定，在"零口供"时尤其要防止刑讯逼供、指供、诱供，引导通过间接证据形成环环相扣、无懈可击的证据锁链。

(三)明确和厘定逮捕引导的案件范围和具体要求

对于侦查机关提请批准逮捕的案件，检察机关可以根据案件的事实和证据情况作出批准逮捕或者不批准逮捕的决定。根据《刑事诉讼法》规定，对于不批准逮捕的，需要补充侦查时，应当通知侦查机关。不批准逮捕且同时需要补充侦查主要是针对事实不清、证据不足的刑事案件，此时应当充分发挥不予批准逮捕补充侦查提纲的作用，在提纲中详细列明需要补查的事项、目的、方式和手段等，为下步侦查指明方向，提供切实有效的方法和措施。对该类刑事案件作出不批准逮捕决定以后，还要加强跟踪监督和指导引导，防止该类案件侦查半途而废、不了了之。

作出批准逮捕决定意味着临时性侦查措施终结和批准长期羁押，对于一些特殊类型案件的下步侦查工作检察机关有必要进行引导和指导，对侦查机关如何开展侦查提出要求和建议，确保侦查活动的合法全面有效。笔者认为，特殊类型案件主要包括：可能判处无期或者死刑的案件；

证据收集难或者定性较为困难的案件；犯罪集团犯罪案件；黑社会性质组织犯罪案件；新型犯罪案件；上级有关单位交办、督办的案件；舆论媒体关注度高，在当地有较大社会影响的案件；检察机关通过立案监督通知公安机关立案的案件；侦查机关可能存在以刑讯逼供、欺骗、威胁、引诱等非法方法取证，可能造成冤案错案的案件；侦查机关可能徇私舞弊，可能办理的关系案、金钱案、人情案；涉案人数多、取证范围广的案件。

关于检察机关逮捕引导可以采取的形式，主要有以下几种：参加勘验、检查以及复验、复查；参加案件讨论；旁听询问、讯问；查阅案卷；对发现的违法问题提出纠正意见。检察机关可以根据具体情况和实际需要灵活选择运用，同时引导不等于领导，参与不等于干预，建议不等于代替，讨论不等于定论，坚持适度引导的原则，而且不仅引导收集有罪、罪重的证据，还引导收集无罪、罪轻、减轻或者免除刑事处罚的证据。[①] 通过逮捕引导，积极履行监督职能，对侦查措施的采用、侦查程序的遵守、涉案财物的处理、证据的收集和固定、同步录音录像的制作等方面的合法性进行全面监督和审视，积极运用非法证据排除规则和瑕疵证据补强规则，引导合法、规范、有序侦查取证。[②] 情节较轻的违法侦查，口头纠违，情节严重的，发出纠违通知书或者提出检察建议（如久侦不结、超期羁押等），第一时间发现和纠正侦查机关的违法侦查行为，积极发挥引导侦查作用，消弭侦查工作的隐患，为后续环节和诉讼阶段的顺利推进夯实基础。

实行“捕诉一体”后，审查逮捕职能和审查起诉职能从以前的部门分割、“各管一段”转变为现今的部门融合、“集于一身”。该机制具有的特殊优势自不待言，同时给检察机关引导侦查尤其是不批准逮捕或者批准

---

① 检察机关在引导侦查过程中，必须尊重侦查机关的独立和平等地位，不能越俎代庖、以检代侦，不能侵犯侦查活动的完整性和自主性。

② 参见史硕洪、周子简：《新型引导侦查工作机制的建立》，载《上海政法学院学报（法治论丛）》2016年第5期。

逮捕后的引导侦查带来了新的机遇。申言之，在“捕诉一体”背景下，逮捕引导需要特别注意两个问题：一是强制措施方面，过去即便检察机关已经批准逮捕，侦查机关仍然可以变更强制措施，例如采取取保候审，这种情况下，对于强制措施合法正确与否的监督，在过去，到底归于检察机关内部侦监部门还是公诉部门存在不明确的问题。现今，该问题不复存在，但是需要加强该方面的监督和引导，而不能听之任之，否则容易造成犯罪嫌疑人失控现象。二是工作衔接方面，过去，审查逮捕的证据标准比较低，往往“构罪即捕”，侦查机关在后续侦查工作中往往存在不积极不主动的问题，侦监部门也不会关注和干涉。现今，刑事检察部门在审查逮捕相关决定作出后，应当积极开展引导侦查，因为这将关系到自己部门批准逮捕的案件能否达到犯罪事实清楚、证据确实充分的标准，最终能否实现诉得出、判得下的目标，尽管审查起诉阶段尤其是退回补充侦查阶段仍然可以补查证据，但是有时可能会发生证据灭失、转移或者变化的风险。

### （四）强化起诉引导的可操作性、自觉性和科学性

退回补充侦查和补充调取证据材料体现了审查起诉对侦查的继续引导和指引，起诉引导是介入引导以及逮捕引导的自然延伸和应有之义。在检察机关“捕诉一体”的新格局下，捕和诉是贯通的，对侦查活动的指引也做到了连贯一致，起诉引导有助于检察机关主导地位和求刑权的实现，有助于检察机关指控、证明犯罪法定职责的履行和落实，有助于发挥公诉职能和推进诉讼进程。[①] 笔者拟从退回补充侦查的角度，对强化和推进起诉引导提出管见。

其一，规范使用补充侦查提纲。补充侦查提纲的制作应当依法、全面、可行，紧密围绕犯罪构成要件，坚守罪刑法定和证据裁判主义，详细

① 参见张军：《关于检察工作的若干问题》，载《人民检察》2019 年第 13 期。

列明补查的方向、事项、目的、要求、理由等要素。补充侦查提纲必须用语规范,条理清晰,应当具有较强的针对性、说理性、全面性,不能无中生有,杜绝随意性,如不允许出现“××故意伤害案,请继续调查取证”,应避免第一次退回补充侦查没有列明所有需要补查的内容,造成二次退回补充侦查的发生。对于漏罪或者漏人的,也应在补充侦查提纲中载明,同时对于违反法定程序收集证据的情形,在提纲中提出纠正意见,对瑕疵证据提出补正要求或者要求作出合理解释。同时应当引入对补充侦查决定权的监督制约机制,如可以规定侦查机关认为没有必要退回补充侦查的,包括没有必要补充侦查以及本应该自行补充侦查却做“甩手掌柜”两种情形,可以申请复议,这种制度设计有助于防止检察机关补充侦查决定权的滥用。但是,复议期间,不宜停止对案件的补充侦查,检察机关应当及时对复议进行审查,作出是否改变原退回补充侦查决定的决定。建议定期和不定期抽查检查补充侦查提纲,适时开展补充侦查提纲的评比评优,时机成熟时组织制作补充侦查提纲业务竞赛,促进和推动检察人员更加规范适用退回补充侦查。

其二,对补充侦查进行跟踪和引导。建立检察机关跟踪和介入补充侦查机制,对于建构完备的证据体系,减少非法取证行为,帮助侦查机关破解事实、证据、法律上的难题颇有助益。[①] 在退回补充侦查期间,杜绝一退了之,应当要求侦查机关及时反馈补查情况,加强跟踪问效,实时关注补充侦查的进展,对于存在的问题提出建议、交换意见或者磋商解决。对于一些重大疑难复杂的情形,侦查机关可以商请检察机关介入补充侦查。侦查机关认为退回补充侦查事项不明确、不清楚的,可以及时商请检察机关作出详细说明。介入的目的和作用是就证据的收集、固定和完善提出建议,就事实认定、证据审查和法律适用提出意见,使侦查机关通

---

① 参见王峣:《“以审判为中心”诉讼制度改革中的侦查工作》,载《法学杂志》2017 年第 2 期;刘伟:《如何实现刑事侦查的法治化》,载《政法论丛》2017 年第 4 期。

过补查获取的证据兼具证据能力和证明力,同时符合证据的形式要件和实质要件。退回补充侦查后,侦查机关如果怠于补充侦查、超期重新移送或者不移送,检察机关都应当及时纠违和督促整改。

其三,以审判的标准引导补充侦查。在侦查、审查起诉和审判阶段,侦诉审三机关对证明标准往往各有各的理解、各有各的把握。认为三阶段证明标准可以有差异,和认为证明标准应当统一,在学界可谓平分秋色。[①] 2016 年通过的以审判为中心有关意见确立或者重申了很多制度安排和诉讼理念,其中一项重要内容就是统一证明标准,强调侦查和审查起诉必须向审判看齐。[②] 证明标准面向审判,是侦查诉讼化的一项重要内容。侦查机关经侦查认为犯罪事实清楚,证据确实充分的,将案件移送检察机关审查起诉。“证据确实充分”应当符合三个条件:定罪量刑的事实都有证据证明、证据均经法定程序查证属实和排除合理怀疑。至于侦查阶段、审查起诉阶段和审判阶段是否都需要坚持排除合理怀疑的标准,有学者认为只有审判阶段需要坚持和恪守。[③] 笔者持不同态度,认为出于尊重和保障人权的考虑,恪守罪刑法定和疑罪从无,应当坚持包括排除合理怀疑在内的犯罪事实清楚、证据确实充分的认定犯罪标准。此处探讨证明标准的意义在于,一是从源头上减少需要补充侦查的案件,二是准确判断是否需要补充侦查,三是为补充侦查提供明确标准,四是为引导侦查提供科学的指引。[④] 而以审判的标准引导补充侦查目的在于坚持庭审的证明标准,确保起诉质量,防止带病起诉、勉强起诉,从根本上避免侦

① 参见陈学权:《论侦查终结、提起公诉与审判定罪证据标准的同一——以审判中心主义为视角》,载《苏州大学学报(哲学社会科学版)》2017 年 2 期。

② 参见陈瑞华:《审判中心主义改革的理论反思》,载《苏州大学学报(哲学社会科学版)》2017 年第 1 期。

③ 参见杨宇冠:《论中国刑事诉讼定罪证明标准——以排除合理怀疑为视角》,载《浙江工商大学学报》2017 年第 5 期。

④ 参见李宁、陈小炜:《监察体制改革背景下补充侦查问题研究》,载《法治现代化研究》2019 年第 3 期。

诉关系的异化，避免沦为只有配合和迁就而缺乏制约和监督，在二次退回补充侦查后证据仍然达不到确实充分程度的，果断作出不起诉决定。

（五）提升引导侦查质效的其他建议或者举措

定期或者不定期由侦检两机关轮流召集和主持联席会、证据听证会、案件研讨会、分析会、发布会，梳理和研究侦查中存在的共性和个性问题，总结和提炼普遍性、规律性的特点，帮助侦查机关确立正确侦查理念和改进侦查手段及措施，会商解决疑难复杂问题的方案和办法。[①] 建立典型案例数据库，发布参考案例，将个案引导和类案引导有机结合起来，充分发挥和释放类案一般引导的积极效应，起到触类旁通、举一反三和示范引领的作用。积极推进侦查人员出庭作证说明情况制度的落实以及侦查人员旁听法庭案件审理，倒逼和引导侦查机关侦查能力和质效的持续提升。

没有强制力的法律是不燃烧的火，是不发亮的光。[②] 建议赋予检察机关对侦查机关的训诫权，包括口头和书面形式；[③]规定检察机关惩戒建议权、更换办案单位建议权、更换办案人建议权。[④] 对于情节严重的，移送有关主管单位处理，构成犯罪的，由检察机关等单位立案侦查。健全考核机制，包括对检察机关引导侦查运行情况和对侦查机关接受引导侦查情况的考核，将引导侦查纳入统一业务软件系统，分别针对侦检两机

① 比如某地毒品犯罪高发，针对其间疑难复杂问题和容易出现的违法取证问题，检察机关可以牵头调研，并和侦查机关召开联席会议，提出引导侦查的意见和建议，将对提高毒品犯罪案件办理的质量和效率大有裨益。

② 参见［美］E. 博登海默：《法理学：法律哲学与法律方法》，邓正来译，中国政法大学出版社1999年版，第110～112页。

③ 参见王卉竹：《公诉引导侦查背景下诉侦关系实证分析——以T市A区检察院4年的数据为样本》，载《检察调研与指导》2017年第1期。

④ 参见张文志：《中国检察制度改革论纲》，法律出版社2007年版，第46～49页。

关量身定做相关的加减分项目和标准。[①] 借鉴不批准逮捕或者不起诉有关复议复核的规定,建议设立检察机关引导侦查双向制约机制。加大检察机关引导侦查人力物力财力的投入,参照派驻监狱或者看守所检察室,设立检察机关引导侦查办公室,选派经验丰富和法律素养高的检察官参加引导侦查。

## 第二节　侦查监督与协作配合机制研究[②]

2021 年 10 月,最高人民检察院、公安部联合印发《关于健全完善侦查监督与协作配合机制的意见》。该意见分别就人民检察院、公安机关健全完善监督制约、协作配合和信息共享三大机制以及侦查监督与协作配合办公室承担的组织协调、监督协作、督促落实、咨询指导等职能提出了要求,此举正式拉开侦查监督与协作配合有关改革的序幕。侦查监督与协作配合本质上属于检警关系范畴,因此侦查监督与协作配合办公室理所当然属于对构建新型检警关系的深层次探索以及实践。

### 一、国内外研究及我国检警关系不足之现状

#### (一)国内外研究现状

1. 国内研究现状。我国检警关系研究在各个阶段呈现不同特点,最早可追溯至 1998 年,宋英辉等学者提出应通过提前介入、明确监督制约

---

① 参见季卫华、陆军:《司法责任制背景下检察引导侦查机制的构建》,载《学术交流》2019 年第 1 期。

② 本节内容的基础为发表于《人民检察》2022 年 S1 期的《侦查监督与协作配合机制之实践完善》一文,融入本书时笔者进行了部分修改、完善和调整。同时,本节也是 2022 年度江苏省人民检察院检察理论研究立项课题"侦查监督与协作配合机制研究"的阶段性成果,课题负责人为李宁。

法律后果达到强化检警关系中的制约关系。[①] 随后陈卫东、郝银钟等针对实践中检警关系不顺、侦查监督不力的问题提出了实行"检警一体化"的主张,认为此举可以加强对犯罪的控诉,提高追诉犯罪的效率。随之而来的反对声音如龙宗智等则认为"检警一体化"会削弱检察机关对公安机关的监督,其在客观上会进一步恶化犯罪嫌疑人的劣势地位。随后学界又提出"检察引导侦查说",主张通过检察机关与公安机关的沟通,强化检警合力,该说一度成为主流观点,但却忽视了检察引导侦查在程序和结构等方面存在任意性等缺陷。2014 年后,随着以审判为中心诉讼制度改革的推进,检警关系研究再度成为热点,鲁建武、秦宗文等学者对"检警一体化"和"检察引导侦查说"的不足和缺点进行深入分析,并提出检警之间既监督制约又协作配合的观点,但并未提出切实有效的具体机制以保障该目的实现。2019 年开始,随着探索建立派驻检察机制和派驻公安机关检察室全面铺开,李华伟、刘计划等认为该机制具有可行性,是加强侦查监督的地方改革探索,但也有学者持不同的观点,如李奋飞等认为派驻公安机关检察室更强调检察机关的监督制约职能,而忽视协作配合的不可或缺性。2021 年,最高人民检察院、公安部在总结经验教训的基础上联合出台《关于健全完善侦查监督与协作配合机制的意见》,决定通过设立侦查监督与协作配合办公室加强检警之间的监督和配合,此举统一了检警之间对加强监督制约与协作配合的理解和认识,系统规范和明确了检察机关与公安机关的监督制约与协作配合关系。

2. 域外研究现状。检察和侦查的关系作为影响刑事诉讼构造的重要内容,也备受域外学界关注和热议。法国学者克里斯蒂娜·拉塞杰(Christine Lazerges)等认为司法警察在侦办刑事案件中的作用是协助检察官调查,没有检察官命令,警察无权作出侵犯或者干涉公民权利和自由的决定。德国托马斯·魏根特等认为刑事诉讼法赋予了检察官在从

① 参见宋英辉、张建港:《刑事程序中警、检关系模式之探讨》,载《政法论坛》1998 年第 2 期。

开始侦查的最初阶段到执行刑罚的最后阶段的主导地位，有关制度和机制的设计以及有关司法实践应当遵照执行。法国学者米海伊尔·戴尔玛斯-玛蒂（Mireille Delmas-Marty）等认为检警一体模式中，检察官对警察侦查行为合法性控制与检察官追诉倾向存在一定冲突，检警关系饱受争议和批评，亟待改进完善。日本松尾浩等认为在侦查阶段警察专门负责和承担侦查工作，检察官只是第二位的参与者，检察官作为侦查主体客观上存在较大难度。[①] 英国加里·帕顿等认为检察官与警察之间存在密切合作，有助于在案件办理中实现正义。美国琼·雅各比等则认为很多情况下双方在一起工作是一种不愉快和无可奈何的事情，还有的学者则认为大多数检察官必须与警察的行动保持距离，以便他们对案件的审查能够作出独立判断。在大陆法系国家实行检警一体和英美法系国家实行检警分立的前提下，各国学者对各自的制度均进行了一定的反思，对检警关系的发展和走势提出了一些颇有见地的建议，值得我国学习借鉴。

（二）我国检警关系不足现状

检警关系的实质是界定刑事诉讼中检察官的角色定位以及检察权与侦查权的相互关系，而检察权与侦查权是否合理配置，直接影响刑事诉讼程序是否正义、实体是否公正。近年来，我国学界对检警关系研讨热烈，主要存在以监督制约为主和以协作配合为主两种观点。[②] 笔者认为，应健全完善监督与协作机制，不断寻求配合和监督的最佳平衡点，做到监督与配合并重、并举、并行。反观和梳理司法实践实然运行情况，我国检警之间并未形成规范、有序、合理的监督、制约和配合的良性互动。

---

① 在日本，狭义的检察权仅针对刑事案件，参见裘索：《日本国检察制度》，商务印书馆2003年版。

② 参见丁乐：《审判中心主义下刑事侦查模式的改革——以检警关系的重构为视角》，载《湖北警官学院学报》2016年第4期。

举其要者,主要有如下几点不足。

第一,侦查监督时间滞后、方式单一。就检警之间权力配置而言,公安机关拥有除直接决定逮捕外几乎完全自主的侦查权,包括立案、讯问、询问、搜查、查封等。检察机关监督权与公安机关侦查权存在一定的“时差”,如普通羁押案件一般滞后至公安机关移送审查逮捕之后,取保候审案件更滞后至移送审查起诉之后。[①] 即便是检察机关主动或者受邀提前介入公安机关在侦的重大、疑难、复杂敏感案件,也仅以听取汇报、参加案件讨论方式进行,主动参与现场勘验、检查的较少。[②] 而侦查案卷一般不直接反映侦查活动是否合法,这种未亲历性参与侦查活动的书面审查模式具有先天缺陷,造成公安机关立案、讯问、采取强制措施等侦查活动几乎都处于监督盲区,极大地限制了检察机关监督效果。

第二,侦查监督刚性不足、效果不佳。以某地2021年制发的30份纠正违法通知书为样本,80%以上为“未及时发还取保候审金”“传唤时间超过12小时”“扣押物证后未开列清单”,虽然公安机关均对纠正违法通知书作出回函,但回函中整改落实内容呈现“今后加强思想重视、对民警加强教育培训”等模板化倾向,少数回函中对如何进行违法纠正等具体情况只字不提。从上述三种书面纠违情形的较高重复率可以看出,公安机关对检察机关的侦查监督并不十分重视,故类似的侦查活动违法或者不规范情形依旧重复出现。然而,检察机关对公安机关回函也不具有终局性或者实体处理权力,故对此缺乏制约手段,侦查活动违法行为是否得到实际纠正,最终仍由侦查机关决定。而且,“两项监督”[③]对检警考核

---

① 有学者也论及了以往检察机关侦查监督迟滞化和形式化等问题,亟待监督关口前移和实质化开展监督,参见林喜芬:《公检侦查监督与协作配合机制改革与前瞻》,载《国家检察官学院学报》2023年第5期。

② 参见周炳亮、黄楚元:《我国警检关系调整初探》,载《广西政法管理干部学院学报》2005年第4期。

③ “两项监督”是检察机关的一项重要工作,是一个特定的指称,包括立案监督和侦查活动监督。

均有一定影响，实践中不排除检察机关制发纠正违法通知书前先询问公安机关有无解释理由、是否影响考核。基于上述现象，亟待强化检察机关监督力度，将侦查监督从“副产品”变为“主业务”。

第三，协作配合的纵深度和质效尚有较大欠缺。一方面，检察机关和公安机关侦查理念存在差异，主要是由于对证明标准的认识和把握不一。检察机关终局目标是“诉得出、判得下”，对刑事诉讼活动中证明标准把握较为严格，公安机关则以破案为第一要务，并不承担败诉结果，对检察机关的补充侦查较高要求存在不理解和一定程度的抵触情绪，造成补充侦查质量不高，而使检察机关陷入“疑点未能全部排除”的起诉和不起诉两难选择。[①] 另一方面，部分检察机关对于公安机关移送的审查逮捕、审查起诉案件，似乎又存在无条件接受侦查结果并将其传递至审判环节，并且竭力维护“侦查成果”的极端现象。实践中公安机关亦存在“试探”和“踢皮球”等行为，[②]如公安机关因担心犯罪嫌疑人被检察机关追捕，而将部分证据不足案件径直提请审查逮捕，再如因被害人一方闹访，而将本不应提请审查逮捕的轻微刑事案件提请审查逮捕，借以转移矛盾，凡此种种，均为协作配合异化的重要表征。

## 二、侦查监督与协作配合机制的背景基础及现实意义

我国《宪法》《人民检察院组织法》《刑事诉讼法》分别明确了检察机关侦查监督和协作配合的宪法依据、组织法依据和诉讼法依据，均规定，在办理刑事案件时，检警之间需“分工负责、互相配合、互相制约”。在制度层面也作了一些细化和真挚努力。但司法实践中，检警两家对该机制的理解与适用存在片面性和一定偏差，呈现如上所述的重配合、轻监督

① 参见侯晓焱:《进退之间——证据不足不起诉实务研究》,中国检察出版社 2017 年版,第 136 ~ 139 页。

② 参见[德]托马斯·魏根特:《德国刑事诉讼程序的改革:趋势和冲突领域》,樊文译,载陈光中主编:《21 世纪域外刑事诉讼立法最新发展》,中国政法大学出版社 2004 年版,第 240 ~ 242 页。

和配合异化等诸多不良普遍现象。[①] 公安机关和检察机关需要积极适应改革带来的改变和“阵痛”，检警关系也应顺势进行重新梳理和实践调整。[②] 基于此，2019 年 7 月，时任中央政法委书记郭声琨指出，要强化政法系统执法监督，推动在市、县公安机关建设执法办案管理中心，探索建立派驻检察机制，着力构建一站式、全要素、即时性的执法监督管理新模式。[③] 同月，时任最高人民检察院检察长张军在大检察官研讨班中再次重申创新检察监督方式的重要性和必要性。随之，侦查监督与协作配合办公室的前身——派驻检察室全面铺开，为侦查监督与协作配合办公室的设立提供了可参考样本。

为深入贯彻习近平法治思想，推进落实中央司法体制改革任务，2021 年 10 月，最高人民检察院、公安部在系统总结党的十八大以来认真贯彻落实中央司法体制改革部署、积极推进执法司法制约监督体系、执法司法责任体系建设经验基础上，结合落实全国政法队伍教育整顿建章立制重点任务，联合制定下发《关于健全完善侦查监督与协作配合机制的意见》。宏观而言，该意见是人民检察院、公安机关坚持党的绝对领导、坚持人民至上、坚持开拓创新、坚持问题导向、坚持实践导向的具体要求和务实之举，有利于更好适应以审判为中心的刑事诉讼制度改革要求，协同构建以证据为核心的刑事指控体系，有利于加快推进司法责任体系改革，进一步健全司法权力运行机制，实现改革成

① 之所以会造成这些现象，总体而言，是由于检警关系存在结构性和功能性缺陷，具体而言，既有历史原因，也有价值理念和政治体制等原因。

② 参见刘文强：《以审判为中心视野下我国检警关系的反思与重构》，载《辽宁大学学报（哲学社会科学版）》2019 年第 4 期。也有论者认为，在监察体制以及“四大检察”改革背景下，检察机关亟需新的职能聚合点和权力支撑点，参见刘志刚、平凡：《法律监督体系与监督能力现代化进程中的检察监督》，载《河北法学》2022 年第 11 期。

③ 参见董晓玲、庄伟：《派驻公安机关检察室的功能与机制完善》，载《检察日报》2020 年 4 月 20 日，第 3 版。

果的规范化、制度化。[①] 微观而言，该意见的核心要义在于系统规范和明确检察机关与公安机关的监督制约与协作配合关系，并决定设立侦查监督与协作配合办公室，这契合刑事诉讼规律，具有重要意义和价值。

其一，符合幂次分布原理，延伸监督触角。侦查监督与协作配合办公室作为检察机关、公安机关共同设立的部门，能够有效加强双方在监督、办案中的衔接配合，有效加强沟通、统一认识、消除分歧。检察机关刑事检察部门与公安机关刑警、交警、经侦等部门联系较为密切，对分布广而散的公安派出机构监督不足，80%以上刑事案件由公安机关派出机构办理，但派出机构在人员配备、执法水平、执法效果等方面与其重要地位并不匹配，在处理大量刑事案件时，受办案理念、破案率和考核指标等影响，不规范问题屡见不鲜。[②] 比如实践中侦查人员将案件"带病"移送审查起诉，致检察机关退回补充侦查或者审查起诉期限延长，增加案—件比，降低诉讼效率。再如有本可以刑事和解的轻伤害案件，但侦查人员处置不当致当事人不断申诉，浪费司法资源。侦查监督与协作配合办公室的设立能够使检察官通过信息共享机制从刑事立案初始介入，可以随时随地监督派出机构办案工作。检察官也能够对派出机构办理的案件定性及证据证明标准有更为充分的把握，能够实时引导派出机构办案人员收集、调取证据，避免办案人员错过取证黄金时间，防止重要证据流失，做到不枉不纵。

其二，前移监督时间节点，实现监督与侦查同步。侦查监督与协作配合办公室是适应以审判为中心的刑事诉讼制度改革要求的产物，该制

---

① 参见《健全完善人民检察院公安机关侦查监督与协作配合机制　推进刑事案件办理质效进一步提升——最高检、公安部相关负责人就〈关于健全完善侦查监督与协作配合机制的意见〉答记者问》，载最高人民检察院官网，https://www.spp.gov.cn/spp/xwfbh/wsfbt/202112/t20211206_537940.shtml#3。

② 参见[美]伊丽莎白·罗芙托斯、[美]凯撒琳·柯茜：《辩方证人：一个心理学家的法庭故事》，浩平译，中国政法大学出版社2012年版，第26~30页。

度的设立能缩小检察监督盲区,在理论和实践上实现案前、案中、案后全方位监督,有效弥补提前介入不够系统深入、侦诉沟通不畅、补查提纲不规范、补查质量不高、监督措施刚性不足、诉讼效率不高等缺陷。传统的监督以提前介入为主,提前介入分为主动介入和应邀介入。然而,实践中,基于刑事检察案多人少等原因,检察机关主动介入占提前介入不足10%,而主动介入案件中90%以上系检察官通过新闻媒体、警方通告获知信息。公安机关基于保守办案秘密的考虑,存在侦查初期不甚欢迎检察机关介入,待案件须提请审查逮捕时为了案件能顺利批捕,才邀请检察机关介入"把关"。侦查监督与协作配合办公室机制的创建,程序上使检察机关摆脱需公安机关邀请介入启动监督程序的依附,实现侦查监督的独立性,可以第一时间获取第一手信息,从事前和事中连贯监督和提醒侦查人员合法、规范、及时、全面收集保管证据,进而在实体上实现了监督的全程性、实质性。事实证明,独立监督、实质监督能够有效促进工作的提升,2022年上半年全国侦查监督核心数据同比增长约20%。

其三,办案数据信息对接,夯实了协作和配合的基础。[①] 信息共享是实现办公室职能的关键环节,共享的程度决定办公室运行的畅通程度。虽然早在2010年最高人民检察院就与公安部联合发布了《关于刑事立案监督有关问题的规定(试行)》,明确规定公安机关与检察机关刑事案件信息共享,但侦查活动的秘密性以及侦检的相互独立性决定了检察机关难以全面掌握刑事立案与侦查情况。[②] 公安机关的办案平台和检察机关办案系统类似,能全面、系统、完整反映所有案件的处理情况及流程进展,办公室通过该平台能全方位知悉公安机关所有刑事执法信息。比如通过登录公安机关办案系统,可以查阅已办和在办案件的基础台账、110

---

① 协作配合主要体现在两个方面,即简案快办和难案协同,同时表现出双向性、互动性,参见林喜芬:《公检侦查监督与协作配合机制改革与前瞻》,载《国家检察官学院学报》2023年第5期。

② 参见孙谦:《刑事立案与法律监督》,载《中国刑事法杂志》2019年第3期。

指挥中心接警记录了解案件发生原貌；通过查阅刑事立案、强制措施变更、通案记录、移送审查起诉等信息，了解案件进程情况；[①]通过查询刑事案件变更为治安、行政案件等信息，将检察机关以往通过专项行动才能获取的信息及时纳入监督视野，实现与公安执法信息的无缝对接；[②]通过办公室定期召开联席会议，进行类案指导、业务咨询，对疑难复杂刑事案件共同研讨、共同抗压、共同提升，统一执法司法理念，推动刑事诉讼依法、及时、顺利进行，确保侦查监督与协作配合机制长期、稳定、有效运行。

## 三、侦查监督与协作配合机制的焦点问题及对策举措

顶层设计不易，设计的落实亦难。从侦查监督与协作配合机制的运行实践来看，存在较多障碍。笔者立足检警关系改革的大背景，系统梳理和查摆侦查监督与协作配合机制运行中存在的深层次问题，并就如何完善该机制提出管见。

### （一）现阶段侦查监督与协作配合存在的痛点堵点问题

1. 职能定位不够明确，工作思路不够清晰。[③] 侦查监督与协作配合办公室是优化检警关系和落实侦查监督与协作配合机制的重要平台，办公室依托公安机关执法办案管理中心开展工作，实行双组长、双主任负责制，但运行过程中，谁牵头负责尚未明确。反贪、反渎职责转隶后，检察机关主要职责为审查逮捕和审查起诉，对公安机关办案思路、侦查手段缺乏了解，此外公安机关拥有庞大的信息网和装备优良的技侦手段，

---

① 参见秦宗文：《"侦查重心主义"研究——对"以审判为中心"诉讼制度改革的反思与拓展》，载《四川大学学报（哲学社会科学版）》2017 年第 3 期。

② 参见董晓玲、庄伟：《派驻公安机关检察室的功能与机制完善》，载《检察日报》2020 年 4 月 20 日，第 3 版。

③ 有时也会出现过度配合的问题，比如检察机关实质性介入侦查活动，甚至代为行使侦查权，对侦查工作的开展产生不良影响，参见陈卫东：《论检察机关的犯罪指控体系——以侦查指引制度为视角的分析》，载《政治与法律》2020 年第 1 期。

检察机关往往比不上。在办公室运作初期,开展常规提前介入、引导侦查取证、联席会议、案件讨论等传统工作较多,以往监督、协作未涉及领域的工作开展较少,反映出创新和拓展思路不清晰明了。

2. 运行模式、人员配备不够统一。2022 年初以来,各地办公室如雨后春笋不断涌现,但从各地检察院官网信息来看,宣传挂牌仪式内容居多,实质开展工作的内容少。即使实体运作,县级检察院间就存在专职常驻、轮值常驻、线上协助等运行模式不一的情况。有的地方"换汤不换药",从刑事检察部门分流部分人员,单纯变更办公地点;有的地方并未实际派驻,或者人员早已离去;[①]还有的地方虽派驻人员,但工作开展仅仅局限于组织案件研讨。由上可见,办公室的设立并未对检警关系产生"化学反应"。因此,办公室如何运行、人员如何合理分工、派驻检察官是否有必要承办案件以及办公室在今后发展中是否脱离刑事检察部门和独立成编等,都是亟须深入探讨和解决的现实问题,须切实防止改革叫好不叫座等异化现象的发生。

3. 配套机制不够健全和完善。笔者调取多地检察机关、公安机关会签的《关于开展侦查监督与协作配合工作的实施方案》,发现内容大多原文照抄照搬上级文件,制定的规定也比较原则和笼统,对如何开展工作缺乏具体意见,缺少主动担责、敢为人先的精神。各地宣传报道中取得的成效也限于提前介入引导公安机关侦查的常规范畴内容,缺少转变理念、组织协调、咨询指导等方面的创新方式方法。[②] 尤其是对最为核心的

---

① 规范要求的不断提升引发了人力资源的极度紧张,检察机关除了与公安,还与海关、国家安全、海警等单位成立了侦查监督与协作配合办公室,进一步挤占了有限的人力资源,而且人力资源的分配是否科学合理尚待接受检验和评估,参见李玉华:《侦查制度改革实证研究》,载《中国刑事法杂志》2018 年第 6 期;史兆琨等:《侦查监督与协作配合机制红利逐渐显现——最高检公安部联合印发〈关于健全完善侦查监督与协作配合机制的意见〉一周年纪实》,载《检察日报》2022 年 11 月 29 日,第 5 版。

② 监督客观上要求与被监督者保持距离,而协作配合要求拉近与对方的距离,两种角色冲突和不同的价值追求是检警关系改革过程中必须正视的问题,参见付凤、杨宗辉:《检察引导侦查与公诉引导侦查合理性辨析》,载《中国人民公安大学学报(社会科学版)》2013 年第 3 期。

信息共享,更尚未有公安办案平台与检察机关统一业务应用系统无缝对接的成功案例。工作开展方面,下级等待上级文件的现象一定程度存在,在缺乏操作层面的统一指引以及相关配套工作机制的情况下,客观上存在职责不清、工作内容不明等突出问题。

### (二)创新创优侦查监督与协作配合机制的对策建议

1. 树立正确理念,明确角色定位。制度的推行,须以理顺理念为基础。公安机关应以审判为中心的基本理念,积极主动地寻求与检察机关的协作与配合,自觉接受监督制约。检察机关既应加强立案监督和侦查活动监督,也应和公安机关通力协作共同完成惩罚犯罪的诉讼使命,在检警共同承担追诉职能前提下,不断寻求配合和监督的最佳平衡点,做到监督与配合并重、并举、并行,促使两者有机结合、深度融合。[①] 具言之,监督制约方面,必须遵循比例原则,以范围合理、方式得当、意见精准、跟踪落实为旨趣。程序完善方面,要建立一套符合监督运行规律的案件办理流程,形成涵盖检察监督线索移送、受理、审查、立案、调查核实、处置决定、跟踪反馈、结案归档等全过程的程序。[②] 协作配合方面,倡导构建提前介入引导侦查、审查逮捕后引导侦查、退回补充侦查引导侦查的引导侦查大格局,在证据调查、追诉犯罪、保障人权、社会治理、素能建设等方面协同发力、齐头并进。

2. 解决好机制建设、信息共享、泄密问责等问题。检警两家必须坚持党的领导,发挥当地政法委的协调领导作用,统一安排与推进机制落实。一要推动已有制度升级。通过细化公检法联席会议制度的规定、重大疑难案件公安机关听取检察机关意见实施细则等规范性文件,健全完善组织协调、督促落实、咨询指导等工作机制。解决好人员问题,充分调

---

① 参见郭烁:《检警关系视野下的不起诉制度》,载《苏州大学学报(哲学社会科学版)》2019 年第 5 期。

② 参见敬大力:《检察监督改革重在抓好三化》,载《法治日报》2019 年 11 月 14 日,第 5 版。

研办公室轮值、常驻以及其他模式各自优缺点，好中择优，思考如何利用平台以最少的人力对地域分散、承办80%以上刑事案件的派出机构进行集约监督等问题。[①]

二要建立案件信息共享机制。落实侦查监督实质性的关键点集中在要确保检察机关对侦查工作的知情权，故而信息共享是侦查监督与协作配合的核心所在，是检警关系发展走向的关键环节。信息共享畅通，监督协作则水到渠成，若信息共享“犹抱琵琶半遮面”，则办公室职能发挥无从谈起。[②] 因此，要加强与公安机关的沟通，形成共识，共同落实中央要求，健全完善信息共享机制，打破数据壁垒，检警双方在处理好两个涉密网之间衔接问题的前提下，可以互相开放办案系统，实现公安执法信息与检察机关统一业务应用系统的无缝对接，以对等之方式显协作之诚意。

三要建立联席会议制度。办公室可以定期召集检察官、民警召开联席会议，对检警双方在执法司法中出现的分歧或存在的问题进行探讨，统一司法理念。加强释法说理，对检察机关因证据不足拟不捕、拟不起诉等案件予以说明，降低公安机关不捕、不诉复核率，降低案—件比。[③] 加强类案指导，对公安机关在侦的疑难、复杂案件及突发性案件进行分析研判，共同“作战”。加强监督效果，通报并纠正公安机关侦查人员在刑事执法活动中常见的不规范及违法行为，将联席会议情况及通报违法情况等各项工作进行记录并总结分析，层报检警负责人。[④]

---

① 常驻的模式会导致感情和心理上的同化，监督者的中立性容易丧失，所以在达到一定时间后应当更换常驻人员，参见但伟、姜涛：《侦查监督制度研究——兼论检察引导侦查的基本理论问题》，载《中国法学》2003年第2期。

② 参见林喜芬：《公检侦查监督与协作配合机制改革与前瞻》，载《国家检察官学院学报》2023年第5期。

③ 参见[德]克劳思·罗科信：《刑事诉讼法》，吴丽琪译，法律出版社2003年版，第102～106页。

④ 对于疑难复杂问题，适宜采取案件化办理模式，并赋予检察机关调查核实权，以加强和体现检察机关的法律监督刚性和张力，参见张杰：《检察机关法律监督刚性视域下的调查核实权》，载《政法论坛》2023年第3期。

四要建立泄密问责机制。[①] 权力具有极强的侵犯性和扩张性，可以通过限制案件查询人员范围，完善查询程序，对申请人员、申请理由、查询内容等做到全程留痕。同时加强办公室人员保密教育，一旦发现泄密行为，对造成失密、泄密事件的单位及责任人，视其情节轻重，损失大小，按有关法律给予严惩。

五要建立监督结果考核及惩戒机制。加强与公安机关沟通，建立侦查人员刑事案件办理质量档案，明确说明不立案理由通知书、检察建议书、纠正违法通知书等检察文书法律效力，赋予办公室对不接受监督的单位和个人的惩戒权，将不接受监督行为记录在案，作为对侦查人员年终考核、评优评先、职级晋升等的重要参考。

3. 循序渐进、稳中求进，不断健全完善工作机制。[②] 基于现实办案力量的实际状况，必须理性思考、冷静对待、量力而行，而非面面俱到、贪大求全。以“4 + X”为履职方向，在履行好组织协调、监督协作、督促落实、咨询指导四项基本职能的基础上，根据履职需要探索拓展相关业务，发挥“一室多职能”效力，使侦查监督与协作配合机制运行实现效能最大化。[③] 要多维度、多层面、多视角把脉开方、对症下药、标本兼治，打造侦查监督与协作配合机制长效、常效、足效的一体化、立体化系统工程。不断改进、完善和修正侦查监督与协作配合机制，形成更为扎实和符合国情的侦查监督与协作配合运行模式，切实弥补检察机关监督力量、能力、手段之不足，将办公室工作的开展纳入检察机关年底考核指标，以考核促发展。

---

① 参见孙谦：《刑事立案与法律监督》，载《中国刑事法杂志》2019 年第 3 期。

② 区县级检察院和上级检察院的工作重点应当有所区分，区县级检察院应当着眼于个案的解决，上级检察院重点在于类案的总结、提炼和指导，参见林喜芬：《公检侦查监督与协作配合机制改革与前瞻》，载《国家检察官学院学报》2023 年第 5 期。

③ 有学者提出，侦查监督与协作配合办公室亦需接受监督，以防止权力滥用，可行的举措包括设立律师值班室和当事人监督举报窗口等，参见林喜芬：《公检侦查监督与协作配合机制改革与前瞻》，载《国家检察官学院学报》2023 年第 5 期。

## 第三节 法律监督公信力探析①

根据我国宪法规定,检察机关是法律监督机关。无论是从学理法理的角度,还是从司法实践的角度,都可以看出,检察机关在法律实施过程中起着至关重要的作用。但是,检察机关机械办案、就案办案、办人情案、办关系案等现象并不鲜见,严重拷问着司法诚信的边缘和底线,也不利于中国法治进程的向前推进。为此,对法律监督公信力概念、意义、问题、原因以及建构等相关问题予以浅析,供广大同仁商榷,以期达到抛砖引玉之功效。

### 一、法律监督公信力的概念

#### (一)公信力、司法、司法公信力的内涵界定

"公信力"一词源于英文词 accountability,2003 年"非典"以后在中国得到较大范围的传播和运用,公信力是指以特定的物质条件为基础,社会公众对特定机关的动机、目的、行为表现出来的信心、信任或者信赖,以及特定机关对社会公众的信用。② 公信力一方面包含着信任和信用两个维度,另一方面暗含着对公共权力的特指和评价。

司法,又称为法的适用,是指国家司法机关根据法定职权和程序,具体应用法律处理案件的活动,司法是法律实施中非常重要的一个环节。当代中国司法应当遵循公正,公民在法律面前一律平等,依法独立行使

---

① 本节内容的基础为发表于谢佑平主编的《司法评论》第 3 卷(中国检察出版社 2012 年版)的《浅论法律监督公信力》一文,作者是罗海妹、陈小炜、刘小荣,融入本书时笔者进行了部分修改、完善和调整。

② 参见陈立军、陈立民:《检察公信力内涵及建设策略分析》,载《求索》2012 年第 1 期。

职权以及以事实为依据,以法律为准绳等原则。

有观点认为,司法公信力是指,人们对司法机关执法过程和结果的效力缺乏应有的理解和信任。笔者认为,这种观点失之偏颇,人为地给此概念刻上了对司法机关否定评价的烙印,应该说此名词术语本身是中性的,并不含有褒义或者贬义的色彩,同时只强调了公众对司法机关的评价,忽视了司法机关对公众的互动。所以,笔者认为,司法公信力是指我国审判机关和检察机关在处理案件以及其他行使职权活动中,是否公平、公正以及公开程度,最终决定了社会公众对司法机关理解和信任的程度,也决定了司法机关在社会生活中建立起来的信用度和影响力。

(二)法律监督公信力是司法公信力的一个重要组成部分

在我国,法院和检察院共同为司法进步贡献自己的力量,但是,学界往往有意无意地把司法公信力和审判机关司法公信力等同起来,也很少有检察公信力方面的学术调研文章,笔者认为这是非常不可取的。

检察机关同样是司法公信力的中坚力量,司法公信力既包括审判公信力,也包括检察公信力,两者不可偏废,缺一不可,而法律监督则是检察机关固有的职能和内在的属性。法律监督职能如果不能正确、合法、有效地行使,势必会影响到检察公信力,归根结底会影响到司法公信力。

以职务犯罪侦查为例,如果出现应当立案不立案或者不应当立案而立案,侦查行为不严格按照法律规定进行,出现刑讯逼供、诱供、指供等情形,都会严重影响司法公信力的发展进程。[①] 再以审查逮捕为例,应当逮捕而不逮捕,不应当逮捕却逮捕,同样会引发社会环境和人们内心震荡的因素,不利于司法公信力的建构和发展。

检察机关作为法律监督机关,监督法律的实施,监督审判机关的诉

① 该节内容撰写时我国检察机关自侦部门尚未转隶,2018 年转隶后对于司法人员的部分自侦权同样存在相关的问题,下文保留原有表述,不再说明。

讼活动,通过抗诉职能或者检察建议对法院诉讼中出现的偏差以及谬误进行及时纠错,有助于避免造成冤假错案,维护社会公平正义。[①] 除了诉讼监督职能的实现有利于检察公信力乃至司法公信力的提高,审判机关在诉讼监督的作用下"有错必纠""知错就改"一定程度上也将一同对司法公信力提升起到促进的作用。

### (三)法律监督公信力的内涵和外延

法律监督公信力具有丰富的内涵和外延,根据逻辑学原理,一个概念应当是对一个事物的高度抽象概括。而在不同的国度、不同的语境或者不同的场合,不同的概念被赋予了不同的内涵和外延。法律监督公信力概莫能外。

英美法系一些国家检察机关仅仅是政府的一个部门,除具有刑事检控职能外还具有司法行政等职权和属性。[②] 大陆法系多数国家检察机关具有司法机关的属性,所以其具有向法院提起公诉和领导或指挥侦查活动等职权。[③] 而我国可谓独树一帜,检察机关具有法律监督机关的属性,法律监督机关的属性也决定了我国检察机关所具有的职权,主要包含部分职务犯罪侦查、提起公诉、审查逮捕和诉讼监督等四个方面的内容。

综上,不难归纳,在中国,法律监督公信力和检察机关公信力的概念是等同的,其主要是指检察机关通过实施法律监督活动,最终决定了社会公众对司法机关信心和信任,也决定了检察机关在社会生活中建立起来的信用和影响。具体而言,法律监督公信力主要涵盖了人民群众对检

---

① 有论者指出检察机关以法律监督的名义干预法院审判,在事实上成为"法官之上的法官",违背了审判独立的原则,笔者认为,关键问题有三:一是法律监督的内涵和外延是什么,二是对审判活动的监督是否在射程范围内,三是法律监督权是否需要改革以及如何改革,详见陈卫东:《我国检察权的反思与重构——以公诉权为核心的分析》,载《法学研究》2022 年第 2 期。

② 参见张鸿巍:《美国检察制度研究》,人民出版社 2009 年版,第 32 页;樊崇义、吴宏耀、种松志主编:《域外检察制度研究》,中国人民公安大学出版社 2008 年版,第 9 页。

③ 参见樊崇义、吴宏耀、种松志主编:《域外检察制度研究》,中国人民公安大学出版社 2008 年版,第 174、225 页。

察机关三方面的认同：一是寻求检察机关，即到检察机关报案、控告、举报、申诉或者提起抗诉；二是信赖检察机关，即相信检察机关以事实为依据，以法律为准绳执法办案；三是服从检察机关，即对检察机关司法办案结果表示尊重和认同。

## 二、法律监督公信力的重要意义

我国学界和实务界意识到司法公信力的问题，[①]思想上对法律监督公信力给予足够重视，行动上着力提高法律监督公信力，有着非同寻常的意义，对法的诸多价值的实现以及法治进程的推进有着深远的影响。

一是有利于检察机关树立自身良好的社会形象。不断提升检察机关的司法公信力，意味着检察机关更加清正廉洁，更加司法为民，更加公平公正。而公平公正是人类社会永恒的话题，是一种理想的道德标准，也是法律的根本追求。[②] 这样，也增强了法律的严肃性和自身的威严，有利于检察机关给公众以良好的印象，从而确立自身良好形象。检察机关司法公信力的不断提高对内部团结、外部协作、树立权威以及赢得群众理解和信任作用不容小觑，[③]也有助于提高司法效率，节约司法资源。

二是有利于定分止争，有效钝化各种社会矛盾。法律监督机关公信力得到确立和进一步提升，同样有利于社会矛盾的解决。这主要体现和落实在三个方面，其一，依靠信访工作，信访工作是联系群众的重要桥梁，获取办案线索的重要渠道，也是一项重要业务性工作；其二，依靠民

---

① 参见毕玉谦主编：《司法公信力研究》，中国法制出版社 2009 年版，序言部分。

② 参见[英]丹宁勋爵：《法律的正当程序》，李克强、杨百揆、刘庸安译，法律出版社 2011 年版，第 9 页。

③ 综观几篇关于司法公信力的文章和几本著作，基本都是以司法权威为切入口和主线展开论述，笔者认为思路较狭隘，欠开阔，不利于完整地实现法的价值和功能，也不利于从权威性司法公信力转向理解型司法公信力和回应型司法公信力，所以有了论述下文的必要性。

事和行政检察工作,可以通过民事行政抗诉等职能的实现,纠正法院错判误判,从而合理有效地解决社会矛盾;其三,通过检调对接,检调对接工作能够弱化当事人之间的矛盾和对抗,有利于受害人得到更好的赔偿,也有利于犯罪嫌疑人的悔罪和改造。[①]

三是有利于我国社会主义和谐社会的构建。“司法是正义的最后一道防线”,检察机关通过严格司法和依法办案等活动,严惩违法犯罪,从而使司法公信力得到有力提升,进而有助于营造和谐稳定和风清气正的社会环境。不断提升法律监督机关司法公信力是构建和谐社会进程中非常重要的一个环节和链条,有助于社会安定和国家稳定,有助于法的秩序价值和功能的实现。

四是有利于加速实现法治国家目标进程。法治是以民主为前提和目标,以依法办事为核心,以制约权力为关键的社会管理机制和社会秩序状态。[②] 法治的内核就是要使国家法律扮演父母和教师的角色,培养人们符合社会期盼的态度。[③] 检察公信力的提高有助于公民法律信仰的形成以及法律意识的“内化于心,外现于行”。因此,可以说,检察公信力是法治进程的重要标志,法治进步的点点滴滴和检察公信力紧密相连。

## 三、目前法律监督公信力存在的问题和原因

理论是为实践服务的,理论需要回归到实践之中,所以,对我国法律监督机关司法公信力发展状况进行实证研究是本节的重点,笔者将在下文中就相关问题进行厘清和分析。

### (一)我国法律监督公信力总体现状

检察机关恢复重建以来的四十多年间,检察机关发展突飞猛进,无

---

① 检调对接没有法律具体规定,属于一种工作创新方式。

② 参见卓泽渊:《法治国家论》,法律出版社 2008 年版,第 3 页。

③ 参见[美]伯尔曼:《法律与宗教》,梁治平译,中国政法大学出版社 2003 年版,第 174 页。

论是打击普通刑事犯罪，还是惩治贪污腐败，甚或是诉讼监督等方方面面，都取得了显著的成绩，法律监督职能得到了比较充分的发挥，在老百姓心目中的地位越来越高，权威性也越来越得到凸显，因此，直到21世纪初很长一段时间我国检察机关司法公信力总体处于上升态势。

从目前涉检案件来看，很多可能并不存在实体和程序的问题，但是当事人因为不理解、不信任，认为处理结果有失公允。同时，毋庸讳言，检察机关科学、公正、廉洁等方面还存在众多的问题，人民群众对司法的信赖程度有时呈现波折，检察公信力并非总是直线上升。根据某司法公信力研究课题组统计数据，社会公众对检察机关满意度、认可度都不够高，信心也不够足。2010年前后最高人民检察院在全国人民代表大会作的工作报告通过率仅仅80%左右也可见一斑。

坊间流传"小访小解决，大访问大解决，不访不解决"，也在一定程度上说明了我国检察机关司法公信力仍有待提高的现状。[①] 以涉检信访案件为例，2011年全国涉检信访共计804，873次，应该说这个数据非常庞大，而且越级上访、集体上访、重复上访和缠访闹访的占比很高。

(二)我国检察机关司法失信的主要因素

造成上述情况的因素很多，有历史的因素，也有现实的因素，有自身的因素，也有环境的因素，有体制上的因素，也有体制外的因素，等等，不一而足。

1.立法滞后。在社会主义市场经济浪潮下，我国目前既处于"黄金发展期"，又处于"矛盾凸显"的社会转型期，根据粗线条的立法原则，很多法律，包括规范检察机关司法活动的法律规定总体上显得不太细致和清晰，模糊的法律规定给检察官司法赋予了较大的自由裁量权，这也给任意司法带来了空间。另外，规范检察机关司法活动的法律规定并不健

① 参见孙应征、刘国媛：《略论司法公信力之构建》，载《江汉大学学报（社会科学版）》2010年第1期。

全，还有很多漏洞和空白，“立法的空白造成了制度的残缺”。立法缺乏前瞻性引发的各种问题给社会公众带来了很多困惑和猜疑。

2. 行政干预。根据我国的国情和传统，检察机关和审判机关一并被定性为司法机关，“一府两院”的提法暗含着司法不受政府干涉。但是，具有护法功能的检察机关人力、物力、财力受制于党委和政府，期望各地检察机关有能力和热情去拒斥不法的“地方意志”和“地方利益”，是不太现实的，[①]政府官员中也存在以干预司法为业绩的思想观念和实际情况。[②] 某些案件的办理甚至就是党委或者政府个别领导人意志的干涉和独断结果，检察机关行政化和地方化对检察公信力发展造成了极大的阻碍。

3. 司法腐败。司法腐败是最大的腐败，检察机关一旦发生司法腐败，对社会公众的负面影响将更大。[③] 司法腐败的代价是司法信誉的丧失和民众法治信仰危机。[④] 市场经济的浪潮下，人们经受着新思维的冲击和洗礼，世界观、人生观、价值观会发生很大变化，有些司法工作人员经不起诱惑，收贿甚至索贿，司法机关的威信会受到重创。

4. 徇私舞弊。将法律从社会生活中排除出去将会留下任性、专断和压迫，而不是爱，爱需要法律。[⑤] 将个人权威和职业权威置于司法权威之上，无视法律，以权谋私，办关系案、人情案并不鲜见，此种现象的大量存在也导致法律工具主义和虚无主义出现了一定程度的回潮。不严格根据事实和法律执法办案，避重就轻，甚至帮助当事人伪造和毁灭证据，就无法公正执法，也就不能办成铁案，将经不起历史和人民的考验和检查。

---

① 参见郑成良：《法治公信力与司法公信力》，载《法学研究》2007 年第 4 期。

② 参见卓泽渊：《法治国家论》，法律出版社 2008 年版，第 523 页。

③ 参见天津市人民检察院第二分院课题组：《检察维度的司法公信力问题研究》，载《法学杂志》2011 年第 9 期。

④ 参见张仁善：《司法腐败与社会失控》，社会科学文献出版社 2005 年版，第 4 页。

⑤ 参见毕玉谦主编：《司法公信力研究》，中国法制出版社 2009 年版，第 408 页。

5. 玩忽职守。部分检察干警责任意识淡薄，缺乏纪律意识和忧患意识，自我感觉良好，自我麻痹，疏忽大意，一失足成千古恨，抱恨终身，影响了自己的前程不说，也极大地影响了检察机关的形象，对检察机关的地位和公信力产生了一定的威胁和撼动。部分检察干警没有真正树立群众观念，没有很好地贯彻执行群众路线，遇到群众反映问题，尽可能地敷衍塞责，推诿了事，遇到群众上访，冷言冷语，冷漠无情，遇到群众控告举报申诉，消极应付，官架子十足。

6. 业务不精。检察机关是法律监督机关，检察工作是知识密集型工作，需要花大的气力去学习，去研究。但是，检察系统仍有一些没有扎实法律基础和功底的干警，即使是法学专业出身的干警，如果不继续加强学习研究，也会不进则退的，如果不专研业务，而是疏于学习，忙于文山会海、弄虚作假、应酬交际、拉拢关系，检察机关的公信力也会受到极大影响。

## 四、提升我国法律监督公信力之路径研究

我国法律监督公信力面临严峻形势，检察机关失信具有严重危害性，尽管现阶段还没有表现出对中国法治的摧毁性、破坏力，但是已经和审判失信一道开始侵蚀法治的根本即民众基础。[①] 提升我国法律监督公信力是一项艰巨而又伟大的工程，需要循序渐进，标本兼治，多管齐下，除了营造良好社会氛围和政务环境外，笔者认为应当做到如下几点。

### （一）以完善法律为抓手，建立健全检察工作机制体制

法律应当保持稳定性，但是也不能一直静止不变，[②]而完善的检察法律制度是检察公信力的前提性条件。“有比较才有鉴别”，放眼全球，中

---

① 参见毕玉谦主编：《司法公信力研究》，中国法制出版社 2009 年版，第 405 页。

② 参见［美］罗斯科·庞德：《法律史解释》，邓正来译，中国法制出版社 2002 年版，第 2 页。

国检察制度有自身的一些独特优势,如具有坚强的政治保障,即党的领导,司法性比较强,具备司法机关属性,法律监督权范围较广,法律监督力度较大,与警察机关、审判机关关系上同时强调制约与配合等,但是仍有进步空间。政体性质和政体原则决定一个国家的法律①,我国是人民民主专政国家,笔者认为,完善我国检察法律制度当务之急是做到如下几个方面:

(二)以提高认识为抓手,增强检察干警司法为民意识

检察机关应当加强思想道德教育,检察干警应当牢固树立"立党为公,执政为民"的思想观念,以维护好、实现好、发展好人民群众的根本利益为出发点和落脚点。永不满足、永不懈怠、永不停步,加强社会管理创新,积极推出便民、利民、亲民举措,将保质、高效、最大化地实现广大人民群众利益作为我们的目标任务和动力源泉。

"群众利益无小事",要认真对待百姓的每一项诉求,对于合理、合法的诉求要高度重视,帮助满足和实现,对于老百姓提出来的不尽合理甚至不合法的要求,我们不能机械处理,更不能粗暴对待,应当做好释法说理工作,动之以情,晓之以理,给予适当的引导。否则,就事论事,机械执法,就案办案,虽然也"公平公正"地处理了案件,但是老百姓内心并不能完全理解和认同,不能让老百姓心悦诚服,检察机关形象也就不能够深入人心。总之对待群众要像对待自己的亲人一样给予春天般的温暖,春风风人,和风细雨,才能赢得老百姓的理解、支持和信任。

(三)以队伍建设为抓手,推进检察干警公正廉洁司法

队伍建设是检察机关建设的头等大事,加强对检察干警的教育,全面提高检察人员素养,包括文化水平、道德修养、人际交往及生活习性。②

---

① 参见高尚编著:《孟德斯鸠与〈论法的精神〉》,人民出版社 2010 年版,第 13 页。

② 参见张仁善:《司法腐败与社会失控》,社会科学文献出版社 2005 年版,第 450 页。

尤其是廉政教育应该作为一项非常重要的任务和工程来抓，要做到常抓不懈，警钟长鸣，在检察系统内部营造一种“想干事，能干事，会干事，干成事，不出事”的良好氛围，重视廉政文化建设，让检察干警接受文化熏陶的同时精神得到进一步充实，培养检察干警正确的义利观，也让检察干警培养“先做人，后做事”的意识和思想。

一方面，检察机关不能出事，出不起事，“年头出事，一年白忙，年尾出事，白忙一年”，一定程度上就说明了这个道理，干警出现违法乱纪现象或者苗头时，组织人事部门、纪检监察部门、干警所在部门以及同事都有责任、都应当及时进行教育、谈话、帮助和挽救；另一方面，检察干警严重违法甚至出现犯罪情况时，绝不应当手软，绝不应当姑息，必须严惩不贷，以儆效尤，不遮遮掩掩，不包庇纵容。当今社会，利用司法权力进行欺诈的行为，耗费的成本只占“收益”的3%左右，应加大检察人员腐败行为的成本，使他们不敢或者不必枉法擅断，杜绝或者减少个别检察人员不良素质左右司法结果的可能。[①] 将正面典型和反面典型加以宣传报道，鼓励先进，鞭策后进。

（四）以业务能力为抓手，提高检察干警执法办案水平

业务能力和执法办案水平密切相关，任何忽视业务能力和素养的行为都是舍本求末的行为，提高业务能力应该多措并举，多管齐下，笔者认为主要可以从检察干警和检察机关两个方面入手。

干警应当提高自身业务学习的紧迫性和必要性认识，加强自学能力的培养，注重对知识的温故知新和及时更新，新旧知识“两手抓，两不误，两促进”，向领导学，向同事学，向书本学，向实践学，“缺什么，补什么，学什么，练什么”，切实克服自身的弱点和短板，不断提高案件事实判断能力、法律法规运用能力以及矛盾纠纷调处能力。

---

① 参见张仁善：《司法腐败与社会失控》，社会科学文献出版社2005年版，第4、450页。

检察机关应当重视业务能力建设,把业务能力建设放在检察机关建设的突出位置,大力培养职业化和精英化检察人才,尤其是要组织学习培训最新出台的法律法规以及相关司法解释规定,这应该成为检察机关教育培训的重中之重。江苏检察机关开展的岗位练兵活动对业务能力的提高成效非常明显,建议将其"大学习,大练兵,大比武"的成功经验在全国检察机关进行推广。

(五)以强化监督为抓手,促进检察机关持续科学发展

"没有不受监督的权力",检察权的运行概莫能外,而且更需要接受监督,包括内部监督和外部监督。

1. 人大监督。人大为最高监督者。[①] 检察机关必须提高接受人大监督的自觉性,主动定期向人大汇报检察工作,虚心接受执法检查、评议、视察、质询和问询,认真办理人大交办的信访案件。人大有力地进行监督,对检察机关公平公正司法以及检察公信力的提升有重要意义。

2. 社会监督。检察机关应当推行"阳光检察",提高透明度,消除神秘感,使检察工作打开一扇通向社会的窗口,广泛吸纳社会各界意见和建议。实践证明人民监督员制度是一种卓有成效的社会监督形式,截至2010年,全国"三类案件"32,304件,其中人民监督员不同意拟处理意见1635件,检察机关采纳899件。[②] 人民监督员制度已经在全国全面推行,应当严格执行,加强探索,在时机成熟时写入法律。

3. 舆论监督。舆论监督是党和国家监督体系中特殊的一环,究其实质也是人民监督。检察机关对于涉及群众切身利益以及重大关注的事件要及时反馈给媒体,主动召开新闻发布会,既能得到有效监督又能得到群众理解支持,产生良好的社会效果。

---

① 参见卓泽渊:《法治国家论》,法律出版社2008年版,第546页。

② 参见隋笑飞:《我国检察机关今起全面推行人民监督员制度》,载中央人民政府网,https://www.gov.cn/jrzg/2010-10/28/content_1732677.htm。

4. 自身监督。自身监督是进一步规范法律监督活动的内在动力。除了检察机关纪检监察部门要加大工作力度外，案件监督管理部门也在全国范围内如雨后春笋般普遍设立，要做到“一案一监管”，要敢于动真碰硬，对案件监督管理部门职级上要给以特殊倾斜和照顾，对其建制适当的时候也要考虑是否升格。

# 结　语

我国检察机关诉讼职能和监督职能呈现分离趋势,行政监督和诉讼监督二元分立局面正在形成。我国检察权兼具司法权和法律监督权属性,检察机关侦查权属于我国检察权的一项重要内容。我国检察机关侦查权几经变迁,特别是大部分侦查权转隶监察委,既是反腐败集中统一的需要,也是我国检察机关法律监督机关定位的回归体现。直接立案侦查权、补充侦查权和机动侦查权组成了我国现今检察机关侦查权的立体化格局,而引导侦查和侦查监督等内容与检察机关侦查权能紧密关联,可以概括为参与侦查权,属于广义的检察机关侦查权范畴。

我国检察机关保留的直接立案侦查权当务之急是要在法治的轨道运行,并充分发挥配合、监督和制约机制的作用。补充侦查异化、泛化、虚化适用的情况屡见不鲜,应秉持惩罚犯罪和保障人权并举、并重、并行,采取切实举措防止“借时间”“怠于补查”等现象的发生。厘清退回补充侦查或者退回补充调查与自行补充侦查的案件适用范围,健全和完善退回补充侦查或者退回补充调查引导和说理机制,赋予检察机关一定的刚性手段和方式。为了“激活”检察机关机动侦查权,应当从适当扩大适用范围、简化启动程序、提升软件和硬件水平等多个方面切实予以完善。引导侦查应当写入法律,并构建介入引导、逮捕引导和起诉引导三位一体的全链条、全方位、立体化体系和框架。侦查监督与协作配合办公室的设立具有必要性和重要性,现今应当着力推动办公室实质化、长效和足效运转和发展。

# 主要参考文献

除了将马克思、恩格斯和列宁等经典作家以及中国共产党五代领导集体的有关著述作为总的指导思想、方法论，以及国内外法学界相关检察机关侦查权能基本理论的一般著作外，本书主要的参考文献和相关资料包括：

## 一、参考的著作

1. [德]拉尔夫·彼得·安德斯、[德]基尔斯滕·格拉尔曼－舍雷尔、[德]杨·亨里克·沙迪：《德国检察机关的创新发展：社会变迁中检察机关的职责与未来》，王志坤、王梅杰等译，法律出版社 2023 年版。

2. [法]菲利普·米尔本、[法]卡蒂亚·科斯图斯基、[法]丹尼斯·萨拉斯：《法国检察官：司法使命与政治功能》，刘林呐、单春雪译，中国检察出版社 2021 年版。

3. [日]川崎英明：《变革中的日本刑事司法——日本刑事诉讼法和刑事司法改革专题研究》，胡丹、朱丹等译，法律出版社 2021 年版。

4. [澳]维多利亚·科尔文、[澳]菲利普·斯坦宁编：《检察官角色的演变：挑战和创新》，谢鹏程等译，中国检察出版社 2021 年版。

5.[瑞士]古尔蒂斯·里恩:《美国和欧洲的检察官——瑞士、法国和德国的比较分析》,王新玥、陈涛等译,法律出版社 2019 年版。

6.[美]本杰明·卡多佐:《司法过程的性质》,苏力译,商务印书馆 1998 年版。

7.[德]施塔姆勒:《现代法学之根本趋势》,姚远译,商务印书馆 2016 年版。

8.[美]罗斯科·庞德:《法律与道德》,陈林林译,商务印书馆 2015 年版。

9.[美]米尔伊安·R. 达玛什卡:《司法和国家权力的多种面孔:比较视野中的法律程序》,郑戈译,中国政法大学出版社 2015 年版。

10.[英]萨达卡特·卡德里:《审判为什么不公正》,杨雄译,新星出版社 2014 年版。

11.[瑞士]萨拉·J. 萨默斯:《公正审判:欧洲刑事诉讼传统与欧洲人权法院》,朱奎彬、谢进杰译,中国政法大学出版社 2012 年版。

12.[法]孟德斯鸠:《论法的精神》(上册),许明龙译,商务印书馆 2012 年版。

13.[美]伊丽莎白·罗芙托斯、[美]凯撒琳·柯茜:《辩方证人:一个心理学家的法庭故事》,浩平译,中国政法大学出版社 2012 年版。

14.[德]卢曼:《社会的法律》,郑伊倩译,人民出版社 2009 年版。

15.[英]詹姆斯·迪南:《解读被害人与恢复性司法》,刘仁文、林俊辉等译,中国人民公安大学出版社 2009 年版。

16.[德]卡尔·拉伦茨:《法学方法论》,陈爱娥译,商务印书馆 2003 年版。

17.[德]克劳思·罗科信:《刑事诉讼法》,吴丽琪译,法律出版社 2003 年版。

18.[日]田口守一:《刑事诉讼法》,刘迪、张凌、穆津译,法律出版社

2000 年版。

19. [美]E. 博登海默:《法理学:法律哲学与法律方法》,邓正来译,中国政法大学出版社 1999 年版。

20. [德]阿希姆·赫尔曼:《德国刑事诉讼法典》,李昌珂译,中国政法大学出版社 1995 年版。

21. [法]孟德斯鸠:《论法的精神》,张雁深译,商务印书馆 1982 年版。

22. 王祺国主编:《新时代检察侦查概论》,中国检察出版社 2023 年版。

23. 左卫民、周长军:《刑事诉讼的理念》(第 3 版),北京大学出版社 2022 年版。

24. 陈瑞华:《比较刑事诉讼法》(第 2 版),北京大学出版社 2021 年版。

25. 高一飞等:《司法机关配合与制约关系论》,法律出版社 2021 年版。

26. 樊崇义主编:《刑事诉讼法实施问题与对策研究》,中国人民公安大学出版社 2020 年版。

27. 姜明安:《监察工作理论与实务》,中国法制出版社 2018 年版。

28. 秦前红、叶海波等:《国家监察制度改革研究》,法律出版社 2018 年版。

29. 陈瑞华:《司法体制改革导论》,法律出版社 2018 年版。

30. 胡铭:《审判中心与刑事诉讼》,中国法制出版社 2018 年版。

31. 吴常青:《检察侦查权监督制约机制研究》,法律出版社 2017 年版。

32. 陈瑞华:《程序性制裁理论》(第 3 版),中国法制出版社 2017 年版。

33. 蒋勇主编:《诉讼可视化》,法律出版社 2017 年版。

34. 侯晓焱:《进退之间——证据不足不起诉实务研究》,中国检察出版社 2017 年版。

35. 蔡世葵、陈卫东、陈复军主编:《检察机关柔性司法的理论与实践以广州市海珠区人民检察院为样本的分析》,中国检察出版社 2017 年版。

36. 李广辉、林泰松、邓剑光:《中国司法制度研究》,中国法制出版社 2017 年版。

37. 周萍、蒙柳主编:《法理学》,武汉大学出版社 2016 年版。

38. 刘艳红等:《中国反腐败立法研究》,中国法制出版社 2017 年版。

39. 张建伟:《刑事诉讼法通义》,北京大学出版社 2016 年版。

40. 潘金贵等:《侦诉协作机制研究》,中国检察出版社 2016 年版。

41. 张兆松:《中国检察权监督制约机制研究》,清华大学出版社 2014 年版。

42. 罗堂庆主编:《检察机关自侦办案工作转型发展研究》,中国检察出版社 2014 年版。

43. 樊崇义主编:《刑事诉讼法学》,法律出版社 2013 年版。

44. 刘方:《检察侦查权配置及应用研究》,中国检察出版社 2012 年版。

45. 林钰雄:《刑事程序与国际人权》(2),台北,元照出版有限公司 2012 年版。

46. 董坤:《侦查行为视角下的刑事冤案研究》,中国人民公安大学出版社 2012 年版。

47. 黄豹:《侦查权力论》,中国社会科学出版社 2011 年版。

48. 谢佑平等:《中国检察监督的政治性与司法性研究》,中国检察出版社 2010 年版。

49. 朱孝清、张智辉主编:《检察学》,中国检察出版社 2010 年版。

50. 甄贞等:《检察制度比较研究》,法律出版社 2010 年版。

51. 孙谦:《检察理论研究综述》(1999—2009),中国检察出版社

2009 年版。

52. 张鸿巍:《美国检察制度研究》,人民出版社 2009 年版。

53. 万毅:《一个尚未完成的机关:底限正义视野下的检察制度》,中国检察出版社 2008 年版。

54. 林钰雄:《检察官论》,法律出版社 2008 年版。

55. 闵钐编:《中国检察史资料选编》,中国检察出版社 2008 年版。

56. 张智辉:《检察权研究》,中国检察出版社 2007 年版。

57. 张文志:《中国检察制度改革论纲》,法律出版社 2007 年版。

58. 龙宗智主编:《徘徊于传统与现代之间——中国刑事诉讼法再修改研究》,法律出版社 2005 年版。

59. 张培田、张华:《近现代中国审判检察制度的演变》,中国政法大学出版社 2004 年版。

60. 陈光中、徐静村主编:《刑事诉讼法学》,中国政法大学出版社 2002 年版。

61. [美]爱伦·豪切斯泰勒·斯黛丽、[美]南希·弗兰克:《美国刑事法院诉讼程序》,陈卫东、徐美君译,中国人民大学出版社 2002 年版。

62. 陈瑞华:《刑事诉讼的前沿问题》,中国人民大学出版社 2000 年版。

63. 宋世杰等:《比较刑事诉讼法学》,中南工业大学出版社 2000 年版。

64. 余叔通、谢朝华译:《法国刑事诉讼法典》,中国政法大学出版社 1997 年版。

65. 李昌珂译:《德国刑事诉讼法典》,中国政法大学出版社 1995 年版。

66. 陈光中、严端主编:《中华人民共和国刑事诉讼法修改建议稿与论证》,中国方正出版社 1995 年版。

67. Scheuerman Heather and Griffiths Elizabeth, Post-Conviction

Review on Trial: When do Appellate Courts Correct for Prosecutorial Misconduct? Crime & Delinguency, 2023.

68. Henry Tri Keah and Henderson Howard, Pathways to Offense Charging: Examining Defense Decision-Making During Case Processing, Criminal Justice and Behavior, 2023.

69. Karolina Kremens. Powers of the Prosecutor in Criminal Investigation: A Comparative Perspective, Routledge Taylor & Francis Group, 2021.

70. Newton Michael. Absolutist Admissibility at the ICC: Revalidating Authentic Domestic Investigation, Israel Law Review, 2021.

71. Urs Priya. Judicial Review of Prosecutorial Discretion in the Initiation of Investigations into Situations of "Sufficient Gravity", Journal of International Criminal Justice, 2020.

72. Leslie Holmes. Combating Corruption in China: The Role of the State and Other Agencies in Comparative Perspective, Economic and Political Studies, 2015.

73. Quah J. S. Curbing Police Corruption in Singapore: Lessons for other Asian Countries, Studies, 2014.

74. E. S. Azarova. Ensuring Criminal Procedural Security for the Participants of Criminal Proceedings, Sociosfera, 2010.

75. Michael Bohlander. Legal Advice in Criminal Proceedings in the Federal Republic of Germany, Criminal Law Forum, 1992.

## 二、参考的论文

1. 曹坚:《检察侦查权的理论基础和深化路径》,载《人民检察》2024年第11期。

2. 秦前红:《法律监督视野下检察侦查制度优化》,载《国家检察官学院学报》2024 年第 1 期。

3. 王戬、程溪:《我国检察侦查权的历史、现实与完善》,载《犯罪研究》2024 年第 1 期。

4. 沈善文、张波等:《提升职务犯罪案件自行补充侦查工作成效的思考》,载《中国检察官》2023 年第 23 期。

5. 姚孙权、徐本鑫:《检察侦查权运行机制研究》,载《汕头大学学报(人文社会科学版)》2023 年第 9 期。

6. 王祺国:《检察侦查工作现代化的价值目标与基本路径——以浙江检察侦查工作为视角》,载《人民检察》2023 年第 9 期。

7. 袁志尧:《检察机关机动侦查权制度及其适用的检视与完善》,载《四川警察学院学报》2023 年第 6 期。

8. 苏志远:《检视与省思:补充侦查的"程序倒流"样态》,载《江苏警官学院学报》2023 年第 6 期。

9. 林喜芬:《公检侦查监督与协作配合机制改革与前瞻》,载《国家检察官学院学报》2023 年第 5 期。

10. 郭立新:《人权保障视野下的刑事检察实践》,载《政法论坛》2023 年第 4 期。

11. 秦前红:《检察侦查权的制度逻辑与时代走向》,载《政法论丛》2023 年第 4 期。

12. 张杰:《检察机关法律监督刚性视域下的调查核实权》,载《政法论坛》2023 年第 3 期。

13. 谢小剑:《法教义学视角下退回补充调查的诉讼阶段定位》,载《法律科学(西北政法大学学报)》2023 年第 3 期。

14. 桂梦美、苏志远:《补充侦查制度协同模式及其实践描画》,载《中国人民公安大学学报(社会科学版)》2023 年第 2 期。

15. 郭烁:《检警关系视野下的不起诉制度》,载《苏州大学学报(哲学社会科学版)》2019 年第 5 期。

16. 张福坤:《检察机关侦查权的发展面向》,载《黑龙江省政法管理干部学院学报》2022 年第 3 期。

17. 谢澍:《检察机关侦查权的监督性及其体系化进路》,载《中国刑事法杂志》2022 年第 3 期。

18. 刘为军、漆晨航:《机动侦查权的解读与实化:回归权力本位的研究思路》,载《甘肃政法大学学报》2022 年第 2 期。

19. 谢澍:《刑事诉讼构造之理论传承与知识延拓——以认知科学为视角》,载《政治与法律》2022 年第 2 期。

20. 张敬:《检察机关机动侦查权分析及完善路径》,载《湖北警官学院学报》2022 年第 1 期。

21. 贝克:《我国检察机关侦查权转型运行研究》,华东政法大学 2022 年硕士学位论文。

22. 杨开湘、谭智恩:《新刑诉法背景下检察机关侦查权的运行机制研究》,载《唐山学院学报》2021 年第 5 期。

23. 郑曦:《刑事诉讼中程序惯性的反思与规制》,载《中国法学》2021 年第 3 期。

24. 柳洁、卢军、曾城:《检察机关直接侦查权的行使困境及规范出路——以监察体制改革为背景》,载《广西政法管理干部学院学报》2021 年第 2 期。

25. 常嘉文:《新时代检察机关对司法工作人员职务犯罪侦查路径探索》,载《西部学刊》2021 年第 4 期。

26. 王玄玮:《监检衔接中检察职责的尺度——刑事诉讼中"制约"与"监督"辨析》,载《云南师范大学学报(哲学社会科学版)》2021 年第 1 期。

27. 万毅、孙军:《检察机关调查核实权之权能分析》,载《人民检察》2020 年第 18 期。

28. 李粤贵、刘金威、熊明:《检察机关侦查司法工作人员相关职务犯罪形势与对策》，载《人民检察》2020 年第 18 期。

29. 井晓龙：《监察调查权与检察侦查权衔接研究》，载《法学杂志》2020 年第 12 期。

30. 周新：《论我国检察权的新发展》，载《中国社会科学》2020 年第 8 期。

31. 吴建雄：《司法人员职务犯罪双重管辖制度的多维思考》，载《中国法学》2020 年第 6 期。

32. 王倩倩：《检察引导侦查：发展历程、运行困境及完善进路》，载《中共山西省委党校学报》2020 年第 6 期。

33. 吴建雄、马少猛：《司法人员职务犯罪侦查制度的基本理论与机制构建》，载《中国刑事法杂志》2020 年第 5 期。

34. 洪浩、朱良：《论检察机关在刑事审前程序中的主导地位》，载《安徽大学学报（哲学社会科学版）》2020 年第 4 期。

35. 范思力：《检察机关法定侦查权转变原因分析》，载《时代法学》2020 年第 4 期。

36. 段瑞群：《监察体制改革下的检察机关"主业主责"》，载《时代法学》2020 年第 3 期。

37. 卞建林：《检察机关侦查权的部分保留及其规范运行——以国家监察体制改革与〈刑事诉讼法〉修改为背景》，载《现代法学》2020 年第 2 期。

38. 高一飞：《司法职务犯罪侦查权也应当转隶监委》，载《河南财经政法大学学报》2020 年第 1 期。

39. 郭晶：《检察侦查权全面机动化的模式选择及制度准备》，载《深圳大学学报（人文社会科学版）》2020 年第 1 期。

40. 李嘉玉：《检察机关侦查权运行研究》，华东政法大学 2020 年硕士学位论文。

41. 周小倩：《论人民检察院对监察委员会的监督与制约》，南京大学

2020 年硕士学位论文。

42. 赵哲辉:《检察机关直接立案侦查权研究》,湘潭大学 2020 年硕士学位论文。

43. 陈卫东:《推进由"侦查中心"向"审判中心"转变的刑事诉讼程序改革》,载《人民论坛》2019 年第 29 期。

44. 钟会兵、马文涛:《检察机关行使司法人员职务犯罪侦查权研究》,载《中国检察官》2019 年第 20 期。

45. 詹建红、许晏铭:《论监察调查与刑事诉讼程序的衔接》,载《社会科学战线》2019 年第 8 期。

46. 汪聪聪:《检察引导侦查的若干问题》,载《人民法治》2019 年第 8 期。

47. 苗生明:《新时代检察权的定位、特征与发展趋向》,载《中国法学》2019 年第 6 期。

48. 潘鑫:《刑诉法修改背景下检察机关侦查职能配置研究》,载《研究生法学》2019 年第 6 期。

49. 董坤:《法规范视野下监察与司法程序衔接机制——以〈刑事诉讼法〉第 170 条切入》,载《国家检察官学院学报》2019 年第 6 期。

50. 张兆松、罗薇:《检察侦查管辖权七十年:回顾与反思》,载《河南警察学院学报》2019 年第 5 期。

51. 谢登科:《我国检察机关职务犯罪侦查权嬗变与反思》,载《警学研究》2019 年第 5 期。

52. 董邦俊、吕文心:《监察体制改革背景下检察机关侦查权研究》,载《中国人民公安大学学报(社会科学版)》2019 年第 4 期。

53. 刘文强:《以审判为中心视野下我国检警关系的反思与重构》,载《辽宁大学学报(哲学社会科学版)》2019 年第 4 期。

54. 陈卫东:《〈刑事诉讼法〉最新修改的相关问题》,载《上海政法学院学报(法治论丛)》2019 年第 4 期。

55. 孙谦:《刑事立案与法律监督》,载《中国刑事法杂志》2019 年第 3 期。

56. 王洪宇:《监察体制下监检关系研究》,载《浙江工商大学学报》2019 年第 2 期。

57. 吕晓刚:《保留检察机关部分职务犯罪侦查权的实践价值与有效实施》,载《新疆师范大学学报(哲学社会科学版)》2019 年第 3 期。

58. 朱德安、王喆:《新检察侦查权适用的三个问题分析》,载《政法学刊》2019 年第 3 期。

59. 曹中启、曾珍:《公诉环节自行补充侦查权的研究》,载《湖北师范大学学报(哲学社会科学版)》2019 年第 2 期。

60. 秦敏、陈珍建:《自行补充侦查实务研究——以四川省简阳市人民检察院的办案为样本》,载《中国检察官》2019 年第 2 期。

61. 朱孝清:《检察机关如何行使好保留的职务犯罪侦查权》,载《中国刑事法杂志》2019 年第 1 期。

62. 陈国庆:《刑事诉讼法修改与刑事检察工作的新发展》,载《国家检察官学院学报》2019 年第 1 期。

63. 李奋飞:《检察机关的"新"自侦权研究》,载《中国刑事法杂志》2019 年第 1 期。

64. 董坤:《检察机关机动侦查权研究——从 2018 年修改的〈刑事诉讼法〉第十九条第 2 款切入》,载《暨南学报(哲学社会科学版)》2019 年第 1 期。

65. 刘静坤:《以审判为中心的诉讼制度改革之立法思考》,载《中国刑事法杂志》2019 年第 1 期。

66. 卞建林:《配合与制约:监察调查与刑事诉讼的衔接》,载《法商研究》2019 年第 1 期。

67. 华小鹏:《监察权运行中的若干重大问题探讨》,载《法学杂志》2019 年第 1 期。

68. 姚莉:《监察案件的立案转化与“法法衔接”》,载《法商研究》2019 年第 1 期。

69. 郭华:《我国检察机关侦查权调整及其互涉案件程序的探讨》,载《法治研究》2019 年第 1 期。

70. 顾永忠:《公职人员职务犯罪追诉程序的重大变革、创新与完善——以〈监察法〉和〈刑事诉讼法〉的有关规定为背景》,载《法治研究》2019 年第 1 期。

71. 张云霄:《〈监察法〉与〈刑事诉讼法〉的衔接探析》,载《法学杂志》2019 年第 1 期。

72. 季卫华、陆军:《司法责任制背景下检察引导侦查机制的构建》,载《学术交流》2019 年第 1 期。

73. 司雅坤:《监察体制改革背景下检察机关侦查权问题研究》,河北大学 2019 年硕士学位论文。

74. 丁彩彩、雷闪:《审查起诉阶段退回补充侦查实证分析》,载《中国检察官》2018 年第 19 期。

75. 万春:《关于检察权运行研究中的几个问题》,载《中国检察官》2018 年第 15 期。

76. 龙宗智:《新形势下检察权的定位调整和职能强化》,载《中国检察官》2018 年第 15 期。

77. 徐梦飞、蔡红伟:《补充侦查权规范行使路径探索》,载《人民检察》2018 年第 14 期。

78. 吴宏耀、范仲瑾:《检察机关补充侦查权的规范化运用》,载《人民检察》2018 年第 14 期。

79. 郭立新:《新时代检察机关法律监督的任务》,载《中国检察官》2018 年第 23 期。

80. 秦前红、王天鸿:《国家监察体制改革背景下检察权优化配置》,载《理论视野》2018 年第 8 期。

81. 樊崇义、哈腾:《论监察与检察协调衔接机制的构建》,载《浙江工商大学学报》2018 年第 6 期。

82. 李奋飞:《"调查—公诉"模式研究》,载《法学杂志》2018 年第 6 期。

83. 张杰:《〈监察法〉适用中的重要问题》,载《法学》2018 年第 6 期。

84. 刘凡、刘鑫、王胜利:《监察机关职务犯罪案件调查与检察机关诉讼衔接机制研究》,载《皖西学院学报》2018 年第 6 期。

85. 季卫华、李强、王胜利:《新时代检察机关的职能优化》,载《天津行政学院学报》2018 年第 6 期。

86. 王小光、米卿:《完善检察机关自行补充侦查制度的思考》,载《河南财经政法大学学报》2018 年第 6 期。

87. 徐汉明、张乐:《监察委员会职务犯罪调查与刑事诉讼衔接之探讨——兼论法律监督权的性质》,载《法学杂志》2018 年第 6 期。

88. 万毅:《检察机关内设机构改革的基本理论问题》,载《政法论坛》2018 年第 5 期。

89. 程雷:《"侦查"定义的修改与监察调查权》,载《国检察官学院学报》2018 年第 5 期。

90. 聂友伦:《论罪行遗漏的处理模式》,载《中国刑事法杂志》2018 年第 5 期。

91. 王飞跃:《监察留置适用中的程序问题》,载《法学杂志》2018 年第 5 期。

92. 黄定海、鄢斌、姚怡:《公诉环节自行补充侦查制度的运行障碍与完善——以 W 市 J 区检察机关实践情况为视角》,载《人民检察》2018 年第 5 期。

93. 张云霄:《国家监察体制改革法治化进程初探》,载《法学杂志》2018 年第 5 期。

94. 朱孝清:《国家监察体制改革后检察制度的巩固与发展》,载《法学研究》2018 年第 4 期。

95. 左卫民、唐清宇:《制约模式:监察机关与检察机关的关系模式思考》,载《现代法学》2018 年第 4 期。

96. 李声高:《新监察制度下的侦诉关系之重构——兼论监察权与法律监督权关系》,载《西部法学评论》2018 年第 4 期。

97. 张中:《对抗与合作:构建新型侦辩关系模式》,载《苏州大学学报(哲学社会科学版)》2018 年第 4 期。

98. 张智辉:《检察侦查权的回顾、反思与重构》,载《国家检察官学院学报》2018 年第 3 期。

99. 纵博:《监察委员会调查权运行法治化的若干问题探讨》,载《宁夏社会科学》2018 年第 3 期。

100. 卞建林:《监察机关办案程序初探》,载《法律科学(西北政法大学学报)》2017 年第 6 期。

101. 朱福惠:《论检察机关对监察机关职务犯罪调查的制约》,载《法学评论》2018 年第 3 期。

102. 唐益亮:《检察院侦查权限度保留之必要性及路径》,载《时代法学》2018 年第 2 期。

103. 董坤:《中国化证据排除规则的范性梳理与反思》,载《政法论坛》2018 年第 2 期。

104. 魏晓娜:《依法治国语境下检察机关的性质与职权》,载《中国法学》2018 年第 1 期。

105. 唐亮:《监察体制改革与检察机关之归位》,载《河北法学》2018 年第 1 期。

106. 左卫民、安琪:《监察委员会调查权:性质、行使与规制的审思》,载《武汉大学学报(哲学社会科学版)》2018 年第 1 期。

107. 李奋飞:《检察再造论——以职务犯罪侦查权的转隶为基点》,载《政法论坛》2018 年第 1 期。

108. 龙宗智:《检察机关内部机构及功能设置研究》,载《法学家》2018 年第 1 期。

109. 谢登科:《论国家监察体制改革下的侦诉关系》,载《学习与探索》2018 年第 1 期。

110. 陈雅萱:《“瘦身”后的检察权问题研究》,湖南师范大学 2018 年硕士学位论文。

111. 周佑勇:《监察委员会权力配置的模式选择与边界》,载《政治与法律》2017 年第 11 期。

112. 卞建林:《监察机关办案程序初探》,载《法律科学(西北政法大学学报)》2017 年第 6 期。

113. 刘伟:《如何实现刑事侦查的法治化》,载《政法论丛》2017 年第 4 期。

114. 张倩:《英国监察专员的类型、功能及启示》,载《政法论丛》2017 年第 4 期。

115. 秦前红、石泽华:《监察委员会留置措施研究》,载《苏州大学学报(法学版)》2017 年第 4 期。

116. 柏屹颖、张峰:《监察体制改革中的职务犯罪案件公诉实务研究》,载《湖南警察学院学报》2017 年第 4 期。

117. 李振杰、唐益亮:《改革视域下检察机关机动侦查权之重构》,载《山西省政法管理干部学院学报》2017 年第 3 期。

118. 李建明:《刑事错案预防视野下的刑事司法理念现代化》,载《法治现代化研究》2017 年第 3 期。

119. 魏昌东:《国家监察委员会改革方案之辨正:属性、职能与职责定位》,载《法学》2017 年第 3 期。

120. 陈学权:《论侦查终结、提起公诉与审判定罪证据标准的同一——以审判中心主义为视角》,载《苏州大学学报(哲学社会科学版)》2017 年第 2 期。

121. 王峣:《“以审判为中心”诉讼制度改革中的侦查工作》,载《法学杂志》2017 年第 2 期。

122. 陈瑞华:《审判中心主义改革的理论反思》,载《苏州大学学报(哲学社会科学版)》2017 年第 1 期。

123. 姚莉、黎晓露:《侦查诉讼化模式再解读及其制度逻辑》,载《法学杂志》2017 年第 7 期。

124. 杨宇冠:《论中国刑事诉讼定罪证明标准——以排除合理怀疑为视角》,载《浙江工商大学学报》2017 年第 5 期。

125. 张建伟:《审判中心主义的实质内涵与实现路径》,载《中外法学》2015 年第 4 期。

126. 刘佳加:《论刑事诉讼中检察权的重构与优化——基于监察体制改革背景下的探讨》,载《广东开放大学学报》2017 年第 4 期。

127. 秦宗文:《“侦查重心主义”研究——对“以审判为中心”诉讼制度改革的反思与拓展》,载《四川大学学报(哲学社会科学版)》2017 年第 3 期。

128. 杨正万:《论补充侦查的案件处理功能》,载《广西政法管理干部学院学报》2017 年第 3 期。

129. 熊秋红:《监察体制改革中职务犯罪侦查权比较研究》,载《环球法律评论》2017 年第 2 期。

130. 张建伟:《法律正当程序视野下的新监察制度》,载《环球法律评论》2017 年第 2 期。

131. 杨正万:《论补充侦查的异化及其矫正——兼论审判中心主义对补充侦查的指导作用》,载《贵州大学学报(社会科学版)》2017 年第 2 期。

132. 孙远:《“分工负责、互相配合、互相制约”原则之教义学原理以审判中心为视角》,载《中外法学》2017 年第 1 期。

133. 刘计划:《以审判为中心刑事诉讼制度改革中的几个认识问

题》,载《苏州大学学报(哲学社会科学版)》2017 年第 1 期。

134. 阮浩、郑苗苗:《完善审查起诉阶段补充侦查制度刍议》,载《中国检察官》2016 年第 19 期。

135. 史硕洪、周子简:《新型引导侦查工作机制的建立》,载《上海政法学院学报(法治论丛)》2016 年第 5 期。

136. 王守安、韩成军:《审判中心主义视野下我国刑事证明模式的重塑》,载《政法论坛》2016 年第 5 期。

137. 秦策:《刑事程序比例构造方法论探析》,载《法学研究》2016 年第 5 期。

138. 丁乐:《审判中心主义下刑事侦查模式的改革——以检警关系的重构为视角》,载《湖北警官学院学报》2016 年第 4 期。

139. 李奋飞:《从“顺承模式”到“层控模式” “以审判为中心”的诉讼制度改革评析》,载《中外法学》2016 年第 3 期。

140. 褚福民:《如何完善刑事证据制度的运行机制?——“以审判为中心”的诉讼制度改革为视角的分析》,载《苏州大学学报(哲学社会科学版)》2016 年第 2 期。

141. 张永进:《日本检察官办案责任制及对中国的启示》,载《日本问题研究》2015 年第 6 期。

142. 汪长青等:《存疑不起诉案件监督机制探析》,载《人民检察》2015 年第 2 期。

143. 郑青:《我国检察机关办案组织研究》,武汉大学 2015 年博士学位论文。

144. 武伟杰:《检察机关机动侦查权研究》,中南民族大学 2015 年硕士学位论文。

145. 姜保忠:《补充侦查制度研究》,载《公民与法(法学版)》2014 年第 9 期。

146. 胡朝晖、刘涛涛:《公诉提前介入职务犯罪侦查问题探索》,载

《中国检察官》2015 年第 7 期。

147. 卞建林:《职务犯罪侦查权的配置与规制》,载《河南社会科学》2011 年第 4 期。

148. 叶炼、吴功、李应敏:《审查起诉环节退回补充侦查应重点解决六个问题》,载《人民检察》2013 年第 21 期。

149. 杨永华、王秋杰:《审查起诉阶段案件退回补充侦查实证分析》,载《人民检察》2013 年第 20 期。

150. 张翠松:《检察机关法律监督职能的"表达"与"实践"——以宪法定位与实践的背离为视角》,载《犯罪研究》2011 年第 6 期。

151. 兰跃军:《论适当扩大检察机关的机动侦查权》,载《内蒙古社会科学(汉文版)》2011 年第 2 期。

152. 杨立凡:《完善检察机关的机动侦查权》,载《学习月刊》2009 年第 8 期。

153. 李建明:《检察机关侦查权的自我约束与外部制约》,载《法学研究》2009 年第 2 期。

154. 黄俊林:《重构检察机关机动侦查权》,载《人民检察》2008 年第 19 期。

155. 李建明:《刑事错案的深层次原因——以检察环节为中心的分析》,载《中国法学》2007 年第 3 期。

156. 朱孝清:《中国检察制度的几个问题》,载《中国法学》2007 年第 2 期。

157. 云山城:《完善补充侦查若干问题的思考》,载《中国人民公安大学学报(社会科学版)》2006 年第 6 期。

158. 关英彦:《检察侦查权若干问题探讨》,载《中国检察官》2006 年第 1 期。

159. 冯景合:《检察权及其独立行使问题研究》,吉林大学 2006 年博士学位论文。

160. 杨宗辉:《论我国侦查权的性质——驳“行政权本质说”》,载《法学》2005 年第 9 期。

161. 周炳亮、黄楚元:《我国警检关系调整初探》,载《广西政法管理干部学院学报》2005 年第 4 期。

162. 陈永生:《论侦查权的性质与特征》,载《法制与社会发展》2003 年第 2 期。

163. 龙宗智:《评“检警一体化”兼论我国的检警关系》,载《法学研究》2000 年第 2 期。

164. 张森锋:《对检察机关地位和职权的再认识》,载《福建政法管理干部学院学报》2002 年第 2 期。

165. 朱广东:《浅谈人民检察院机动侦查权的立法完善》,载《河南省政法管理干部学院学报》1999 年第 3 期。

166. 陈东:《论香港法律渊源的未来走向》,载《政治与法律》1997 年第 6 期。

167. 何家弘:《美国检察制度的历史研究》,载《法治论丛》1994 年第 3 期。

168. 岳文钊:《略述中央革命根据地的监察机构及反腐败斗争》,载《中共党史研究》1992 年第 2 期。

169. 楚刃:《列宁与苏联的监察机关》,载《晋阳学刊》1988 年第 1 期。

## 作者近年来部分研究成果

### 一、著作

陈小炜:《口袋罪的限制适用和消减进路研究》,法律出版社 2022 年版。

### 二、论文及课题

1. 陈小炜:《洗钱罪的司法认定若干问题研究》,载《中国应用法学》2025 年第 1 期。

2. 李宁、陈小炜、包学红:《涉毒自洗钱犯罪问题探究》,载《刑事审判监督与刑事证据》,中国检察出版社 2023 年版,并获评全国检察机关第二届重罪检察实务论坛征文一等奖。

3. 吕梅、陈小炜:《核准追诉实体和程序争议问题探究》,载《中国检察官》2022 年第 1 期。

4. 俞昕水、张杰、陈小炜:《检察机关引导侦查的发展向度》,载《人民检察》2021 年第 11 期。

5. 李宁、汤晓慰、陈小炜:《退回补充侦查引导和说理机制的价值及完善进路》,载《中国检察官》2021 年第 9 期。

6. 陈小炜:《监检关系视野下退回补充调查与自行补充侦查》,载《北方法学》2020 年第 6 期。

7. 吕梅、陈小炜:《核准追诉疑难问题探究》,载《重罪检察的理论与实践》，中国检察出版社 2022 年版，并获评全国检察机关首届重罪检察实务论坛征文一等奖。

8. 李宁、陈小炜、缪宇：《非法经营罪的限制适用和消减进路》，载《人民检察》2020 年第 3 期。

9. 陈小炜、吴高飞：《监察体制改革背景下自行补充侦查和退回补充调查关系论纲》，载《西南政法大学学报》2019 年第 3 期。

10. 李宁、陈小炜：《监察体制改革背景下补充侦查问题研究》，载《法治现代化研究》2019 年第 3 期。

11. 唐旭东、陈小炜：《刑法变革视野下的刑事处罚早期化——走向"实害危险二元立法例"》，载《河南警察学院学报》2018 年第 5 期。

12. 陈小炜：《论寻衅滋事罪"口袋"属性的限制和消减》，载《政法论丛》2018 年第 3 期。

13. 宋寒松、陈小炜：《行政刑法理论在中国的发展及转向》，载《社会科学战线》2017 年第 10 期。

14. 陈小炜、马荣春：《实现刑法公众认同进路的考量——以刑法规范的明确性为视角》，载《法学杂志》2016 年第 8 期。

15. 陈小炜、梅志军：《有身份和无身份者共同骗取公款的司法定性》，载赵秉志、莫洪宪、齐文远主编：《中国刑法改革与适用研究》（全国刑法学术年会文集），中国人民公安大学出版社 2016 年版。

16. 陈小炜、梅志军、徐晋：《论犯罪论体系的颠覆——从"四要件"转向"三阶层"》，载《北华大学学报（社会科学版）》2017 年第 3 期。

17. 陈小炜、吴轩：《论网络言论的刑法规制——以"两高"关于网络诽谤等刑事案件的司法解释为契机》，载《甘肃社会科学》2015 年第 5 期。

18. 陈小炜等：《玩忽职守罪的因果关系法律问题研究》，载《北华大学学报（社会科学版）》2015 年第 4 期。

19. 陈小炜：《"口袋罪"的应然态度和限制进路》，载《苏州大学学报（哲学社会科学版）》2015 年第 3 期。

20. 陈小炜、戚红芳、徐晋：《捕后羁押必要性审查工作机制的构建》，载《湖北警官学院学报》2014 年第 11 期。

21. 陈小炜:《拆迁人员和被拆迁人员共同勾结骗取拆迁补偿款法律适用》,载《清风苑》2014 年第 12 期。

22. 陈小炜、余胜涛:《关于容留他人吸毒罪的思考与建议》,载《黑河学刊》2013 年第 1 期。

23. 罗海妹、陈小炜、刘小荣:《浅论法律监督公信力》,载谢佑平主编:《司法评论》,中国检察出版社 2012 年版。

24. 陈小炜:《论台湾交通警察的任务和职权》,载《甘肃警察职业学院学报》2012 年第 4 期。

25. 陈小炜、施晓楠:《论行为保全制度的内涵界定和价值考量》,载《改革与开放》2010 年第 9 期。

26. 陈小炜、李德仁、马春艳:《少年罪错司法防治域外借鉴研究》,载《价值工程》2010 年第 35 期。

27. 孙昊、陈小炜、李德仁:《对放高利贷行为基本理论及入罪合法性的研究》,载《中国集体经济》2010 年第 33 期。

28. 陈小炜、姜剑峰、沈媛媛:《重罪案件适用认罪认罚从宽制度的发展向度》,载《人民检察》2023 年 S2 期。

29. 李宁、陈小炜、管军军:《侦查监督与协作配合机制之实践完善》,载《人民检察》2022 年 S1 期。

30. 陈小炜、马春艳、章志远:《危险作业罪司法认定若干疑难问题研究》,载《人民检察》2024 年第 18 期。

31. 陈小炜、陶心怡:《论洗钱罪的演变逻辑及其刑事规制》,载《经济刑法》2022 年。

32. 陈小炜:《跨越实体和程序:论核准追诉制度的完善》,载《社会科学战线》2025 年第 5 期。

33. 陈小炜、石明娟:《"两卡"类掩饰、隐瞒犯罪所得案件涉案财物处置问题探析》,载《人民检察》2025 年第 12 期。

34. 主持国家检察官学院 2023 年度立项课题《重罪案件适用认罪认罚

从宽制度问题研究》,2023 年 12 月立项,课题编号:GJY2023D07,在研。

35. 主持国家检察官学院 2022 年度立项课题《洗钱犯罪法律问题探究》,2022 年 5 月立项,课题编号:GJY2022D09,2023 年 10 月结项。

36. 主持江苏省哲学社会科学后期资助项目《检察机关侦查权能的限制适用和消减进路研究》,2020 年 12 月立项,课题编号:20HQ021,2022 年 12 月结项。

37. 主持江苏省人民检察院 2020 年度立项课题《检察机关退回补充侦查引导和说理机制研究》,2020 年 6 月立项,课题编号:JS202016,2021 年 12 月结项。

38. 主持江苏省人民检察院 2024 年度立项课题《检察机关机动侦查权有效行使的根据和面向》,2024 年 10 月立项,在研。

39. 主持 2019 年南通市法学会立项课题《非法经营罪的限制适用和消减路径——以南通为例》,2019 年 5 月立项,课题编号:TFH2019C06,2020 年 1 月结项。

40. 主持 2015 年中国法学会课题《寻衅滋事罪要论——以口袋罪的限制和消减为视角》,2015 年 11 月立项,课题编号:CLS(2015)Y06,2016 年 12 月结项。

41. 主持苏州大学卓越人才计划立项项目《行政刑法的发展现状和未来走势》,2013 年 10 月立项,项目编号:5832002413,2014 年 10 月结项,课题结项等级为优秀。

42. 主持南通市人民检察院课题《少年罪错司法防治研究》,2010 年 4 月立项,2010 年 9 月结题,课题成果约 3 万字,并应邀参加未成年人犯罪国际研讨会。

43. 参加和执笔 2018 年度最高人民检察院检察理论研究立项课题《监察体制改革背景下的补充侦查实证问题研究》,2018 年 7 月立项,项目编号:GJ2018C15,2019 年 12 月结项,课题负责人李宁。

44. 参加和执笔 2020 年度最高人民检察院检察应用理论研究立项课题《检察机关自行补充侦查研究》,2020 年 7 月立项,2021 年 12 月结项,课题负责人李宁、李晓明。

| 附录 1 |

# 检察机关侦查权相关规定

## 一、2018 年《刑事诉讼法》相关规定

**第十九条** 刑事案件的侦查由公安机关进行，法律另有规定的除外。

人民检察院在对诉讼活动实行法律监督中发现的司法工作人员利用职权实施的非法拘禁、刑讯逼供、非法搜查等侵犯公民权利、损害司法公正的犯罪，可以由人民检察院立案侦查。对于公安机关管辖的国家机关工作人员利用职权实施的重大犯罪案件，需要由人民检察院直接受理的时候，经省级以上人民检察院决定，可以由人民检察院立案侦查。

自诉案件，由人民法院直接受理。

**第一百零八条** 本法下列用语的含意是：

（一）“侦查”是指公安机关、人民检察院对于刑事案件，依照法律进行的收集证据、查明案情的工作和有关的强制性措施；

**第一百零九条** 公安机关或者人民检察院发现犯罪事实或者犯罪嫌疑人，应当按照管辖范围，立案侦查。

**第一百一十三条** 人民检察院认为公安机关对应当立案侦查的案件而不立案侦查的，或者被害人认为公安机

关对应当立案侦查的案件而不立案侦查,向人民检察院提出的,人民检察院应当要求公安机关说明不立案的理由。人民检察院认为公安机关不立案理由不能成立的,应当通知公安机关立案,公安机关接到通知后应当立案。

**第一百四十四条** 人民检察院、公安机关根据侦查犯罪的需要,可以依照规定查询、冻结犯罪嫌疑人的存款、汇款、债券、股票、基金份额等财产。有关单位和个人应当配合。

犯罪嫌疑人的存款、汇款、债券、股票、基金份额等财产已被冻结的,不得重复冻结。

**第一百五十条** 公安机关在立案后,对于危害国家安全犯罪、恐怖活动犯罪、黑社会性质的组织犯罪、重大毒品犯罪或者其他严重危害社会的犯罪案件,根据侦查犯罪的需要,经过严格的批准手续,可以采取技术侦查措施。

人民检察院在立案后,对于利用职权实施的严重侵犯公民人身权利的重大犯罪案件,根据侦查犯罪的需要,经过严格的批准手续,可以采取技术侦查措施,按照规定交有关机关执行。

追捕被通缉或者批准、决定逮捕的在逃的犯罪嫌疑人、被告人,经过批准,可以采取追捕所必需的技术侦查措施。

**第一百五十五条** 应当逮捕的犯罪嫌疑人如果在逃,公安机关可以发布通缉令,采取有效措施,追捕归案。

各级公安机关在自己管辖的地区以内,可以直接发布通缉令;超出自己管辖的地区,应当报请有权决定的上级机关发布。

**第一百七十条第一款** 人民检察院对于监察机关移送起诉的案件,依照本法和监察法的有关规定进行审查。人民检察院经审查,认为需要补充核实的,应当退回监察机关补充调查,必要时可以自行补充侦查。

**第一百七十五条** 人民检察院审查案件,可以要求公安机关提供法庭审判所必需的证据材料;认为可能存在本法第五十六条规定的以非法方法收集证据情形的,可以要求其对证据收集的合法性作出说明。

人民检察院审查案件,对于需要补充侦查的,可以退回公安机关补充侦查,也可以自行侦查。

对于补充侦查的案件,应当在一个月以内补充侦查完毕。补充侦查以二次为限。补充侦查完毕移送人民检察院后,人民检察院重新计算审查起诉期限。

对于二次补充侦查的案件,人民检察院仍然认为证据不足,不符合起诉条件的,应当作出不起诉的决定。

**第二百零四条**　在法庭审判过程中,遇有下列情形之一,影响审判进行的,可以延期审理:

(一)需要通知新的证人到庭,调取新的物证,重新鉴定或者勘验的;

(二)检察人员发现提起公诉的案件需要补充侦查,提出建议的;

(三)由于申请回避而不能进行审判的。

**第二百零五条**　依照本法第二百零四条第二项的规定延期审理的案件,人民检察院应当在一个月以内补充侦查完毕。

**第二百零八条**　人民法院审理公诉案件,应当在受理后二个月以内宣判,至迟不得超过三个月。对于可能判处死刑的案件或者附带民事诉讼的案件,以及有本法第一百五十八条规定情形之一的,经上一级人民法院批准,可以延长三个月;因特殊情况还需要延长的,报请最高人民法院批准。

人民法院改变管辖的案件,从改变后的人民法院收到案件之日起计算审理期限。

人民检察院补充侦查的案件,补充侦查完毕移送人民法院后,人民法院重新计算审理期限。

## 二、2018年《监察法》相关规定

**第四十七条第三款**　人民检察院经审查,认为需要补充核实的,应当退回监察机关补充调查,必要时可以自行补充侦查。对于补充调查的案件,应当在一个月内补充调查完毕。补充调查以二次为限。

## 三、2020 年《人民检察院组织法》相关规定

**第二十条** 人民检察院行使下列职权：

（一）依照法律规定对有关刑事案件行使侦查权；

（二）对刑事案件进行审查，批准或者决定是否逮捕犯罪嫌疑人；

（三）对刑事案件进行审查，决定是否提起公诉，对决定提起公诉的案件支持公诉；

（四）依照法律规定提起公益诉讼；

（五）对诉讼活动实行法律监督；

（六）对判决、裁定等生效法律文书的执行工作实行法律监督；

（七）对监狱、看守所的执法活动实行法律监督；

（八）法律规定的其他职权。

## 四、2019 年《中华人民共和国检察官法》相关规定

**第七条** 检察官的职责：

（一）对法律规定由人民检察院直接受理的刑事案件进行侦查；

（二）对刑事案件进行审查逮捕、审查起诉，代表国家进行公诉；

（三）开展公益诉讼工作；

（四）开展对刑事、民事、行政诉讼活动的监督工作；

（五）法律规定的其他职责。

检察官对其职权范围内就案件作出的决定负责。

## 五、2021 年国家监察委员会《监察法实施条例》相关规定

**第八条** 监察机关办理职务犯罪案件，应当与人民法院、人民检察院互相配合、互相制约，在案件管辖、证据审查、案件移送、涉案财物处置等方面加强沟通协调，对于人民法院、人民检察院提出的退回补充调查、排除非法

证据、调取同步录音录像、要求调查人员出庭等意见依法办理。

**第二百二十六条** 监察机关对于人民检察院依法退回补充调查的案件,应当向主要负责人报告,并积极开展补充调查工作。

**第二百二十七条** 对人民检察院退回补充调查的案件,经审批分别作出下列处理:

(一)认定犯罪事实的证据不够充分的,应当在补充证据后,制作补充调查报告书,连同相关材料一并移送人民检察院审查,对无法补充完善的证据,应当作出书面情况说明,并加盖监察机关或者承办部门公章;

(二)在补充调查中发现新的同案犯或者增加、变更犯罪事实,需要追究刑事责任的,应当重新提出处理意见,移送人民检察院审查;

(三)犯罪事实的认定出现重大变化,认为不应当追究被调查人刑事责任的,应当重新提出处理意见,将处理结果书面通知人民检察院并说明理由;

(四)认为移送起诉的犯罪事实清楚,证据确实、充分的,应当说明理由,移送人民检察院依法审查。

**第二百三十一条** 对于监察机关移送起诉的案件,人民检察院作出不起诉决定,人民法院作出无罪判决,或者监察机关经人民检察院退回补充调查后不再移送起诉,涉及对被调查人已生效政务处分事实认定的,监察机关应当依法对政务处分决定进行审核。认为原政务处分决定认定事实清楚、适用法律正确的,不再改变;认为原政务处分决定确有错误或者不当的,依法予以撤销或者变更。

## 六、2021最高人民法院《关于适用〈中华人民共和国刑事诉讼法〉的解释》相关规定

**第二百七十七条** 审判期间,合议庭发现被告人可能有自首、坦白、立功等法定量刑情节,而人民检察院移送的案卷中没有相关证据材料的,应当通知人民检察院在指定时间内移送。

审判期间,被告人提出新的立功线索的,人民法院可以建议人民检察院补充侦查。

**第二百九十七条** 审判期间,人民法院发现新的事实,可能影响定罪量刑的,或者需要补查补证的,应当通知人民检察院,由其决定是否补充、变更、追加起诉或者补充侦查。

## 七、2019年最高人民检察院《人民检察院刑事诉讼规则》相关规定

**第二条** 人民检察院在刑事诉讼中的任务,是立案侦查直接受理的案件、审查逮捕、审查起诉和提起公诉、对刑事诉讼实行法律监督,保证准确、及时查明犯罪事实,正确应用法律,惩罚犯罪分子,保障无罪的人不受刑事追究,保障刑事法律的统一正确实施,维护社会主义法制,尊重和保障人权,保护公民的人身权利、财产权利、民主权利和其他权利,保障社会主义建设事业的顺利进行。

**第十三条** 人民检察院在对诉讼活动实行法律监督中发现的司法工作人员利用职权实施的非法拘禁、刑讯逼供、非法搜查等侵犯公民权利、损害司法公正的犯罪,可以由人民检察院立案侦查。

对于公安机关管辖的国家机关工作人员利用职权实施的重大犯罪案件,需要由人民检察院直接受理的,经省级以上人民检察院决定,可以由人民检察院立案侦查。

**第十四条** 人民检察院办理直接受理侦查的案件,由设区的市级人民检察院立案侦查。基层人民检察院发现犯罪线索的,应当报设区的市级人民检察院决定立案侦查。

设区的市级人民检察院根据案件情况也可以将案件交由基层人民检察院立案侦查,或者要求基层人民检察院协助侦查。对于刑事执行派出检察院辖区内与刑事执行活动有关的犯罪线索,可以交由刑事执行派出检察院立案侦查。

最高人民检察院、省级人民检察院发现犯罪线索的,可以自行立案侦

查,也可以将犯罪线索交由指定的省级人民检察院或者设区的市级人民检察院立案侦查。

**第十五条**　对本规则第十三条第二款规定的案件,人民检察院需要直接立案侦查的,应当层报省级人民检察院决定。

报请省级人民检察院决定立案侦查的案件,应当制作提请批准直接受理书,写明案件情况以及需要由人民检察院立案侦查的理由,并附有关材料。

省级人民检察院应当在收到提请批准直接受理书后十日以内作出是否立案侦查的决定。省级人民检察院可以决定由设区的市级人民检察院立案侦查,也可以自行立案侦查。

**第十六条**　上级人民检察院在必要的时候,可以直接立案侦查或者组织、指挥、参与侦查下级人民检察院管辖的案件。下级人民检察院认为案情重大、复杂,需要由上级人民检察院立案侦查的案件,可以请求移送上级人民检察院立案侦查。

**第十七条**　人民检察院办理直接受理侦查的案件,发现犯罪嫌疑人同时涉嫌监察机关管辖的职务犯罪线索的,应当及时与同级监察机关沟通。

经沟通,认为全案由监察机关管辖更为适宜的,人民检察院应当将案件和相应职务犯罪线索一并移送监察机关;认为由监察机关和人民检察院分别管辖更为适宜的,人民检察院应当将监察机关管辖的相应职务犯罪线索移送监察机关,对依法由人民检察院管辖的犯罪案件继续侦查。

人民检察院应当及时将沟通情况报告上一级人民检察院。沟通期间不得停止对案件的侦查。

**第十八条**　人民检察院办理直接受理侦查的案件涉及公安机关管辖的刑事案件,应当将属于公安机关管辖的刑事案件移送公安机关。如果涉嫌的主罪属于公安机关管辖,由公安机关为主侦查,人民检察院予以配合;如果涉嫌的主罪属于人民检察院管辖,由人民检察院为主侦查,公安机关予以配合。

对于一人犯数罪、共同犯罪、共同犯罪的犯罪嫌疑人还实施其他犯罪、多个犯罪嫌疑人实施的犯罪存在关联，并案处理有利于查明案件事实和诉讼进行的，人民检察院可以在职责范围内对相关犯罪案件并案处理。

**第三十四条** 对人民检察院直接受理的案件进行侦查的人员或者进行补充侦查的人员在回避决定作出以前和复议期间，不得停止对案件的侦查。

**第四十条** 人民检察院负责侦查的部门在第一次讯问犯罪嫌疑人或者对其采取强制措施时，应当告知犯罪嫌疑人有权委托辩护人，并告知其如果因经济困难或者其他原因没有委托辩护人的，可以申请法律援助。属于刑事诉讼法第三十五条规定情形的，应当告知犯罪嫌疑人有权获得法律援助。

人民检察院自收到移送起诉案卷材料之日起三日以内，应当告知犯罪嫌疑人有权委托辩护人，并告知其如果因经济困难或者其他原因没有委托辩护人的，可以申请法律援助。属于刑事诉讼法第三十五条规定情形的，应当告知犯罪嫌疑人有权获得法律援助。

当面口头告知的，应当记入笔录，由被告知人签名；电话告知的，应当记录在案；书面告知的，应当将送达回执入卷。

**第四十二条** 人民检察院办理直接受理侦查案件和审查起诉案件，发现犯罪嫌疑人是盲、聋、哑人或者是尚未完全丧失辨认或者控制自己行为能力的精神病人，或者可能被判处无期徒刑、死刑，没有委托辩护人的，应当自发现之日起三日以内书面通知法律援助机构指派律师为其提供辩护。

**第四十七条** 自人民检察院对案件审查起诉之日起，应当允许辩护律师查阅、摘抄、复制本案的案卷材料。案卷材料包括案件的诉讼文书和证据材料。

人民检察院直接受理侦查案件移送起诉，审查起诉案件退回补充侦查、改变管辖、提起公诉的，应当及时告知辩护律师。

**第五十一条** 在人民检察院侦查、审查逮捕、审查起诉过程中，辩护人收集的有关犯罪嫌疑人不在犯罪现场、未达到刑事责任年龄、属于依法不负刑事责任的精神病人的证据，告知人民检察院的，人民检察院应当及时审查。

**第五十四条**　在人民检察院侦查、审查逮捕、审查起诉过程中，辩护人要求听取其意见的，办案部门应当及时安排。辩护人提出书面意见的，办案部门应当接收并登记。

听取辩护人意见应当制作笔录或者记录在案，辩护人提出的书面意见应当附卷。

辩护人提交案件相关材料的，办案部门应当将辩护人提交材料的目的、来源及内容等情况记录在案，一并附卷。

**第七十三条**　人民检察院经审查认定存在非法取证行为的，对该证据应当予以排除，其他证据不能证明犯罪嫌疑人实施犯罪行为的，应当不批准或者决定逮捕。已经移送起诉的，可以依法将案件退回监察机关补充调查或者退回公安机关补充侦查，或者作出不起诉决定。被排除的非法证据应当随案移送，并写明为依法排除的非法证据。

对于侦查人员的非法取证行为，尚未构成犯罪的，应当依法向其所在机关提出纠正意见。对于需要补正或者作出合理解释的，应当提出明确要求。

对于非法取证行为涉嫌犯罪需要追究刑事责任的，应当依法立案侦查。

**第一百一十条**　人民检察院可以根据案件的具体情况，商请公安机关对被监视居住的犯罪嫌疑人采取电子监控、不定期检查等监视方法，对其遵守监视居住规定的情况进行监督。

人民检察院办理直接受理侦查的案件对犯罪嫌疑人采取监视居住的，在侦查期间可以商请公安机关对其通信进行监控。

**第一百六十六条**　人民检察院直接受理侦查案件的线索，由负责侦查的部门统一受理、登记和管理。负责控告申诉检察的部门接受的控告、举报，或者本院其他办案部门发现的案件线索，属于人民检察院直接受理侦查案件线索的，应当在七日以内移送负责侦查的部门。

负责侦查的部门对案件线索进行审查后，认为属于本院管辖，需要进一步调查核实的，应当报检察长决定。

**第一百六十七条** 对于人民检察院直接受理侦查案件的线索,上级人民检察院在必要时,可以直接调查核实或者组织、指挥、参与下级人民检察院的调查核实,可以将下级人民检察院管辖的案件线索指定辖区内其他人民检察院调查核实,也可以将本院管辖的案件线索交由下级人民检察院调查核实;下级人民检察院认为案件线索重大、复杂,需要由上级人民检察院调查核实的,可以提请移送上级人民检察院调查核实。

**第一百七十六条** 人民检察院办理直接受理侦查的案件,应当全面、客观地收集、调取犯罪嫌疑人有罪或者无罪、罪轻或者罪重的证据材料,并依法进行审查、核实。办案过程中必须重证据,重调查研究,不轻信口供。严禁刑讯逼供和以威胁、引诱、欺骗以及其他非法方法收集证据,不得强迫任何人证实自己有罪。

**第一百七十七条** 人民检察院办理直接受理侦查的案件,应当保障犯罪嫌疑人和其他诉讼参与人依法享有的辩护权和其他各项诉讼权利。

**第一百七十八条** 人民检察院办理直接受理侦查的案件,应当严格依照刑事诉讼法规定的程序,严格遵守刑事案件办案期限的规定,依法提请批准逮捕、移送起诉、不起诉或者撤销案件。

对犯罪嫌疑人采取强制措施,应当经检察长批准。

**第一百七十九条** 人民检察院办理直接受理侦查的案件,应当对侦查过程中知悉的国家秘密、商业秘密及个人隐私予以保密。

**第二百二十七条** 人民检察院在立案后,对于利用职权实施的严重侵犯公民人身权利的重大犯罪案件,经过严格的批准手续,可以采取技术侦查措施,交有关机关执行。

**第二百二十八条** 人民检察院办理直接受理侦查的案件,需要追捕被通缉或者决定逮捕的在逃犯罪嫌疑人、被告人的,经过批准,可以采取追捕所必需的技术侦查措施,不受本规则第二百二十七条规定的案件范围的限制。

**第二百二十九条** 人民检察院采取技术侦查措施应当根据侦查犯罪的

需要，确定采取技术侦查措施的种类和适用对象，按照有关规定报请批准。批准决定自签发之日起三个月以内有效。对于不需要继续采取技术侦查措施的，应当及时解除；对于复杂、疑难案件，期限届满仍有必要继续采取技术侦查措施的，应当在期限届满前十日以内制作呈请延长技术侦查措施期限报告书，写明延长的期限及理由，经过原批准机关批准，有效期可以延长，每次不得超过三个月。

采取技术侦查措施收集的材料作为证据使用的，批准采取技术侦查措施的法律文书应当附卷，辩护律师可以依法查阅、摘抄、复制。

**第二百三十条** 采取技术侦查措施收集的物证、书证及其他证据材料，检察人员应当制作相应的说明材料，写明获取证据的时间、地点、数量、特征以及采取技术侦查措施的批准机关、种类等，并签名和盖章。

对于使用技术侦查措施获取的证据材料，如果可能危及特定人员的人身安全、涉及国家秘密或者公开后可能暴露侦查秘密或者严重损害商业秘密、个人隐私的，应当采取不暴露有关人员身份、技术方法等保护措施。必要时，可以建议不在法庭上质证，由审判人员在庭外对证据进行核实。

**第二百三十一条** 检察人员对采取技术侦查措施过程中知悉的国家秘密、商业秘密和个人隐私，应当保密；对采取技术侦查措施获取的与案件无关的材料，应当及时销毁，并对销毁情况制作记录。

采取技术侦查措施获取的证据、线索及其他有关材料，只能用于对犯罪的侦查、起诉和审判，不得用于其他用途。

**第二百九十六条** 人民检察院办理直接受理侦查的案件，需要逮捕犯罪嫌疑人的，由负责侦查的部门制作逮捕犯罪嫌疑人意见书，连同案卷材料、讯问犯罪嫌疑人录音、录像一并移送本院负责捕诉的部门审查。犯罪嫌疑人已被拘留的，负责侦查的部门应当在拘留后七日以内将案件移送本院负责捕诉的部门审查。

**第三百四十三条** 人民检察院对于监察机关移送起诉的案件，认为需要补充调查的，应当退回监察机关补充调查。必要时，可以自行补充侦查。

需要退回补充调查的案件，人民检察院应当出具补充调查决定书、补充调查提纲，写明补充调查的事项、理由、调查方向、需补充收集的证据及其证明作用等，连同案卷材料一并送交监察机关。

人民检察院决定退回补充调查的案件，犯罪嫌疑人已被采取强制措施的，应当将退回补充调查情况书面通知强制措施执行机关。监察机关需要讯问的，人民检察院应当予以配合。

**第三百四十四条** 对于监察机关移送起诉的案件，具有下列情形之一的，人民检察院可以自行补充侦查：

（一）证人证言、犯罪嫌疑人供述和辩解、被害人陈述的内容主要情节一致，个别情节不一致的；

（二）物证、书证等证据材料需要补充鉴定的；

（三）其他由人民检察院查证更为便利、更有效率、更有利于查清案件事实的情形。

自行补充侦查完毕后，应当将相关证据材料入卷，同时抄送监察机关。人民检察院自行补充侦查的，可以商请监察机关提供协助。

**第三百四十五条** 人民检察院负责捕诉的部门对本院负责侦查的部门移送起诉的案件进行审查后，认为犯罪事实不清、证据不足或者存在遗漏罪行、遗漏同案犯罪嫌疑人等情形需要补充侦查的，应当制作补充侦查提纲，连同案卷材料一并退回负责侦查的部门补充侦查。必要时，也可以自行侦查，可以要求负责侦查的部门予以协助。

**第三百五十条** 对于在审查起诉期间改变管辖的案件，改变后的人民检察院对于符合刑事诉讼法第一百七十五条第二款规定的案件，可以经原受理案件的人民检察院协助，直接退回原侦查案件的公安机关补充侦查，也可以自行侦查。改变管辖前后退回补充侦查的次数总共不得超过二次。

**第三百五十七条** 人民检察院立案侦查时认为属于直接受理侦查的案件，在审查起诉阶段发现属于监察机关管辖的，应当及时商监察机关办理。属于公安机关管辖，案件事实清楚，证据确实、充分，符合起诉条件的，可以直接起诉；事实不清、证据不足的，应当及时移送有管辖权的机关办理。

在审查起诉阶段，发现公安机关移送起诉的案件属于监察机关管辖，或者监察机关移送起诉的案件属于公安机关管辖，但案件事实清楚，证据确实、充分，符合起诉条件的，经征求监察机关、公安机关意见后，没有不同意见的，可以直接起诉；提出不同意见，或者事实不清、证据不足的，应当将案件退回移送案件的机关并说明理由，建议其移送有管辖权的机关办理。

## 八、2018年最高人民检察院《关于人民检察院立案侦查司法工作人员相关职务犯罪案件若干问题的规定》相关规定

### 一、案件管辖范围

人民检察院在对诉讼活动实行法律监督中，发现司法工作人员涉嫌利用职权实施的下列侵犯公民权利、损害司法公正的犯罪案件，可以立案侦查：

1. 非法拘禁罪（刑法第二百三十八条）（非司法工作人员除外）；

2. 非法搜查罪（刑法第二百四十五条）（非司法工作人员除外）；

3. 刑讯逼供罪（刑法第二百四十七条）；

4. 暴力取证罪（刑法第二百四十七条）；

5. 虐待被监管人罪（刑法第二百四十八条）；

6. 滥用职权罪（刑法第三百九十七条）（非司法工作人员滥用职权侵犯公民权利、损害司法公正的情形除外）；

7. 玩忽职守罪（刑法第三百九十七条）（非司法工作人员玩忽职守侵犯公民权利、损害司法公正的情形除外）；

8. 徇私枉法罪（刑法第三百九十九条第一款）；

9. 民事、行政枉法裁判罪（刑法第三百九十九条第二款）；

10. 执行判决、裁定失职罪（刑法第三百九十九条第三款）；

11. 执行判决、裁定滥用职权罪（刑法第三百九十九条第三款）；

12. 私放在押人员罪（刑法第四百条第一款）；

13. 失职致使在押人员脱逃罪(刑法第四百条第二款);

14. 徇私舞弊减刑、假释、暂予监外执行罪(刑法第四百零一条)。

**二、级别管辖和侦查部门**

本规定所列犯罪案件,由设区的市级人民检察院立案侦查。基层人民检察院发现犯罪线索的,应当报设区的市级人民检察院决定立案侦查。设区的市级人民检察院也可以将案件交由基层人民检察院立案侦查,或者由基层人民检察院协助侦查。最高人民检察院、省级人民检察院发现犯罪线索的,可以自行决定立案侦查,也可以将案件线索交由指定的省级人民检察院、设区的市级人民检察院立案侦查。

本规定所列犯罪案件,由人民检察院负责刑事检察工作的专门部门负责侦查。设区的市级以上人民检察院侦查终结的案件,可以交有管辖权的基层人民法院相对应的基层人民检察院提起公诉;需要指定其他基层人民检察院提起公诉的,应当与同级人民法院协商指定管辖;依法应当由中级人民法院管辖的案件,应当由设区的市级人民检察院提起公诉。

**三、案件线索的移送和互涉案件的处理**

人民检察院立案侦查本规定所列犯罪时,发现犯罪嫌疑人同时涉嫌监察委员会管辖的职务犯罪线索的,应当及时与同级监察委员会沟通,一般应当由监察委员会为主调查,人民检察院予以协助。经沟通,认为全案由监察委员会管辖更为适宜的,人民检察院应当撤销案件,将案件和相应职务犯罪线索一并移送监察委员会;认为由监察委员会和人民检察院分别管辖更为适宜的,人民检察院应当将监察委员会管辖的相应职务犯罪线索移送监察委员会,对依法由人民检察院管辖的犯罪案件继续侦查。人民检察院应当及时将沟通情况报告上一级人民检察院。沟通期间,人民检察院不得停止对案件的侦查。监察委员会和人民检察院分别管辖的案件,调查(侦查)终结前,人民检察院应当就移送审查起诉有关事宜与监察委员会加强沟通,协调一致,由人民检察院依法对全案审查起诉。

人民检察院立案侦查本规定所列犯罪时,发现犯罪嫌疑人同时涉嫌公安机关管辖的犯罪线索的,依照现行有关法律和司法解释的规定办理。

**四、办案程序**

(一)人民检察院办理本规定所列犯罪案件,不再适用对直接受理立案侦查案件决定立案报上一级人民检察院备案,逮捕犯罪嫌疑人报上一级人民检察院审查决定的规定。

(二)对本规定所列犯罪案件,人民检察院拟作撤销案件、不起诉决定的,应当报上一级人民检察院审查批准。

(三)人民检察院负责刑事检察工作的专门部门办理本规定所列犯罪案件,认为需要逮捕犯罪嫌疑人的,应当由相应的刑事检察部门审查,报检察长或者检察委员会决定。

(四)人民检察院办理本规定所列犯罪案件,应当依法接受人民监督员的监督。

## 九、2020年最高人民检察院、公安部《关于加强和规范补充侦查工作的指导意见》相关规定

**第二条** 补充侦查是依照法定程序,在原有侦查工作的基础上,进一步查清事实,补充完善证据的诉讼活动。

人民检察院审查逮捕提出补充侦查意见,审查起诉退回补充侦查、自行补充侦查,要求公安机关提供证据材料,要求公安机关对证据的合法性作出说明等情形,适用本指导意见的相关规定。

**第三条** 开展补充侦查工作应当遵循以下原则:

1.必要性原则。补充侦查工作应当具备必要性,不得因与案件事实、证据无关的原因退回补充侦查。

2.可行性原则。要求补充侦查的证据材料应当具备收集固定的可行性,补充侦查工作应当具备可操作性,对于无法通过补充侦查收集证据材料的情形,不能适用补充侦查。

3.说理性原则。补充侦查提纲应当写明补充侦查的理由、案件定性的

考虑、补充侦查的方向、每一项补证的目的和意义，对复杂问题、争议问题作适当阐明，具备条件的，可以写明补充侦查的渠道、线索和方法。

4. 配合性原则。人民检察院、公安机关在补充侦查之前和补充侦查过程中，应当就案件事实、证据、定性等方面存在的问题和补充侦查的相关情况，加强当面沟通、协作配合，共同确保案件质量。

5. 有效性原则。人民检察院、公安机关应当以增强补充侦查效果为目标，把提高证据质量、解决证据问题贯穿于侦查、审查逮捕、审查起诉全过程。

**第四条** 人民检察院开展补充侦查工作，应当书面列出补充侦查提纲。补充侦查提纲应当分别归入检察内卷、侦查内卷。

**第五条** 公安机关提请人民检察院审查批准逮捕的，人民检察院应当接收。经审查，不符合批捕条件的，应当依法作出不批准逮捕决定。人民检察院对于因证据不足作出不批准逮捕决定，需要补充侦查的，应当制作补充侦查提纲，列明证据体系存在的问题、补充侦查方向、取证要求等事项并说明理由。公安机关应当按照人民检察院的要求开展补充侦查。补充侦查完毕，认为符合逮捕条件的，应当重新提请批准逮捕。对于人民检察院不批准逮捕而未说明理由的，公安机关可以要求人民检察院说明理由。对人民检察院不批准逮捕的决定认为有错误的，公安机关可以依法要求复议、提请复核。

对于作出批准逮捕决定的案件，确有必要的，人民检察院可以根据案件证据情况，就完善证据体系、补正证据合法性、全面查清案件事实等事项，向公安机关提出捕后侦查意见。逮捕之后，公安机关应当及时开展侦查工作。

**第六条** 人民检察院在审查起诉期间发现案件存在事实不清、证据不足或者存在遗漏罪行、遗漏同案犯罪嫌疑人等情形需要补充侦查的，应当制作补充侦查提纲，连同案卷材料一并退回公安机关并引导公安机关进一步查明案件事实、补充收集证据。

人民检察院第一次退回补充侦查时，应当向公安机关列明全部补充侦查事项。在案件事实或证据发生变化、公安机关未补充侦查到位,或者重新报送的材料中发现矛盾和问题的,可以第二次退回补充侦查。

**第七条** 退回补充侦查提纲一般包括以下内容:

(一)阐明补充侦查的理由,包括案件事实不清、证据不足的具体表现和问题;

(二)阐明补充侦查的方向和取证目的;

(三)明确需要补充侦查的具体事项和需要补充收集的证据目录;

(四)根据起诉和审判的证据标准,明确补充、完善证据需要达到的标准和必备要素;

(五)有遗漏罪行的,应当指出在起诉意见书中没有认定的犯罪嫌疑人的罪行;

(六)有遗漏同案犯罪嫌疑人需要追究刑事责任的,应当建议补充移送;

(七)其他需要列明的事项。

补充侦查提纲、捕后侦查意见可参照本条执行。

**第八条** 案件退回补充侦查后,人民检察院和公安机关的办案人员应当加强沟通,及时就取证方向、落实补证要求等达成一致意见。公安机关办案人员对于补充侦查提纲有异议的,双方及时沟通。

对于事实证据发生重大变化的案件,可能改变定性的案件,证据标准难以把握的重大、复杂、疑难、新型案件,以及公安机关提出请求的案件,人民检察院在退回补充侦查期间,可以了解补充侦查开展情况,查阅证据材料,对补充侦查方向、重点、取证方式等提出建议,必要时可列席公安机关的案件讨论并发表意见。

**第九条** 具有下列情形之一的,一般不退回补充侦查:

(一)查清的事实足以定罪量刑或者与定罪量刑有关的事实已经查清,不影响定罪量刑的事实无法查清的;

(二)作案工具、赃物去向等部分事实无法查清,但有其他证据足以认定,不影响定罪量刑的;

（三）犯罪嫌疑人供述和辩解、证人证言、被害人陈述的主要情节能够相互印证，只有个别情节不一致但不影响定罪量刑的；

（四）遗漏同案犯罪嫌疑人或者同案犯罪嫌疑人在逃，在案犯罪嫌疑人定罪量刑的事实已经查清且符合起诉条件，公安机关不能及时补充移送同案犯罪嫌疑人的；

（五）补充侦查事项客观上已经没有查证可能性的；

（六）其他没有必要退回补充侦查的。

**第十条** 对于具有以下情形可以及时调取的有关证据材料，人民检察院可以发出《调取证据材料通知书》，通知公安机关直接补充相关证据并移送，以提高办案效率：

（一）案件基本事实清楚，虽欠缺某些证据，但收集、补充证据难度不大且在审查起诉期间内能够完成的；

（二）证据存在书写不规范、漏填、错填等瑕疵，公安机关可以在审查起诉期间补正、说明的；

（三）证据材料制作违反程序规定但程度较轻微，通过补正可以弥补的；

（四）案卷诉讼文书存在瑕疵，需进行必要的修改或补充的；

（五）缺少前科材料、释放证明、抓获经过等材料，侦查人员能够及时提供的；

（六）其他可以通知公安机关直接补充相关证据的。

**第十一条** 人民检察院在审查起诉过程中，具有下列情形之一，自行补充侦查更为适宜的，可以依法自行开展侦查工作：

（一）影响定罪量刑的关键证据存在灭失风险，需要及时收集和固定证据，人民检察院有条件自行侦查的；

（二）经退回补充侦查未达到要求，自行侦查具有可行性的；

（三）有证据证明或者有迹象表明侦查人员可能存在利用侦查活动插手民事、经济纠纷、实施报复陷害等违法行为和刑讯逼供、非法取证等违法行为，不宜退回补充侦查的；

（四）其他需要自行侦查的。

人民检察院开展自行侦查工作应依法规范开展。

**第十二条**　自行侦查由检察官组织实施，必要时可以调配办案人员。开展自行侦查的检察人员不得少于二人。自行侦查过程中，需要技术支持和安全保障的，由检察机关的技术部门和警务部门派员协助。

人民检察院通过自行侦查方式补强证据的，公安机关应当依法予以配合。

人民检察院自行侦查，适用《中华人民共和国刑事诉讼法》规定的讯问、询问、勘验、检查、查封、扣押、鉴定等侦查措施，应当遵循法定程序，在法定期限内侦查完毕。

**第十三条**　人民检察院对公安机关移送的案件进行审查后，在法院作出生效判决前，认为需要补充审判所必需的证据材料的，可以发出《调取证据材料通知书》，要求公安机关提供。人民检察院办理刑事审判监督案件，可以向公安机关发出《调取证据材料通知书》。

**第十四条**　人民检察院在办理刑事案件过程中，发现可能存在《中华人民共和国刑事诉讼法》第五十六条规定的以非法方法收集证据情形的，可以要求公安机关对证据收集的合法性作出书面说明或者提供相关证明材料，必要时，可以自行调查核实。

**第十五条**　公安机关经补充侦查重新移送后，人民检察院应当接收，及时审查公安机关制作的书面补充侦查报告和移送的补充证据，根据补充侦查提纲的内容核对公安机关应补充侦查事项是否补查到位，补充侦查活动是否合法，补充侦查后全案证据是否已确实、充分。经审查，公安机关未能按要求开展补充侦查工作，无法达到批捕标准的，应当依法作出不批捕决定；经二次补充侦查仍然证据不足，不符合起诉条件的，人民检察院应当依法作出不起诉决定。对人民检察院不起诉决定认为错误的，公安机关可以依法复议、复核。

对公安机关要求复议的不批准逮捕案件、不起诉案件，人民检察院应当另行指派检察官办理。人民检察院办理公安机关对不批准逮捕决定和不起诉决定要求复议、提请复核的案件,应当充分听取公安机关的意见,相关意见应当附卷备查。

**第十六条** 公安机关开展补充侦查工作,应当按照人民检察院补充侦查提纲的要求,及时、认真补充完善相关证据材料;对于补充侦查提纲不明确或者有异议的,应当及时与人民检察院沟通;对于无法通过补充侦查取得证据的,应当书面说明原因、补充侦查过程中所做的工作以及采取的补救措施。公安机关补充侦查后,应当单独立卷移送人民检察院,人民检察院应当依法接收案卷。

**第十七条** 对公安机关未及时有效开展补充侦查工作的,人民检察院应当进行口头督促,对公安机关不及时补充侦查导致证据无法收集影响案件处理的,必要时可以发出检察建议;公安机关存在非法取证等情形的,应当依法启动调查核实程序,根据情节,依法向公安机关发出纠正违法通知书,涉嫌犯罪的,依法进行侦查。

公安机关以非法方法收集的犯罪嫌疑人供述、被害人陈述、证人证言等证据材料,人民检察院应当依法排除并提出纠正意见,同时可以建议公安机关另行指派侦查人员重新调查取证,必要时人民检察院也可以自行调查取证。公安机关发现办案人员非法取证的,应当依法作出处理,并可另行指派侦查人员重新调查取证。

**第十八条** 案件补充侦查期限届满,公安机关认为原认定的犯罪事实有重大变化,不应当追究刑事责任而未将案件重新移送审查起诉的,应当以书面形式告知人民检察院,并说明理由。公安机关应当将案件重新移送审查起诉而未重新移送审查起诉的,人民检察院应当要求公安机关说明理由。人民检察院认为公安机关理由不成立的,应当要求公安机关重新移送审查起诉。人民检察院发现公安机关不应当撤案而撤案的,应当进行立案监督。公安机关未重新移送审查起诉,且未及时以书面形式告知并说明理由的,人民检察院应当提出纠正意见。

**第十九条**　人民检察院、公安机关在自行侦查、补充侦查工作中，根据工作需要，可以提出协作要求或者意见、建议，加强沟通协调。

**第二十条**　人民检察院、公安机关应当建立联席会议、情况通报会等工作机制，定期通报补充侦查工作总体情况，评析证据收集和固定上存在的问题及争议。针对补充侦查工作中发现的突出问题，适时组织联合调研检查，共同下发问题通报并督促整改，加强沟通，统一认识，共同提升补充侦查工作质量。

推行办案人员旁听法庭审理机制，了解指控犯罪、定罪量刑的证据要求和审判标准。

**第二十一条**　人民检察院各部门之间应当加强沟通，形成合力，提升补充侦查工作质效。人民检察院需要对技术性证据和专门性证据补充侦查的，可以先由人民检察院技术部门或有专门知识的人进行审查，根据审查意见，开展补充侦查工作。

| **附录 2** |

# 笔者起草的 4 份检察机关侦查权相关规范性文件

## 关于公诉案件补充侦查的规定(试行)[①]

为了适应以审判为中心的刑事诉讼制度改革,充分发挥审前过滤和诉前主导功能,规范公诉案件补充侦查工作,有效防止冤假错案发生,提升法律监督水平,不断提高公诉案件办理质效,根据《中华人民共和国刑事诉讼法》和《人民检察院刑事诉讼规则》,结合伊犁州直检察工作实际,特制定本规定。

**第一条** 本规定所称补充侦查,包括退回补充侦查和自行补充侦查。

退回补充侦查,是指人民检察院依照法定程序,提出书面意见,将案件退回公安等侦查机关进行补充侦查,进一步补查取证的诉讼活动。

自行补充侦查,是指人民检察院自行对案件进行补充

---

① 《关于公诉案件补充侦查的规定(试行)》系笔者于 2018 年 5 月至 2019 年 5 月援疆挂职期间起草,该规范性文件于 2019 年 4 月经新疆维吾尔自治区伊犁哈萨克自治州(文中称伊犁州)人民检察院检察委员会审议通过并下发州直检察机关参照执行。

侦查,以查清事实和补足证据的诉讼活动。

**第二条**　退回补充侦查和自行补充侦查应当严格遵守以下原则:

(一)坚持退回补充侦查必要性、可行性审查原则;

(二)坚持补查证据客观全面原则;

(三)坚持规范合法原则。

关于"必要性",是指需要补充侦查的事实和证据属于主要犯罪事实或者主要证据,而非次要事实或者次要证据,同时必须具有可行性和可操作性,对于证据已经灭失,以及其他证据没有收集可能性的其他情形,不得退回补充侦查。

**第三条**　人民检察院对于犯罪嫌疑人前科劣迹的书证等较为容易取得、侦查机关能够立即补证的个别证据,或者侦查机关取证过程存在瑕疵情况的有关解释、说明、补正材料,尽可能通过补充调取证据材料方式获取,有力推进诉讼进程,减少适用退回补充侦查和自行补充侦查,体现退回补充侦查和自行补充侦查的补充性、非常态性。

如果案件全案事实清楚、证据确实充分,只是对犯罪嫌疑人采取强制措施不当,或者没有依法对涉案款物采取相应措施、没有依法移送的,则可以采取不退卷使用书面的《建议采取或变更强制措施通知书》《建议对财产或赃证物进行查封、扣押、没收、冻结的通知书》等,要求公安机关采取相应的措施,补送相关材料。

**第四条**　人民检察院既要避免将"带病案件""夹生案件"向人民法院提起公诉,发挥好补充侦查的作用,查明事实真相,保证证据达到确实充分程度,准确打击犯罪,又要避免自身以及公安机关利用退回补充侦查"借时间",拖延诉讼,进而导致犯罪嫌疑人被隐性和显性超期羁押,切实保障人权。

**第五条**　在审查起诉阶段决定退回补充侦查的案件,退回补充侦查不得超过两次,每次均应在一个月内补查完毕。改变管辖的公诉案件退回补充侦查次数前后不得超过两次。自行补充侦查必须在审查起诉期间内完成。

在审判阶段,检察人员发现提起公诉的案件需要补充侦查,可以提出延期审理建议。人民法院作出延期审理决定后,人民检察院应当在一个月内补充侦查完毕,必要时可以请求公安机关协助,如可以发出《提供法庭审判所需证据材料通知书》,要求侦查机关及时有效收集证据后移送检察机关。

**第六条** 具有下列情形之一的,应当适用退回补充侦查:

(一)主要犯罪事实不清、证据不足,缺乏认定罪与非罪、此罪与彼罪的关键证据的;

(二)遗漏罪行或者同案犯罪嫌疑人的;

(三)共同犯罪案件中,犯罪嫌疑人的地位、作用未查清的;

(四)收集证据难度较大,检察机关不具备相应的侦查能力和条件的;

(五)其他应当退回补充侦查的情形。

**第七条** 具有下列情形之一的,应当适用自行补充侦查:

(一)案件仅仅缺乏个别证据,收集较为容易便利,不需要依靠复杂侦查技术的;

(二)证据收集比较紧迫;

(三)需要察看现场的;

(四)公安等侦查机关可能采取非法方法收集证据,需要排除非法证据,退回公安机关补充侦查可能影响公正的;

(五)证人证言与犯罪嫌疑人供述之间不能相互印证、存在矛盾的;

(六)公安机关坚持己见,不同意退回补充侦查,或者双方就证据标准或者补查事项不能达成一致意见的;

(七)公安等侦查机关怠于补充侦查,一次退回补充侦查无果,二次退回补充侦查显属没有必要的;

(八)人民检察院认为其他需要自行补充侦查的情形。

**第八条** 人民检察院制作的退回补充侦查提纲应当明确具体,必须逐条说明退回补充侦查的事项、目的、方向和理由。退回补充侦查提纲必须用语规范，条理清晰，具有较强的针对性、说理性，不能无中生有，杜绝随意性。

**第九条**　人民检察院决定退回补充侦查的，统一将案件移送公安机关原承办部门或者牵头部门。人民检察院拟退回不同级公安机关补充侦查的，可以通过原先受理公诉案件的人民检察院退回原侦查的公安机关，也可以直接退回原侦查的公安机关。

**第十条**　对于退回补充侦查的公诉案件，人民检察院应当跟踪监督。公诉案件退回补充侦查后，人民检察院应当与公安等侦查机关加强联系，定期询问案件补查进度，严格执行退补当天沟通、中期督促、期限届满前落实的制度。

**第十一条**　在公安等侦查机关补充侦查过程中，必要时人民检察院可以适时介入和引导公安等侦查机关补充侦查。

在自行补充侦查过程中，可申请本院警务部门、技术部门支持和配合，必要时可以要求公安等侦查机关提供技术和资源等方面的协助。

**第十二条**　公安等侦查机关补充侦查完毕重报人民检察院，如果达到补查要求，人民检察院应当及时受理，依法提起公诉或者决定不起诉。公安等侦查机关不得内部消化超期不重报，也不得擅自作出撤销案件的决定。检察机关存疑不起诉决定的作出，不以两次补充侦查为条件。

**第十三条**　公安机关在退回补充侦查期间，发现遗漏同案犯罪嫌疑人或者遗漏罪行，需要追究刑事责任的，根据相关规定，可制作《补充移送起诉意见书》或重新制作《起诉意见书》，移送人民检察院审查起诉。

发现遗漏同案犯罪嫌疑人或者遗漏罪行，但不能在补充侦查期限内侦查终结的，在补充侦查报告书予以说明，另案移送审查起诉。

**第十四条**　建立检察机关和公安机关联席会议制度，定期召开联席会议分析交流退回补充侦查工作中存在的问题和困难，制定相应的规章制度和措施，研究解决办法，促进双方在实施监督和接受监督中良性互动，有效防止无故退查和退而不查。

**第十五条** 人民检察院自行补充侦查可以从事的补查取证工作包括调取物证、书证、监控录像、讯问犯罪嫌疑人、询问证人或者被害人、勘验、检查、查封、扣押、查询、冻结、辨认和鉴定,不包括直接执行搜查、通缉、技术侦查和限制出境。

**第十六条** 人民检察院发现公安机关在退回补充侦查或者协助检察机关自行补充侦查中,存在退而不查、拖而不查、查而不力、查而不细,消极应付、敷衍了事、表面化、形式化配合协助以及其他违法行为的,可以发出纠正违法通知书或者检察建议,同时抄送其上级公安机关和相关部门,依法实行监督,切实提高退回补充侦查和自行补充侦查的质效。

**第十七条** 公安机关侦查人员在退回补充侦查或者协助检察机关自行补充侦查中,存在严重违法行为,导致对定罪量刑有重大影响的关键性证据灭失或者发生重大变化的,检察机关将有关线索或者材料移送监察委员会处理。

**第十八条** 检察机关检察人员随意无故退回补充侦查,造成严重后果的,依照有关法律法规和纪律条例的规定,进行追责。

**第十九条** 职务犯罪公诉案件退回补充调查和自行补充侦查参照适用上述指导意见。

**第二十条** 本规定由伊犁州人民检察院检察委员会负责解释,自印发之日起施行。

## 南通市人民检察院关于自行补充侦查的意见①

为积极推进自行补充侦查工作,促进自行补充侦查工作规范化、专业化、科学化,充分发挥审前过滤和诉前主导作用,不断提高刑事案件办理质

① 《南通市人民检察院关于自行补充侦查的意见》及后文《关于办理监察委移送的职务犯罪案件的规定(试行)》系笔者起草,该规范性文件于2024年1月正式下发南通市检察机关执行。

量,根据《中华人民共和国刑事诉讼法》《人民检察院刑事诉讼规则》《关于加强和规范补充侦查工作的指导意见》等,结合我市检察工作实际,特制定本意见。

**第一条** [自行补充侦查的含义]本意见所称自行补充侦查,是指对于公安等侦查机关侦查终结和移送审查起诉的案件,检察机关经过审查认为存在部分事实不清、证据不足等情形的,直接自行开展侦查活动,以查清事实和补足证据的诉讼活动和补充侦查形式。

**第二条** [自行补充侦查的目的]检察机关通过开展自行补充侦查,收集和调取新证据,排除非法证据,建构完备证据体系,避免冤假错案的发生。

**第三条** [自行补充侦查的范围]具有下列情形之一的,一般应当自行补充侦查:

(一)案件仅缺乏个别简单证据,收集较为容易便利,不需要依靠复杂侦查技术的;

(二)取证较为紧迫,存在证据灭失风险的;

(三)需要实地察看现场,满足亲历性要求的;

(四)证人证言与犯罪嫌疑人供述之间不能相互印证、存在矛盾的;

(五)检察机关和公安等侦查机关对证据标准把握等问题存在较大争议,无法达成一致意见的;

(六)公安等侦查机关怠于补充侦查,一次退回补充侦查无果,无二次退回补充侦查必要的;

(七)公安等侦查机关可能采取非法方法收集证据,退回补充侦查可能影响公正的;

(八)人民检察院认为其他需要自行补充侦查的情形。

**第四条** [与退回补充侦查范围的区分]具有下列情形之一的,一般应当适用退回补充侦查:

(一)主要犯罪事实不清、主要证据不足,缺乏认定罪与非罪、此罪与彼罪的关键证据的;

(二)和定罪量刑有关的重要量刑情节有待查明的;

(三)收集证据难度较大,检察机关不具备相应的侦查能力和条件的;

(四)其他应当退回补充侦查的情形。

**第五条** [与直接补充调取证据材料及主罪主证复核的关系]直接补充调取证据材料只涉及一般性证据资料,而在审查起诉期间要求公安等侦查机关直接补充证据材料的,此时取证主体是公安等侦查机关而非检察机关,应当归为直接补充调取证据材料。在复核言词证据时,如果不涉及新的证据,是单纯的主罪主证复核,如果涉及新的证据,应当同时认定为自行补充侦查。

**第六条** [自行补充侦查的启动和审批]自行补充侦查的启动由案件承办检察官提出,并经分管检察长同意。提出自行补充侦查申请时需附自行补充侦查提纲,列明自行补充侦查的事项、目的、方向、方式、方法、措施和时限等要素,自行补充侦查应当在审查起诉期间内完成。

**第七条** [自行补充侦查的手段和措施]灵活运用各种方式开展自行补充侦查工作,主要包括如下手段和措施:

(一)寻找关键证人或者前往证人作证场所开展询问,以及讯问犯罪嫌疑人等;

(二)查询信息,调取书证、物证、监控视频、电子数据等;

(三)委托司法鉴定中心或者其他具有鉴定资质的机构开展鉴定;

(四)委托技术部门提供恢复手机数据等相关技术协助,组织开展现场勘验、检查、走访、组织辨认、侦查实验等;

(五)查封、扣押、冻结等。

**第八条** [自行补充侦查的实施主体]自行补充侦查由检察官组织实施,必要时可以调配办案人员,开展自行补充侦查的检察人员不得少于两人,必要时可以要求公安等侦查机关予以协助。

**第九条** [自行补充侦查实施过程中内部配合协调]检察院刑事检察部门应当与刑执部门、技术部门、控申部门、法警部门等通力配合、群策群力、资源共享，为自行补充侦查提供技术支持、安全保障和排除障碍，强力推进自行补充侦查工作。

在办理涉众型、跨区域犯罪案件时，依托检察一体化机制，根据相关规定和程序跨级别、跨区域调配检察力量。

**第十条**　［自行补充侦查的外部配合和联动］建立联动协作机制，与公安等侦查机关、审判机关及案外力量主动对接，寻求人力、物力及技术协助和支持，积极借助外部力量，形成自行补充侦查合力。

**第十一条**　［自行补充侦查能力的提升］应充分依托部门学习会、检察官联席会、内部培训会等，不断提升检察人员自行补充侦查的能力水平。

邀请刑事侦查业务专家讲授刑事侦查、讯问方式、“零口供”案件突破等方面的方法和技巧，讲授在保证安全的前提下如何依法、规范和有效开展自行补充侦查。

**第十二条**　［自行补充侦查的硬件建设］通过建立电子数据汇集分析平台、丰富检察机关自行鉴定内容、引入先进勘验、检查设备等，破解自行补充侦查硬件保障滞后难题。

**第十三条**　［自行补充侦查指导案例库的建立］探索自行补充侦查可复制、可推广的经验，注重经验的积累和分享。适时建立精品案例库，对于典型案例予以总结提炼升华，定期或者不定期发布典型案例，不断充实精品案例库，充分发挥类案引导的疏淤导流效果和示范指导作用。

**第十四条**　［自行补充侦查对侦查活动的监督］积极发挥自行补充侦查补足证据和监督侦查活动的双重作用，侦查活动存在轻微违法情形时，及时口头纠正违法，存在重大违法取证情形时，发出纠正违法通知书或者检察建议，涉嫌犯罪的，移送监察委员会或者检察机关刑事执行检察部门等有关单位、部门处理。

**第十五条**　［与退回补充侦查的转换切换］自行补充侦查应当与退回补充侦查配合和规范适用，自行补充侦查过程中，必要时可以转换为退回补充侦查，退回补充侦查完毕后，必要时检察机关仍然可以进行自行补充侦查。

**第十六条** ［自行补充侦查证据的适用］自行补充侦查获取的证据可以作为证据使用，前提条件是满足合法性、客观性和相关性等要求。相关证据材料须在提起公诉时随案移送，并在庭审过程中举证、质证。

**第十七条** ［自行补充侦查的考核］将自行补充侦查纳入考核指标，对于应当自行补充侦查而退回补充侦查的应当减分，对于自行补充侦查不规范、不尽责，导致证据灭失、产生安全危害后果的，应当减分，对于积极开展自行补充侦查并取得较好效果的，应当加分，对于积极开展自行补充侦查研究、相关成果被转化或者典型案例被采纳的，应当加分。

对在自行补充侦查工作中表现突出的，应当予以表彰，对在自行补充侦查工作中开展不力、玩忽职守或者导致严重后果发生的，应当根据相关规定追究相应责任。

**第十八条** ［职务犯罪案件的自行补充侦查］职务犯罪案件中涉及公安机关管辖罪名和检察机关管辖的对司法工作人员 14 个罪名的有关案件自行补充侦查，参照适用上述规定，有特殊规定的，根据特殊规定。

**第十九条** ［实施日期］本意见自下发之日起施行。

## 关于办理监察委移送的职务犯罪案件的规定（试行）

为了依法规范办理监察委移送的职务犯罪案件，严格办案纪律，严厉惩治腐败，规范办案程序，提高办案质效，依据《中华人民共和国监察法》《中华人民共和国刑事诉讼法》《人民检察院刑事诉讼规则（试行）》，结合本地检察工作实际，特制定本规定。

**第一条** 办理监察委移送的职务犯罪案件应当坚持以下原则：

（一）坚持公正优先，并兼顾效率；

（二）坚持实体正义和程序正义并重；

（三）坚持高效反腐和保障人权并举；

（四）坚持相互衔接和相互制约并行；

（五）坚持惩罚和教育并用，宽严相济。

**第二条**　监察委办理的重大、疑难、复杂职务犯罪案件，监察委向检察机关发出《商请提前介入函》后，检察机关应当派员提前介入，就证据的收集、固定和完善提出建议，就事实认定、证据审查和法律适用提出意见。案件移送审查起诉后，检察机关一般应当将案件交由提前介入调查的检察官办理。

**第三条**　检察机关应当做好和监察委管辖的职务犯罪案件衔接对接工作，注重和监察委、公安机关等单位的沟通、联系和协调，建立有关联席会议制度。

**第四条**　检察机关刑事检察部门具体负责监察委移送的职务犯罪案件衔接协调工作，必要时案件管理、技术、警务等部门应当给予配合和支持。

**第五条**　对于监察委移送的职务犯罪案件，检察机关案件管理部门接收案卷材料后，应当立即审查下列内容：

（一）依据《起诉意见书》载明的内容确定案件是否属于本院管辖；

（二）案件材料是否齐备、规范，是否符合相关规定；

（三）移送的涉案款项或者物品是否与移送清单相符；

（四）犯罪嫌疑人是否在案，是否被采取留置措施。

检察机关案件管理部门审查后认为符合受理条件的，应当及时进行登记，并立即将案卷材料移送刑事检察部门办理；认为不符合受理条件的，应当商请监察委相关部门补送材料。

**第六条**　监察委移送的职务犯罪案件，如果已经采取留置手段，检察机关应当先行拘留，拘留后至迟14日内作出逮捕或者取保候审、监视居住等决定；如果没有采取留置，也应当及时作出是否采取以及采取何种强制措施的决定。检察机关决定采取强制措施的时间，不计入审查起诉期限。

**第七条**　检察机关刑事检察部门应当自收到案卷材料之日起3日内，告知犯罪嫌疑人有权委托辩护人，并告知其如果经济困难或者其他原因没有聘请辩护人的,可以依法申请法律援助。

**第八条** 检察机关刑事检察部门审查监察委移送的职务犯罪案件,应当查明:

(一)犯罪嫌疑人身份状况是否清楚,包括姓名、性别、国籍、出生年月日、职业和单位等,单位犯罪的,单位相关情况是否清楚;

(二)犯罪事实、情节是否清楚,实施犯罪的时间、地点、手段、行为、危害后果是否明确;

(三)认定犯罪性质和罪名的意见是否正确,有无法定的从重、从轻、减轻或免除处罚的情节及酌定从重、从轻情节,共同犯罪案件的犯罪嫌疑人在犯罪活动中的地位和作用认定是否恰当;

(四)证明犯罪事实的证据材料包括采取技术调查措施的决定书及证据材料是否随案移送,证明相关财产违法所得的证据材料是否随案移送,不宜移送证据的清单、复制件、照片或者其他证明文件是否随案移送;

(五)证据是否确实充分,是否依法收集,有无应当排除非法证据的情形;

(六)调查的各种手续和文书是否完备;

(七)有无遗漏罪行和其他应当追究刑事责任的人;

(八)是否属于不应当追究刑事责任的;

(九)有无附带民事诉讼,对于国家财产、集体财产遭受损失的,是否需要由人民检察院提起附带民事诉讼;

(十)涉案财物是否查封、扣押、冻结并妥善保管,清单是否齐备;对被害人合法财产的返还和违禁品或不宜长期保存物品的处理是否妥当,移送的证明文件是否完备;

(十一)其他需要审查的事项。

**第九条** 监察委调查取得的证据材料,可以在刑事诉讼中作为证据使用,检察机关刑事检察部门应当对证据的合法性、相关性和真实性进行审查。

**第十条** 在审查起诉阶段,检察机关认为监察委移送的案件存在瑕疵,需要由监察委补正或者作出合理解释的,可以商请监察委直接增补和提供证据材料。

**第十一条** 经审查监察委移送的职务犯罪案件,对于犯罪事实不清、证据不足,需要补充核实的,应当退回监察委补充调查,必要时,检察机关可以自行补充侦查。退回补充调查的,检察机关刑事检察部门制作《退回补充调查决定书》和《补充调查提纲》,连同案卷材料交案件管理部门,案件管理部门应当于当日将上述材料退回监察委补充调查。

**第十二条** 检察机关在办理监察委移送的职务犯罪案件时,发现遗漏罪行或者同案犯的,遗漏同案犯必须退回补充调查,遗漏罪行特殊情况下可以自行补充侦查。对于遗漏罪行或者同案犯犯罪事实清楚,证据确实充分的,遗漏罪行的可以直接提起公诉,遗漏同案犯的必须退回补充调查。

**第十三条** 退回补充调查时,仍然沿用检察机关原强制措施,不能恢复留置措施。但是在具备法定条件时,应当在逮捕、取保候审、监视居住等刑事诉讼法规定的强制措施之间进行变更。

退回补充调查后,被取保候审或监视居住的犯罪嫌疑人违反取保候审或监视居住相关规定,或者随着监察委对证据的补充和完善,确实需要变更强制措施的,监察委提出变更建议后,检察机关应当及时予以变更。

**第十四条** 退回补充调查采取退案不退人的方式进行,退回补充调查时应当通知看守所,监察委需要讯问犯罪嫌疑人的,检察机关应当配合。

**第十五条** 对于监察委移送的职务犯罪案件,经审查认为犯罪嫌疑人没有犯罪事实的,或者有《中华人民共和国刑事诉讼法》第十六条规定的情形之一的,检察机关应当作出不起诉决定。经审查认为犯罪情节轻微,依照刑法规定不需要判处刑罚,或者可以免予刑罚的,检察机关可以作出不起诉决定。经审查认为犯罪事实不清、证据不足,经过两次退回补充调查,仍然犯罪事实不清、证据不足的,应当作出不起诉决定。存疑不起诉决定的作出,不以两次退回补充调查为必要条件。

**第十六条** 检察机关刑事检察部门认为监察委移送的职务犯罪案件犯罪嫌疑人符合不起诉条件,拟作出不起诉决定的,经人民监督员履行监督程序,提出表决意见后,应当报请检察长或检察委员会决定。按规定报请检察长决定的,检察长若不同意人民监督员的表决意见,应当提交检察委员会讨论决定。

对于按照规定拟作不起诉决定的,应当在法定期限届满7日前,将拟不起诉意见书及人民监督员表决意见,连同全部卷宗材料,报上一级人民检察院批准。重大、疑难、复杂案件,在法定期限届满10日前,报上一级检察机关批准。对于有同案犯的案件,应当将处理同案犯的有关法律文书以及案件事实、证据材料复印件等一并报送上一级人民检察院。

**第十七条** 上一级人民检察院受理拟不起诉案件后,刑事检察部门对案件事实、证据和法律适用进行全面审查,必要时可以讯问犯罪嫌疑人,是否批准报请检察长或者检察委员会决定。

上一级人民检察院审查拟不起诉案件应当于收到案件7日以内书面批复下一级人民检察院,对于重大、疑难、复杂案件,上一级人民检察院应当于收到案件10日以内书面批复下一级人民检察院。

上一级人民检察院批准不起诉的,下一级人民检察院应当作出不起诉决定,并制作不起诉决定书。不批准不起诉的,下一级人民检察院应当执行相关决定。

**第十八条** 监察委认为人民检察院不起诉决定有错误,向上一级人民检察院申请复议后,上一级人民检察院应当在收到要求复议意见书30日内作出复议决定,并通知监察委。

**第十九条** 在人民法院作出生效判决之前,检察机关刑事检察部门认为需要补充提供法庭审判所必需的证据的,可以书面商请监察委提供。

**第二十条** 检察机关在履行相关职责中,收到公职人员涉嫌贪污贿赂、失职渎职等职务违法犯罪问题线索或材料,但不属于检察机关管辖的司法工作人员14个罪名有关职务犯罪的,应当在收到之日起15日内连同相关材料移送监察委。因特殊原因不能在规定时间移送的，应当在特殊原因消除后10日内移送。

**第二十一条**　在办理监察委移送的职务犯罪案件时，检察机关发现监察人员存在非法拘禁、刑讯逼供、非法搜查等非法取证行为，涉嫌职务违法犯罪的，应当将相关线索和材料移送监察委。

**第二十二条**　本规定由本院检察委员会负责解释，自印发之日起施行。

## 南通市人民检察院、南通市公安局关于重大刑事案件检察机关介入侦查的实施办法[①]

**第一条**　为适应捕诉一体工作机制改革和以审判为中心的诉讼制度改革，依法全面及时客观收集、固定、完善、移送证据，规范侦查取证活动，积极推进捕诉衔接，切实提升重大刑事案件办理质效，根据《中华人民共和国刑事诉讼法》和《人民检察院刑事诉讼规则》，特制定本办法。

**第二条**　本办法所称的介入侦查，是指在重大刑事案件提起批准逮捕和移送审查起诉前，检察机关应公安机关邀请或者主动要求介入侦查活动，对案件的证据收集、事实认定、法律适用和办案程序等提出意见和建议，并对侦查活动进行监督的一种法律行为。

**第三条**　本办法所指称的重大刑事案件包括：

（一）危害国家安全案件、重大危害公共安全犯罪案件；

（二）故意杀人致人死亡等命案；

（三）抢劫、毒品犯罪等可能判处无期徒刑、死刑的案件；

（四）其他具有严重社会影响的案件。

**第四条**　重大刑事案件的介入侦查应当遵循以下原则：

---

① 南通市人民检察院、南通市公安局《关于重大刑事案件检察机关介入侦查的实施办法》系笔者参与起草，该规范性文件于2019年12月正式下发全市检察机关和公安机关执行。

(一)实体和程序并重;

(二)惩罚犯罪和保障人权并举;

(三)相互配合和相互制约并行;

(四)坚持以审判为中心和证据裁判规则;

(五)自觉性、科学性和操作性有机统一。

**第五条** 对于重大刑事案件发案信息,公安机关应当及时向检察机关分管领导、部门负责人通报,各基层检察院掌握重大刑事案件发案信息后,应当立即向市检察院汇报,确保市检察院第一时间掌握发案信息。

**第六条** 重大刑事案件介入侦查工作,由市检察院第二检察部扎口负责。市检察院第二检察部可以根据案件情况要求案发地基层检察院相关业务部门派员参加,并且可以商请本单位其他业务部门、控申部门、警务部门、宣传部门、检务督察部门、技术部门等共同参与提前介入工作。

**第七条** 对于故意杀人等命案,市检察院派员出现场率应当达到100%,并根据案件情形,实行不同的介入侦查机制。

(一)造成一人死亡的命案,应当指派员额检察官提前介入侦查;

(二)造成两人死亡,或者造成一人死亡两人以上重伤的命案,或者其他造成重大社会影响、社会舆论关注度高的案件,部门负责人应当介入侦查;

(三)造成三人以上死亡的命案,部门负责人应当及时向分管检察长报告,由分管检察长介入侦查。

**第八条** 市检察院在收到公安机关书面或者口头介入侦查邀请后,应当及时派员开展介入侦查工作。市检察院认为有必要介入侦查的,应当通知公安机关,并提出有关介入侦查的要求和意见。

**第九条** 介入侦查的检察官可以通过听取案情介绍、察看案发现场、参加勘验检查等侦查活动、询问侦查人员、参加案件讨论、查阅法律文书和证据材料等方式,了解案件基本情况、存在的主要问题以及公安机关对案件的初步意见。必要时,可以调看讯问犯罪嫌疑人、询问证人的同步录音录像等。

**第十条**　介入侦查的检察官应当做好工作记录，将提前介入工作情况、案件事实及证据情况、案件存在的主要问题、有关分歧意见、需要提出的意见建议等形成介入工作报告，向分管检察长汇报。疑难复杂案件的侦查取证建议应提交检察官联席会议讨论后向分管检察长汇报。

**第十一条**　介入侦查的检察官应当根据经领导审核同意的介入工作报告，向公安机关提出书面侦查取证建议。介入侦查的检察官应当在侦查取证建议上签署姓名，加盖院印。侦查取证建议可以包括以下内容：

（一）围绕查明凶手是谁、死者是谁、有无同案犯三个核心问题，提出收集、固定、完善证据的具体建议；

（二）对侦查活动过程中存在的违法或者瑕疵行为，提出纠正、补正或者作出合理解释、排除非法证据的建议；

（三）对案件事实认定、法律适用提出建议；

（四）对案件管辖提出建议；

（五）对其他需要解决的问题提出建议。

**第十二条**　介入侦查和办案其他环节，都应当注意发现并监督纠正勘查不细、生物物证和痕迹物证提取不全的问题。针对勘查人员无序进入现场造成生物物证或者痕迹物证被破坏、污染、损毁，对现场勘查不细不能发现和提取微量、微小、微迹物证的情形，应当监督公安机关完善现场勘查流程，做到现场物品、痕迹逐一勘验、检测、提取、记载，无一遗漏，全面提取案件物证。

**第十三条**　介入侦查中，既要监督公安机关履行鉴定结果告知义务，保障犯罪嫌疑人的诉讼权利，又要针对鉴定结果对供述真实性的可能影响，监督公安机关选择在侦查终结前适当时机告知。

**第十四条**　在介入侦查过程中，根据掌握的事实证据情况，认为公安机关对应当立案侦查的案件不立案侦查的，或者被害人认为公安机关对应当立案侦查的案件不立案侦查而向检察机关提出的，检察机关应当要求公安机关说明不立案的理由。检察机关认为公安机关不立案理由不能成立的，应当通知公安机关立案。

**第十五条** 检察机关依法对侦查活动是否合法实行监督，侦查监督可以口头提出纠正意见，或者发出《纠正违法通知书》。纠正违法的形式必须与违法行为的性质和情节相适应，对于违法性质、情节、后果较轻，对司法公正影响不大的工作失误或者程序瑕疵，可以口头提出纠正意见。对于违法性质、情节、后果较重的违法行为，应当书面纠正。对于侦查工作机制上存在的问题或者普遍性问题，可以采用检察建议的方式提出监督意见。

**第十六条** 介入侦查的检察官应当跟踪意见和建议的采纳落实情况，并根据公安机关的反馈意见，进行沟通和交流。与公安机关的意见存在重大分歧，经协商无法达成一致的，报请上级协调处理。

**第十七条** 开展介入侦查工作的，应当在案件管理系统中登记，并按相关流程操作，开展介入侦查工作中形成的所有材料应当立卷归档。

**第十八条** 对于侦查人员严重不负责任或者重大过失，导致重要证据丧失取证时机后无法弥补，或者导致重要证据被破坏、污染、灭失后无法弥补，或者导致重要证据因不具备证据能力被排除等情形，应当将存在的问题形成材料移送公安机关纪检监察部门。侦查人员涉嫌犯罪的线索，移送有关单位或者部门。

**第十九条** 重大刑事犯罪案件介入侦查工作开展过程中，存在的争议问题或者发现的共性问题，市检察院应当牵头梳理和总结，定期或者不定期通过联席会议的形式和市公安局进行会商。

**第二十条** 探索重大刑事犯罪案件介入侦查可复制、可推广的经验，注重经验的积累和分享。建立精品案例库，对于典型案例予以总结提炼升华，适时发布典型案例，不断充实精品案例库，充分发挥类案引导的疏淤导流效果和示范指导作用。加大重大刑事犯罪案件介入侦查的宣传力度，充分展示检察机关的担当作为和检察贡献度。

**第二十一条** 市检察院派员介入侦查的重大刑事犯罪案件，应当由市公安局向市检察院移送审查逮捕和审查起诉,案件的审查逮捕和审查起诉由介入侦查的检察官承办。

**第二十二条**　经过对全案事实证据的审查,认为需要侦查机关继续补充侦查的,在作出批准逮捕决定、不批准逮捕决定或退回补充侦查决定后,由承办检察官制作《继续侦查提纲》或者《补充侦查提纲》,注明继续侦查或者补充侦查取证的目的、方向、方法、要求等,签署承办检察官姓名,加盖院印,连同案卷材料一并送达公安机关。重大疑难复杂案件,由分管检察长、部门负责人带领承办人向公安机关送达并作说明。必要时,承办检察官可以会同公安机关一同开展继续侦查或者补充侦查工作。

**第二十三条**　承办检察官应当跟踪督促公安机关及时按照《继续侦查提纲》或《补充侦查提纲》的要求,积极开展继续侦查或者补充侦查,书面反馈侦查取证情况。书面反馈情况应要求侦查人员签署姓名,加盖侦查机关印章。

**第二十四条**　本办法自印发之日起施行。

# 后　记

2013年9月，我有幸考入苏州大学法学院，在导师李晓明门下攻读刑法学博士，2017年7月，我以优秀等级通过论文答辩，取得博士学历和博士学位双证书，紧接着，受到江苏省委宣传部社会科学基金的资助，我以博士学位论文为基础，在法律出版社出版了个人专著《口袋罪的限制适用和消减进路研究》。学业顺利、圆满完成，脑子里旋即闪现一个疑问：理论研究是否应该就此打住？经过一段时间的思索和权衡，我决定将理论研究进行到底！一是因为兴趣和爱好使然，我始终觉得读书和写作是一件能带给自己快乐和智慧的事情；二是前期的积累不能荒废，还要继续前行、可持续发展，要将革命进行到底；三是检察工作实际上是一份知识密集型的职业，其间会遇到许多疑难、复杂、颇有争议的问题，亟待我们深入思考探讨和予以解决，这恐怕是最重要的缘由。当然，检察工作本身就非常繁忙、头绪较多，理论研究需要"坐冷板凳"，需要额外占用很多业余时间，尤其是经常需要熬夜，但是我这个人从小到大就不怕吃苦，觉得为学习"衣带渐宽终不悔，为伊消得人憔悴"值当！我一直比较享受这种因为学习"累并快乐"的感觉和过程！

我始终秉持这样一个观念，理论研究和自身工作不能"两张皮"，不能顾此失彼，要两手抓、两不误、两促进，要结合检察工作实际对有关问题进行思考和研究，用理论研究的成果去指导自己开展各项工作和办理案件。大概在2018年，南通市检察院时任检察长俞昕水（后担任江苏省检察院党组成员、副检察长）创新性地提出强力推进南通检察机关六大权能建设，当时的办公室副主任何海晏（现为如皋市检察院检察长）联系我，征求我的意见，询问我是否有兴趣、能否承担其中哪一项子课题的研究任务。适逢检察机关反贪和反渎等自侦部门转隶至监察委，监察体制改革背景下检察机关仍然保留的自行补充侦查权能能否被“激活”以及如何积极充分、正确合理适用？与退回监察委补充调查包括退回公安等侦查机关补充侦查关系如何以及怎样衔接？这些是摆在我们面前的若干重点、热点、难点和争点问题。于是，我几乎不假思索，当场欣然认领了自行补充侦查权能研究这个子课题。

围绕自行补充侦查、退回补充侦查、退回补充调查等相关问题，我在分管领导市检察院党组副书记、副检察长李宁和时任第二检察部主任、三级高级检察官汤晓慰的直接指导和带领下，参加和进行了一系列调查研究、座谈交流以及相关著作、论文、法律规定和相关文件的研读、讨论。之后用“一发而不可收拾”来形容应该说一点也不为过，相关阶段性成果“接踵而至”“纷至沓来”，我负责起草的4份相关课题申报书相继被最高人民检察院检察理论研究课题、最高人民检察院检察应用理论研究课题和江苏省检察院理论研究课题批准立项，5篇论文相继被《人民检察》《中国检察官》《法治现代化研究》《北方法学》《西南政法大学学报》等核心、知名期刊录用发表，4份规范性文件先后被南通市检察院和新疆维吾尔自治区伊犁州检察院（本人于2018年5月开始援疆挂职锻炼1年）检委会讨论通过并印发本地检察机关参照执行，另外还应江苏省检察官学院等单位邀请讲授“监察体制改革背景下自行补充侦查权研究”等相关课程。

尽管前几年我主要针对自行补充侦查有关问题开展了系列研究，但实际上,在这个过程中,我已经对自行补充侦查的上位概念即补充侦查以及相关问题有了较为全面和沉浸式的学习、研究,而且也对检察机关保留的直接立案侦查权和机动侦查权有长久的跟踪、关注、研习,对再上位概念即检察机关侦查权也曾经附带有过一些相对肤浅的研讨和论述。最近几年,我国检察机关侦查权受到最高人民检察院党组的高度重视,在数次会议中被反复强调和深入讨论,而且其本身与人民检察院法律监督机关的宪法定位存在重大关联,事关检察事业发展、事关司法权力重组、事关公平正义实现。确定将检察机关侦查权作为我 2024 年度的研究选题以及出版申报指引条目计划后,单位当时同一部门同志石仁杰和高佳洁两名青年才俊听闻后,热情高涨,主动要求加入我主持的课题组,分别承担第二章"检察机关侦查权的基本逻辑"和第三章"检察机关侦查权能之一:直接立案侦查权",而我负责将原先发表过的相关文章进行整合和其中部分内容的调适、撰写第一章"绪言"和第八章"检察机关侦查权能之三:机动侦查权",以及最后的统稿和臻美完善。由我具体指导、南通市海门区检察院第一检察部副主任管军军起草的《侦查监督与协作配合研究》一文,鉴于与本书主题亦有较为紧密的联系,故也被吸纳进本书。另外,启东市人民检察院党组副书记、副检察长刘小荣和丹阳市人民检察院政治部主任马春艳也对本书提出了诸多宝贵意见,参加了部分内容的撰写和修改。

除了要感谢前面所提及的恩师、领导、同仁等,还要感谢最高人民检察院和江苏省检察院的多位领导,感谢他们对人才培养的特别重视以及对我的诸多指导、厚爱和提携;感谢南通市检察院党组书记、检察长恽爱民,是他鼓励我,让我下定决心再申报、撰写和出版一本专著;感谢硕士就读学校南京师范大学法学院刘敏教授和李建明教授,感谢他们对我的很多循循善诱、谆谆教诲;感谢我的家人,感谢他们对我的理解和支持,让我心无旁骛、马不停蹄地忘我工作和学习;感谢本书成稿时所在部门市检察院第二检察部的其他同事包学红、章志远(挂职干部)、王美霞、曹硙(借用帮助工作干部)、麦麦、倪天霞、王雨婧、陈弘毅(中国政法大学实习生)、陈思睿(南京师范大学实习生)、陆贞希(江苏大学实习生)、张瑶(南通大学实习生)、张洪阁(实践锻炼干部)、陆心妍(南京师范大学实习生)等,我们是一个精诚团结、相亲相爱的大家庭,是一个作风优良、能打善战的团队(连续多年在省检察院条线考核中位居第一方阵、连续多年被市检察院评为先进部门);感谢亲朋好友沙福华、何金清、马建明、马建清、马秀华、徐浩、征汉年、王欣、宋超、羌松延、康敬奎、徐建国、张秀萍、马淑萍、凌晔、李卫东、陈智勇、陈剑锋、张艺、朱卫兵、钱桂东、翟振海、史益新、韩冰、张振华、周舜隆、王天栋、沙晓峰、石志祥、彭宏灵、杨成、刘峰成、张鑫、王菁、张杰、邵峰、王鑫锋、陶心怡、张德沐、陈峰、魏巍、祝志权、赵欣欣等,他们给了我很多亲情上的温暖、精神上的动力。感谢法律出版社的编辑们,为本书出版付出了很多心血和辛劳。要感谢的人还有很多很多,对我曾经有过关心、帮助的每一个人,我都将永远铭记于心!我也将常怀感恩之心,继续砥砺前行!

2025 年 1 月 29 日凌晨

定稿于南通市濠南路 36 号